"十四五"职业教育国家规划教材

导游实务

（第三版）

DAOYOU SHIWU

主　编　吴　桐　邓德智

副主编　王西涛　宦　敏

　　　　王湘钧　姜　萍

本书另配教学资源

新形态
教材

资源导航

中国教育出版传媒集团

高等教育出版社·北京

内容提要

本书是"十四五"职业教育国家规划教材。

本书依据职业教育的规律,紧扣"导游"既是为旅游服务又是旅游行业窗口的特点,博采众长,集思广益,经多次修改而成。

全书共有五个项目,分别为:旅游与导游服务、景点导游服务、地陪导游服务、全陪导游服务、出境领队服务。

本书可作为职业本科院校、高等职业院校旅游大类相关课程教材,也可作为导游行业人员的培训考证用书。

图书在版编目(CIP)数据

导游实务/吴桐,邓德智主编.— 3 版.—北京:高等教育出版社,2023.9(2025.1重印)

ISBN 978 - 7 - 04 - 061037 - 6

Ⅰ.①导… Ⅱ.①吴… ②邓… Ⅲ.①导游-高等职业教育-教材 Ⅳ.①F590.633

中国国家版本馆 CIP 数据核字(2023)第 149743 号

策划编辑 毕颖娟 刘智豪　**责任编辑** 刘智豪 毕颖娟　**封面设计** 张文豪　**责任印制** 高忠富

出版发行	高等教育出版社	**网　址**	http://www.hep.edu.cn
社　址	北京市西城区德外大街 4 号		http://www.hep.com.cn
邮政编码	100120	**网上订购**	http://www.hepmall.com.cn
印　刷	上海叶大印务发展有限公司		http://www.hepmall.com
开　本	787 mm×1092 mm　1/16		http://www.hepmall.cn
印　张	15	**版　次**	2015 年 2 月第 1 版
字　数	384 千字		2023 年 9 月第 3 版
购书热线	010 - 58581118	**印　次**	2025 年 1 月第 3 次印刷
咨询电话	400 - 810 - 0598	**定　价**	36.00 元

第三版前言

本书是"十四五"职业教育国家规划教材。

近年来,随着我国经济持续和快速地发展,人们生活水平不断提高,旅游成了人们幸福感和获得感的重要载体。党的二十大报告指出:"坚持以文塑旅、以旅彰文,推进文化和旅游深度融合发展。"引导人们走向"诗和远方"的导游们,将文化和旅游融为一体,将平凡的导游工作与国家和民族的形象紧密结合,不仅承担着传统的"讲解员""服务员"和"安全员"的角色,而且肩负着传播中华民族优秀文化和践行社会主义核心价值观的重要使命。

导游的品位和修养直接影响着游客旅游的质量,因此提高导游的从业水平是旅游业人才培养的重要内容。培养一大批高素质的导游队伍是广大旅游教育工作者的时代使命。让导游理解这个职业、尊重这个行业并发自内心热爱这个事业的重要途径就是不断学习和提升,所以高质量的导游教材建设成为重中之重。

为此,在《导游实务》(第二版)教材的基础上,我们听取广大使用者的宝贵意见,结合行业发展新动态对教材进行了修订。修订后的本书,有以下几个方面的特色。

1. 课程思政,立德树人

本书强化课程思政建设,落实素质目标培养要求,书中内容结合社会主义核心价值观以及岗位职业操守等,挖掘提炼思政元素,加强该课程的思政教育作用。

2. 实用性强,兼顾考证

主编邓德智教授作为文化和旅游部智库专家、全国导游等级评定专家委员,对国家新发布的旅游专业教学标准体系有着更深入的认知。结合最新的导游人员管理办法等有关执业标准,编者共同拟定了新的编写大纲和新的内容编排,力争使新教材更加注重"课证融合、书证融通",更有利于"做中学、做中教"。

3. 案例典型,以案为鉴

本书内容涵盖了导游工作的全过程和全领域。每类导游作为一个项目,每项任务流程作为一个任务,而每一个任务均以典型"案例"导入,打破了传统教材的体例格局。"案例"多为当前热门、常见的线路和事件。"案例"后设有"思考与讨论"和"点评","思考与讨论"要求实话实说,各抒己见,"点评"对上述"案例"简要分析,以案为鉴,引领升华。这种体例架构,适合教学活动的开展,课堂气氛因之活泼。若是自学用,亦可依序渐进,轻松自如。

4. 与时俱进,创新引领

我们将导游领域国际最新研究成果融入教材编写之中。吸收国内旅行社内部培训内容的精华,把本书同时定位为导游带团的培训和工作手册,对重要内容,配以图片直观说明并附上相关延伸阅读材料,操作中可按书索骥,保证教材内容与时俱进,具有一定的创新示范性。

5. 资源丰富,利教便学

我们为本书制作了丰富的学习资源。我们邀请高级导游丁炜和她的团队、安徽省导游协会秘书长樊有成、安徽省黄山市导游协会副会长李月明及部分全国导游大赛优秀选手等,参与教材编写,并把他们参赛或授课的经典视频影像资料,制作成二维码放入书中。通过他们的现身说法,使教材内容更实用、更精准、更丰富。此外,本书另配有教学资源,供教师教学使用。

本书由马鞍山师范高等专科学校吴桐、浙江旅游职业学院邓德智主编,安徽工商职业学院王西涛、马鞍山职业技术学院宦敏、集安市职业教育中心王湘钧、青岛酒店管理职业技术学院姜萍担任副主编,安徽工商职业学院周伟伟、马鞍山职业技术学院黄祺琳等参与编写。

本书编写过程中,还得到了安徽省文化和旅游厅、杭州文化广电旅游局、浙江旅游职业学院的大力支持,在此一并致谢。

由于编者水平有限,书中不足之处在所难免,期待大家批评指正。

编　者

2023 年 8 月

目　录

资源导航

项目一 旅游与导游服务

素养目标

1. 认识中国旅游业发展现状，理解旅游在经济社会中的作用。

2. 明确导游职业道德规范的基本内容，树立以游客为中心的服务理念。

能力目标

1. 能辨识不同类型的导游。

2. 能分析不同旅游团队的行为特征。

3. 能说出导游服务的基本程序。

旅游，是人们所熟悉也是所喜爱的一项活动，它让人心情愉悦、增长见识、广交朋友。 然而，它也需要大量服务工作加以配合保障，如交通、食宿、讲解等。 这些服务性工作，除了行程安排等一些须由旅行社统筹安排的工作之外，其余大量后期现场工作都必须由导游来承担。 所以，可以说，一次成功的旅游，少不了一批优秀的导游。

　　有人说，导游既是一种服务，也是一门专业，更是一种艺术，它是旅游的纽带，而导游服务人员则是纽带的编制者。

　　本项目介绍旅游为什么要导游服务、如何做好导游服务及怎样成为一个合格的导游等。

任务一　认识旅游和导游

认识导游和旅游

【案例】

叫我如何不"怪"你

　　某旅行社质监部小张在晚上 11 点接到了一个投诉电话。游客刘某怒气冲冲地说："我要投诉你们的导游，这太让我生气了！"小张立刻说道："先生，请不要着急，先告诉我您的姓名和团号以及导游姓名。如果确有损害游客利益的事情发生，我们一定会调查处理，给您一个满意的答复。"这时，游客才将语气缓和下来，告诉小张他的姓名、所跟团号及导游姓名。随后开始讲述自己被导游遗忘的经历："那天早上，我根据旅行社的规定在 7 点赶到规定地点集合，但是导游在 7:15 才带我们出发。这也就算了，你们的导游不着工作服、不拿导游旗、不主动联系客人，以致游客们都不知道导游在哪里，不知道什么时候出发。最严重的是，回来时导游竟然将我落在集合地。当时，我已经到达指定地点，提前半小时等候并且签了名，但最后发车时导游竟没有叫我。而且，上车的地方也并不是原定的集合地点。我不知道换了上车地点，导游没有主动联系我，也没有找过我，只是以要准时发车为由，就将我落在原集合地点。导游还说，因为我已经签了名，所以她不负责任，让我自己坐车回家。幸好我买到了末班车票，当晚回到了家。但我还是要投诉你们的导游，并要求旅行社赔偿我回来的路费。据了解，你们的导游是兼职导游，他们到底有没有参加过培训，有没有导游证？"小张听后，说道："如您说的是实情，我们一定会给您一个满意的答复，我会马上联系当事导游了解情况，明天就给您答复，好吗？"游客这才将火气降下来，答应明天再联系。第二天，游客刘某果然接到了小张的电话，小张抱歉地承认，确实是导游失职，并请客人后天到旅行社领取赔偿金，小张说："非常感谢您的建议，我们的导游确实是兼职导游，因为是旅游旺季，培训不够，我们会在以后的工作中改进和完善。"游客刘某接受了道歉并拿到了赔偿金，心中的不满也平息了。

（资料来源：第一旅游网，中国旅游报。）

思考与讨论：

❶ 你如何看待这个案例？

❷ 如果你是该案例中的导游员，你会怎么做？

点评：

　　该案例反映了一个问题，合格的导游应该具备什么样的资质？《导游人员管理条例》第四条明确规定："在中华人民共和国境内从事导游活动，必须取得导游证。"兼职导游是导游队伍中按职业性质划分的一种，是指不以导游工作为其主要职业，而利用业余时间从事导游工作的人员。但是，不能因为是兼职而放松要求，降低对游客服务的质量。从游客投诉的内容来看，该导游有以下工作没做好：不着工作服，不拿导游旗，缺乏专业性；不主动联系、寻找游客，缺乏主动性；导游不应在集合点签名，而应在车上签名，工作程序不对；当发现游客不见时，应主动电话联系，而不能以游客已经签名为由置游客而不顾，缺乏责任心。在旅游旺季，一些旅行社往往"病急乱投医"，请的导游有些没有导游证，甚至没有经过培训，就仓促上任，长期下去势必

1

影响旅行社的品牌和形象,进而影响旅行社的经济效益。因此,即便是在旅游旺季,旅行社也应积极主动地培训新导游,告知注意事项,明确工作程序。必要时可将易遭投诉的事件及对策编辑成册,供导游学习,以避免类似投诉。

旅游和导游是相互依存的互动行为,旅游是导游的前提,没有旅游,导游活动也不存在;导游是旅游的重要辅助,没有导游,旅游的质量必受到影响甚至无法完成。导游是旅游业中不可缺少的重要组成部分,活跃在交通、宾馆、景点之间,将旅游各要素巧妙运用起来。他们走到哪里,哪里就充满生机。导游工作的好坏直接关系到旅游质量的高低。游客遇到一位好导游,将意味着一次成功、愉快的旅行。随着我国旅游事业的不断发展,社会对导游的要求越来越高。

一、旅游者和旅游团队

导游工作的前提是要有旅游者,且旅游者需要导游服务。因此,旅游者是导游这一职业生存与发展的基础条件。有了旅游者的聚集便产生了旅游团队。

(一)旅游者

旅游者是暂时离开常住地,通过游览、消遣等活动,以获得精神上的愉快感受为主要目的的人。国内旅游者是指在本国某目的地旅行超过 24 小时而少于一年的人,其目的是出于娱乐、度假、运动、商务、会议、学习、探亲访友、健康或宗教信仰等需求。国际旅游者是指一个国家的居民跨越国界,到其他国家或地区开展旅游活动。了解旅游者,知道不同旅游者对导游服务的不同需求,对从事导游服务的人来说至关重要。

(二)旅游团队

旅游团队由多个旅游者所组成,往往根据旅行社提前安排好的旅游行程,前往一个或多个目的地并返回起点开展团体性质的旅游活动。旅游团队有不同的类型,对导游也有不同的要求,最常见的旅游团队有以下几种。

1. 独立成团与小包团队

通常出游人数比较多的情况下,比如公司出游,可以选择独立成团(即不与其他游客拼团)。而所谓的"小包团",其实是"独立包团"或者"独立成团"的一种方式,也就是一个小集体(几个家庭、一个单位或者其他小团体)不愿意随散客参团,希望按照自己喜欢的方式安排旅游线路,单独使用一辆车,聘请一个导游,没有其他人加入的旅行团。

独立成团的自由度远远大于旅行社的常规团队,人数方面可根据旅游者的喜好酌情组合,而且行程安排上可由团友自由选择,但费用与普通团相比略高。由于"小包团"的行程是量身定制,因此出行者应更加提前制订计划,由成员共同商定出行路线和确定人数后,与旅行社沟通。如果能接受旅行社的线路和报价,则可要求旅行社按照所要求的标准订房、订餐、订车和订票,并与旅行社签订旅游合同。

独立成团的特点有以下几点。

(1)人数自由。不受参团人数影响,甚至一人也可包团。

(2)出游自由。可自由选择出游时间及出游地,特别是一些特殊线路,很难有散客团,包团才能出行。

(3)行程自由。可以自行设计旅游线路,提供的线路按自己的要求修改调整。

(4)质量较高。相比散客团来说,在旅游质量、旅游乐趣、自由度上都有提高。

(5)和谐旅游。由于全团人员都是自己的亲朋好友或同单位员工,彼此熟悉,所以旅游气氛更融洽。

由于小包团有以上优点,许多客人更加愿意选择这样的出游方式,所以近几年由家庭或者朋友组成的"小包团"也逐渐开始升温。

2. 散客拼团

散客拼团是由全国各地的旅游者(一人或多人)在旅行社组织下拼成的一个团队,统一安排旅游住宿、餐饮、交通、门票、导游服务等,组成一个较大的旅行团队进行旅游,它是一种普通标准形式的旅游团队。旅游者在游览景点用车、用餐、导游服务、购物等诸多方面都享受着团队价格的优惠。由于旅行社常年与相关旅游企业合作,享受一定的价格优惠,并且一般是比较稳定的,即便是成团人数未能达到预期的数量,也可能会以同样的价格出团,而散客旅游者自己不通过旅行社安排是享受不了这些优惠的。

散客拼团分为两种:第一种是出发前拼团,也就是通过你所选择的出发地旅行社来拼团,不过必须有很多客人去往同一个目的地才能有这样的条件,而且也只有一些大型旅行社或者众多小旅行社共同收集散客,拥有较多客源才可能办到;第二种散客拼团就是游客自己前往目的地,到达当地的车站或机场后由当地的旅行社接站,由当地地陪负责把来自四面八方的客人拼成一个团,并进行各方面安排。

散客拼团的优点有以下几点。

(1)可以随时或不定期拼团,旅游者可以准确地计算自己的时间来完成这次旅行。

(2)价格经济实惠,大众化,一个人也可享受团队价格的优惠。参加散客拼团旅游的人多,旅游气氛很浓,价格不贵,经济实惠,一般的旅游爱好者都可以接受。

(3)散客拼团的旅游者来自全国各地,各行各业,每人的品位需求各不相同,可以结交来自五湖四海的新朋友,因此散客拼团产品受到许多散客旅游者的欢迎。

散客拼团的不足有以下几点。

(1)团队行程一般安排得比较紧,游览景点、就餐等基本上都有时间限制,旅游较为辛苦。

(2)自由和自主性受到很大的限制,个人不想去的地方必须跟着团队一道,喜欢的地方也不得不和团队一起离开,所以往往也不够尽兴,缺乏足够个性化的安排。

3. 不同类型的旅游团队

(1) 常规团。常规团一般是指走经典线路的标准团,因为价格非常实惠,大部分能够每天出发,相对于品质团的服务标准要低一点,相对于纯玩团会包含购物点,适合预算有限,对旅行体验度要求不是很高的消费者。

(2) 品质团。品质团相对于常规团一般在酒店标准、用餐、所含景点以及服务标准等方面都会好很多,购物点也会少很多,能够严格遵守旅游相关规范要求,推荐游客参加品质团。

(3) 纯玩团。纯玩团的旅游线路行程中不会有购物店,除非客人自行要求,相对于品质团与常规团有更多旅游时间与更好的服务质量。

(4) 自由行。自由行线路有着更灵活的时间安排并且能够满足更多的个性需要,适合经常旅游的驴友,但是如果只单代订酒店与往返交通,不适用于旅游保险条款。

(5) 自驾游团队。自驾游团队的旅游线路集品质与纯玩于一体,相对来说消费会比其他类型的产品高一点,可以选择自驾车或租车,适合旅游发烧友与小团体。

(6) 个性订制旅游团队。个性订制旅游团队的线路一般是针对独有资源、特定人群,例如温泉、古镇、雪山等主题旅游;也有旅游写真等特色摄影旅游以及 DIY 的自我旅游。总体而言,个性旅游团队是完全根据旅游者个性需要来定制旅游线路产品。

1

二、导游与导游服务

导游是指取得导游证,提供讲解服务、旅行生活服务和其他服务的人员。人们有时连"游"字也省了,根据姓氏,直接称"某导",以示亲切,又显方便。导游服务是导游代表被委派的旅行社,按照旅游合同或约定的内容和标准,向游客提供的旅游接待服务。

导游承担着祖国山水人文之美的分享和传播之责,是"讲解员"和"宣传员";其服务水平和应急能力与游客的获得感、幸福感、安全感息息相关,是"服务员"和"安全员";其整体素质和服务质量高低,不仅影响个人和所在企业、地区的声誉,还直接关系国家和民族的形象,是"形象大使"和"旅游目的地的名片"。在文旅融合发展新形势下,导游肩负着传播中华优秀传统文化和践行社会主义核心价值观的重要使命,是新时期推动文化和旅游业高质量发展的重要力量。

(一)导游的起源

1. 古代的向导

在人类历史上,人们有意识地外出旅行是由产品或商品交换引起的。原始社会末期,随着生产力的发展,商业从农业、畜牧业和手工业中分离出来,出现了专门从事商品交换的商人,为了经商,他们周游于各部落之间,这是人类旅游活动的先河。

奴隶社会和封建社会时期,人类的旅游活动有了一定的发展,外出旅游的人数不断增加,但旅游活动仍处于一种小规模、无组织、无领导的状态。虽然已有人在旅行时聘请当地熟悉路途的人做向导,但是这些向导都只是临时性的,还不是我们现代意义上的导游。作为明显商业性质的职业导游,是到了近代才产生的。

2. 近现代的导游

18世纪60年代以后,以英国为代表的西方国家进入了工业革命时期。随着生产力的迅速发展,旅游活动产生了本质性的变化,其最突出的标志是近代旅游业的诞生和商业性导游服务的产生。

世界公认的第一次商业性旅游活动是由英国人托马斯·库克(Thomas Cook)组织的。1841年7月5日,托马斯·库克组织了570人,利用包租火车的方式,从莱斯特到拉夫巴勒参加一次禁酒大会。这次活动虽然不是一次纯粹的商业性活动,却成了近代旅游活动的标志。更重要的是托马斯·库克从中看到了巨大的商机。同年,托马斯·库克在莱斯特创办了世界上第一家商业性旅行社。此后,他放弃了原来的工作,开始专门从事旅游代理业务。成为世界上第一位专职的旅行代理商。

1845年,托马斯·库克又组织了一次350人的团体消遣性旅游活动,从莱斯特到利物浦,为期一周。为组织这次活动,托马斯·库克做了大量的前期准备工作,印制了世界上最早的旅游指南《利物浦之行手册》,不仅自己全程陪同,而且在卡那封城堡和斯诺登山游览中还聘请了地方导游,因此可以说这是世界上第一次大规模的、有组织的、纯粹以商业为目的的旅游活动。1846年,托马斯·库克亲自带领一个旅行团到苏格兰旅行。旅行社为每个成员发了一份活动日程表,还为旅行团专门配备了向导,这是世界上第一次有商业性导游陪同的旅游活动,导游作为一种职业正式登上了历史的舞台。

后来,欧洲、北美诸国和日本纷纷仿效托马斯·库克组织旅游活动的成功模式,先后组建了旅行社或类似的旅游组织,招募陪同或导游人员,导游队伍逐渐形成。第二次世界大战后,由于世界范围的和平与发展,大众化旅游活动迅速发展,导游队伍得以不断壮大。

（二）我国导游服务的发展历程

1. 起步阶段（1923—1949 年）

中国近代旅游业起步相对较晚。20 世纪初期，一些外国旅行社，开始在上海等地设立旅游代办机构，总揽中国旅游业务。1923 年 8 月，陈光甫先生在上海商业储备银行创设了旅游部。1927 年 6 月，旅游部从该银行独立出来，成立了中国旅行社，其分支社遍布华东、华北、华南等 15 个城市。与此同时，中国还出现了其他类似的旅游组织。这些旅行社和旅游组织承担了近代中国人旅游活动的组织工作，同时也产生了第一批导游。

2. 开拓阶段（1949—1978 年）

新中国成立后，我国旅游事业有了进一步发展。第一家旅行社"华侨服务社"于 1949 年 11 月在厦门正式营业。1954 年 4 月 15 日，中国国际旅行社在北京西交民巷 4 号诞生。1964 年 6 月，国务院批准成立"中国旅行游览事业管理局"作为国务院直属机构，加强对旅游事业的组织和领导。在此期间导游队伍逐渐形成，规模有二三百人，十几种语言导游。这一时期导游服务以外事接待工作为主要内容，因此，从事导游服务的工作人员均称为翻译导游人员。

3. 发展阶段（1978—1988 年）

中共十一届三中全会后，我国实行对外开放政策，吸引了大批海外游客涌入我国游览观光，同时国内旅游也蓬勃发展起来。1978 年，"中国旅行游览事业管理局"改名为"中国旅行游览事业管理总局"，各省、市、自治区都设立相应的旅游局。1980 年 6 月，中国青年旅行社总社成立，几个中央部委如邮电、教育、铁路等也相继成立了旅行社。1984 年，旅行社外联权下放，全国各行业和地区性旅行社迅速发展。到 1988 年年底，全国形成了以国旅、中旅、青旅为主干框架的近 1 600 家旅行社体系，全国导游迅速扩大到 25 000 多人。但由于增长速度过快，导游队伍中出现了鱼龙混杂的局面。

4. 全面建设导游队伍阶段（1988 年至今）

为了整顿导游队伍，使导游服务水平适应我国旅游业发展的需求，1988 年国家旅游局开始在上海和浙江设立导游考试试点。1989 年举行全国导游考试，随后每年开展一次导游资格考试。为配合导游资格考试，中国旅游报社等单位发起了"春花杯导游大奖赛"，此后又举办了多次全国导游大赛，对提高我国的导游服务水平、推进导游工作规范化的进程做出了贡献，同时也标志着我国开始迈入全面建设导游队伍的阶段。

1994 年，国家旅游局决定对全国持有导游证的专职及兼职导游分等定级，划分为初级、中级、高级、特级四个级别，进一步加强导游队伍建设。同年，国家旅游局联合国家技术监督局发布了《导游人员职业等级标准（试行）》、1995 年发布《中华人民共和国国家标准导游服务质量》。1999 年 5 月国务院颁发的《导游人员管理条例》标志着我国导游队伍的建设迈上了法律进程。2001 年，国家旅游局运用现代科学技术手段建立导游数据库，在全国范围内推行导游电子信息网络化管理。2002 年，国家旅游局开展整顿和规范旅游市场秩序活动，建立和完善"专职导游"和"社会导游"两套组织体系和教育管理体系，全面推行导游记分制管理和 IC 卡管理等举措，促进了导游工作的规范化、加强了导游队伍的建设。

2013 年 10 月 1 日，《中华人民共和国旅游法》正式施行。《中华人民共和国旅游法》为推进我国导游的职业化进程、全面提升导游员素质和社会地位打下坚实基础。

（三）导游员资格证与导游证

导游员资格证与导游证是不同的，导游员资格证书是标志某人有能力从事导游工作的证

1

书;而导游证则是标志某人从事导游职业的执业证。

1. 导游员资格证考试

(1)**报名条件**:具有高级中学、中等专业学校或者以上学历,身体健康,具有适应导游需要的基本知识和语言表达能力的中华人民共和国公民。

(2)**考试内容**:考生参加全国导游资格考试,需同时参加笔试和面试(现场考试)。已经取得中文"导游员资格证书",需转换外语语种的考生(以下简称"加试考生")仅需参加现场考试。笔试采取机考方式进行,科目为政策法规(科目一)、导游业务(科目二)、全国导游基础知识(科目三)、地方导游基础知识(科目四)。现场考试科目为导游服务能力(科目五)。科目一、二合并为1张试卷进行测试,科目三、四合并为1张试卷进行测试,每张试卷满分100分,考试时间均为90分钟。现场考试按《全国导游人员资格考试现场考试工作标准(试行)》有关规定执行。

(3)**考试成绩**:考生的考试结果以笔试成绩、现场考试成绩和总成绩分别划定分数线,笔试成绩、现场考试成绩和总成绩均满足划线要求的为合格。加试考生的考试结果以现场考试成绩满足划线要求为合格。考生的考试成绩仅当年有效。对考试结果合格的考生,文化和旅游部委托省级旅游主管部门颁发"导游员资格证书"。

(4)**考试组织**:国家文化和旅游部制定全国导游资格考试政策、标准,组织导游员资格统一考试,以及对地方各级旅游主管部门导游员资格考试实施工作进行监督管理。省、自治区、直辖市旅游主管部门负责组织、实施本行政区域内导游员资格考试具体工作。

2. 注册申请导游证

取得导游人员资格证书后,并与旅行社订立劳动合同或者在旅游行业组织注册的人员,可以通过全国旅游监管服务信息系统向所在地旅游主管部门申请取得导游证。导游证采用电子证件形式,由国家文化和旅游部制定格式标准,由各级文化旅游主管部门通过全国旅游监管服务信息系统实施管理。电子导游证以电子数据形式保存于导游个人移动电话等移动终端设备中。

3. 不得获取导游证的情况

(1)无民事行为能力或者限制民事行为能力的;

(2)患有甲类、乙类以及其他可能危害旅游者人身健康安全的传染性疾病的;

(3)受过刑事处罚的,过失犯罪的除外;

(4)被吊销导游证之日起未逾3年的。

(四) 导游人员的分类

导游是指为旅游者提供向导、讲解及相关旅游服务的人员,包括全陪导游、地陪导游和领队。此外还有景区(景点)导游。导游的工作范围广泛,服务对象众多,使用的语言各异,工作性质、接待方式也不尽相同,所以导游的名称很多。即使是同一个人,其从事的导游工作性质不同,他所扮演的社会角色的名称也随之变换;而且,世界各国对各类导游的称呼不尽相同,从而增加了导游称谓的复杂性。下面以中国导游的习惯称谓为准,从不同角度将导游分成若干类。

1. 按工作区域分类

(1)**全陪导游**。全陪导游是指监督并协助地接社、地陪导游及相关接待者的服务,以使组团社的旅游接待计划得以按约实施,为旅游者提供境内全程陪同导游服务的人员。

(2)**地陪导游**。地陪导游是指实施旅游接待计划,在旅游目的地为旅游者提供导游服务的人员。

1

举例

王先生一行人在杭州报名参加了由杭州 W 旅行社组织的旅游团,开展黄山三日游的行程。杭州 W 旅行社派出的导游小 A 就是全程陪同人员,简称全陪。到了黄山负责接待的是黄山 Y 旅行社,在这趟旅游过程中黄山 Y 旅行社派出的导游小 B 负责整个旅游团在黄山期间的食、住、行、游、购、娱等各个环节的细节安排,小 B 即是地方陪同导游员,简称地陪,配合杭州的全陪导游小 A 照顾王先生等游客。

（3）**领队**。领队是指为出境旅游者提供全程陪同导游服务,并监督、协助境外地接社履行旅游接待计划等服务的人员。2016 年 12 月,国家旅游局对《旅行社条例实施细则》进行适应性修改,按照《中华人民共和国旅游法》修订精神,取消出境领队资格审批,也就是取消出境领队证考试。出境领队实行备案管理制,旅游主管部门不再对领队从业予以行政审批。进一步明确了导游从事出境领队业务的条件:

❶ 拥有有效导游证;

❷ 大专及以上学历;

❸ 取得相关语言水平测试等级证书或通过外语语种导游资格考试,但为赴港澳台地区旅游委派的领队除外;

❹ 具有两年以上旅行社业务经营、管理或者导游等相关从业经历;

❺ 与委派其从事领队业务的具有出境资质的旅行社订立劳动合同,且 3 年内无违规行为和投诉记录;

❻ 具有完全的民事行动能力,身体健康。

举例

王先生一行人在上海报名参加由上海 K 国际旅行社开展的美国、加拿大 15 日游行程,计划前往美国和加拿大游览观光,该旅行社派出的导游小 C,具有出境领队证,负责该团从中国出境到美国、加拿大游览期间直至游览结束返回上海的全程陪同,导游小 C 就是这个团队的出境领队。

（4）**景区（景点）导游**。景区（景点）导游亦称讲解员或定点导游员,是指在旅游景区,如博物馆、风景名胜区、自然保护区等为游客进行导游讲解的工作人员。

在团队旅游过程中,导游不止一位,他们各司其职,构成一个导游服务集体,共同为旅游者提供导游服务。

2. **按职业性质划分**

（1）**旅行社专职导游**。旅行社专职导游是指在一定时期内以导游工作作为其主要职业,并与所服务旅行社签订劳动合同,享受工资、保险等各项福利待遇的旅行社正式工作人员。

（2）**社会专职导游**。社会专职导游是以导游为主要职业,但不是某家旅游公司的正式雇员,他们的电子导游证一般需要注册在旅游行业组织并接受其管理,但可以为多家旅行社提供服务的导游,他们是我国现阶段导游队伍的主体。

（3）**社会兼职导游**。社会兼职导游亦称业余导游,是指不以导游工作作为其主要职业,有着自身的正式工作,往往出于对旅游事业的热爱,利用业余时间从事导游工作的导游。他们的电子导游证一般也需要注册在旅游行业组织。这类导游是我国导游队伍的重要组成部分。

1

（1）介绍情况，全程陪同。

（2）落实旅游合同。

（3）做好组织和团结工作。

（4）做好联络工作。

4. 景区导游的职责

景区导游在工作中以重点讲解为主，主要表现在以下几点。

（1）导游讲解。

（2）安全提示。

（3）结合景物向游客宣讲环境、生态和文物保护知识。

举例

W 先生一行人在美国报名参加由美国××旅行社开展的东方文明古国十日游行程，计划前往中国游览观光，美国××旅行社的导游小 C 负责该团从美国出境到中国游览期间直至游览结束返程的所有事务，全程陪同，导游小 C 就是这个团队的出境领队。

北京××旅行社负责该旅游团在中国境内的旅游活动，组织该旅游团在中国的北京、上海、南京、安徽等地的旅游观光，北京××旅行社派出的导游小 A 就是这个团队的全程陪同导游。该旅游团来到黄山，负责接待的是黄山××旅行社，在这趟旅游过程中黄山××旅行社派出的导游小 B 负责整个旅游团在黄山期间的食、住、行、游、购、娱等各个环节的细节安排，配合美国××旅行社的出境领队小 C 和北京××旅行社派出的全陪导游小 A 照顾 W 先生等旅游者的生活、行程安排。在此期间，W 先生等人有任何意见、建议，小 B 都尽量协助解决。在黄山的旅游景点包含了宏村风景区，该团到达宏村景区导游小 D 负责讲解，全程陪同导游小 A、地方陪同导游小 B、出境领队小 C 和景点景区导游小 D 共同构成了为旅游团服务的导游服务集体。

知识拓展　研学旅行指导师

2022 年 6 月 14 日，人力资源和社会保障部向社会公示了 18 个新职业，其中，研学旅行指导师拟纳入新版国家职业分类大典。研学旅行指导师是指策划、制订、实施研学旅行方案，组织、指导开展研学体验活动的人员，主要工作任务有收集研学受众需求和研学资源等信息；开发研学活动项目；编制研学活动方案和实施计划；解读研学活动方案，检查参与者准备情况；组织、协调、指导研学活动项目的开展，保障安全；收集、记录、分析、反馈相关信息等。

研学旅行指导师已成为新职业，为从业者提供身份证明，有利于增强他们的职业自豪感。同时，新职业将为社会劳动者提供更多的新就业机会，也为研学旅行的高质量发展夯实人才基础。

近年来，我国研学旅行市场发展迅速，对研学旅行指导师提出了现实需求。中国旅游研究院发布的《中国研学旅行发展报告 2021》显示，2016 年以前，研学旅行行业发展更多是"自下而上"的散点式探索，从顶层设计出发的政策数量还比较有限。2016 年，教育部、原国家旅游局等 11 部门印发了《关于推进中小学生研学旅行的意见》，将研学旅行纳入中小学教育教学计划，"自上而下"的引导力量将研学旅行产业的发展带入了快车道。

随着研学旅行市场的快速发展，研学旅行指导师逐渐兴起，他们负责学生在研学旅行过程中的教育及安全，帮助学生在研学旅途中获得有益的学习经验。为了引导研学旅行指导师队伍的健康发展,2019年,中国旅行社协会发布《研学旅行指导师(中小学)专业标准》,规定了研学旅行指导师的术语和定义、专业态度、专业知识、专业能力等,为研学旅行指导师培养、准入、培训、考核等工作提供了重要依据。

此次人力资源和社会保障部发布的公示,对研学旅行指导师的名称、定义、专业内容进行全新的诠释,标志着该职业获得国家"认证",进一步推动了行业发展。

任务二 认识导游服务

【案例】

导游一定要与时俱进

随着游客的水平不断提高,有些游客对旅游景点、人文传说的了解比导游还要多,甚至会让某些导游相形见绌。游客的维权意识也增强了,旅游接待过程中的各项服务标准、行程中的各项费用支出都成了游客关注的重点问题,若与合同稍有不同就会与导游理论,甚至到文化和旅游局投诉。以前的游客基本以观光、游乐为主要目的,而现在专题性旅游多了,如商务旅游、研学旅游、宗教旅游,大部分导游对这些方面的知识却根本不懂,无法提供这方面的服务。再者,由于一部分导游的知识储备仅仅足够通过导游资格考试,只会背现成的导游词,缺乏创新意识和应变能力,专业知识远远跟不上时代要求。

(资料来源:邓军华、粟洪伟,《导游业务》,中国旅游出版社。)

思考与讨论:

❶ 走访身边的人,了解他们旅游中对导游的认识。

❷ 对案例中提到的现象你如何评判。

导游服务规范

点评:

不难发现,随着经济的发展,人们对旅游质量的要求越来越高,旅游不仅仅是为了玩。网络的发达、交通的便捷、环境的宽松,人们的见识越来越广,真的成了"秀才不出门,能知天下事",这无疑是对旅游业,尤其是对导游的极大挑战。

对于知识层面,导游讲解一方面要有一定的深度,另一方面还要有一定的广度,要与时俱进,加强学习,做个杂家,照本宣科式的介绍肯定越来越不受欢迎。遇到个别特殊团队,如宗教团等,应抓紧时间,突击补课,或向书本学习,或向专家请教,不求精通,但绝不能是个门外汉。

旅游主管部门或行业协会应有针对性地加强对导游的培训,扩大培训学习的内容,如文学、史地、宗教、语言等,同时要提升导游资质的门槛。

一、导游服务的必要性

(一)旅游者需要导游服务

1. 提供交通、食宿的基本保障

旅游者初到一地必然产生茫然感,不仅需要他人为其引路、指点,甚至需要为其解决语

1

言不通等问题,以求避免因不明当地情况、习俗而造成的误会和不愉快。而旅游者在旅游途中的生活服务又是整个旅游服务的重要组成部分,还包括旅途中的各种特殊服务和突发事件的处理。例如,旅游丢失行李、宾馆爆满以及旅游者有不安全感,觉得不舒服,需要有熟悉当地情况的人陪伴,帮助解决食宿、旅行和日常生活中出现的种种问题。有了导游服务,这些问题很容易解决。有导游为旅游者科学安排生活和旅游活动,旅游者就会获得理想的旅游效果。

2. 满足游客的求知欲望

人们旅游的一个重要目的是为了增长知识,旅游者需要导游讲解,仅仅靠宣传册、书籍、网络资源的介绍和简单的浏览景点是不可能了解景点的。不同的民族在审美上存在不同程度的差异,若无人指点,旅游者往往无从欣赏。

实训:选择一个历史文化景点,以前述内容为基础,编制一段"满足求知欲"的解说词

(二) 旅游业也需要导游服务

导游队伍随旅游业的诞生而形成,随旅游业的发展而日益壮大。反之,导游服务的出现和服务质量的提高又大大地促进了旅游业的发展。导游成为旅游接待第一线的关键人员,旅游业的发展离不开导游及其服务。

1. 商品推介的需要

旅游是一种经济行为,交易的一方是包括旅行社在内的旅游经营者,另一方是旅游者。旅游业经营者组合的产品主要以无形的劳动出现,提供的服务是综合性的,旅游产品的销售通常是通过导游的工作来实现的。也就是说,旅游经营者主要是通过向旅游者提供高质量的旅游服务,特别是提供优质导游服务来实现其经营目标的。

举例

导游的力量对新景点推介不可忽视。北京的圆明园作为旅游景点新推出时,这处景点本身只有残垣断壁,一片凋零,但是通过导游生动形象的讲解,一方面为游客重塑了当年圆明园的恢宏景象,另一方面也让游客深刻领会到"落后就要挨打"的历史教训。

2. 市场竞争的需要

在当今世界的旅游市场上,强手林立,竞争激烈。而竞争归根结底是人才的竞争,一个国家(地区)旅游业是否发达就得看是否拥有较强的竞争力,优质的导游服务,就是竞争力的重要体现。可以说,一个国家(地区)旅游业的兴旺与否,在很大程度上取决于是否拥有一支高水平的导游队伍。

二、导游服务的性质和特点

(一)导游服务的性质

1. 服务性

导游服务是非生产性劳动,导游通过向游客提供一定的劳务活动(如导游讲解、旅行安排等),来满足其游览、审美的愿望和安全、舒适的旅行需要,在此过程中导游创造了价值,为旅行社带来收益,并获取相应报酬,而游客也同时享受了该无形产品。导游服务不是一般的简单技能而是一种较为复杂的高智能、高技能服务。

如何做好导游服务

2. 文化性

旅游活动就是一场文化活动,人们出游就是为了获得文化知识和精神享受。有些东西是客人能直观感受的,而有些需要导游的指引。导游服务是传播文化的重要渠道,起着沟通和传播文明,为人类创造精神财富的作用。在具体服务过程中,由于导游处在各种文化的差异中,甚至在各民族、各地区文化的碰撞中工作,所以导游还应尽可能多地了解中外文化之间的差异,圆满完成传播文化的重任。这要求导游在提供导游讲解时,应当内容广泛,导游自身要能够知天文、晓地理、通古今、博学多识、幽默风趣。

3. 代表性

导游在服务过程中,往往同时兼任旅行社和旅游者双方的代表,一方面既是旅行社接待任务的承担者,是旅行社的代表;同时也是旅游团队的形象代表,是旅游者利益的维护者和代言人。

4. 经济性

导游服务会创造经济价值。一方面,导游通过引导客人消费购物,直接创收。世界各地都十分重视旅游商品,尤其是旅游纪念品的开发、生产和促销,并将其视为争夺游客的魅力因素,增加旅游收入的重要手段。在世界旅游总消费中用于购物的部分约占50%,有些地方比重更大,导游作为商品促销渠道的引导者,其作用十分重要。另一方面,导游通过宣传扩大客源,间接创收。如果没有旅游者,发展旅游业就无从谈起。所以,发展旅游要在旅游宣传方面做文章,招徕游客,很重要的一种方法就是通过导游向游客提供高质量的导游服务,而旅游者会利用自己的口碑作"免费宣传",这是提高旅游企业的信誉和竞争力的一种重要手段。此外,导游可以牵线搭桥,促进经济和技术交流。正在建设中的中国需要外国的资金和技术,而到中国旅游的相当一部分是经济界人士、专家、学者或者其他专门人才,他们可能希望通过旅游去了解合作或投资环境。导游应做有心人,了解他们的意愿,捕捉时机,积极牵线搭桥,促进中外经济交流。

1

5. 涉外性

目前,我国已形成入境、出境、国内旅游三大市场,入境、出境旅游具有明显的涉外性。就国际旅游来说,导游工作是传播文化的重要渠道,世界各国(各地区)之间的传统、风俗民情、禁忌习惯不同,旅游者的思维方式、价值观念、思想意识各异,这就决定了涉外导游工作的复杂性。

接待国际旅游者时,现场导游翻译具有"快、急、难、变"的特点,这就要求导游员不仅要掌握丰富的知识,而且还要具备随机应变的能力。

导游作为旅行社、地区和国家的代表,其言行举止都关系着国家和人民的形象。导游工作人员在民间外交活动中起着不可忽视的作用,主要表现在三个方面:了解外国、宣传中国、当好民间大使。

(二)导游服务的特点

1. 独立性强

导游服务是独当一面的工作。导游带领旅游团队外出旅游,在整个旅游活动过程中,往往只有导游与旅游者终日相处,导游服务的完成是在没有他人的帮助下独立进行的,因而导游服务是一种流动的、单兵作战的工作方式。导游必须具备较强的独立工作能力,才能够圆满地完成旅游团队的导游服务工作。导游服务的独立性表现在以下四个方面。

(1)独立宣传、执行国家政策。在旅游者心目中,导游是一个国家或地区形象的代表。旅游者往往希望通过导游来更多地了解一个国家或地区的情况。例如,海外旅游者来我国旅游,不仅对我国的风景名胜古迹进行游览观赏,还会对我国的社会状况、政治局势、经济发展以及风俗民情进行考察和评判,他们会提出各种各样的问题要求导游解答,这必然要涉及国家的各项方针政策。因此,导游服务是一项政策性很强的工作,导游要想圆满地解答政策性问题,就要有较高的政治站位和政策水平。

(2)独立组织、协调旅游活动。导游作为旅行社委派的代表,在为旅游者提供服务的过程中,需要独立完成许多组织协调工作。在旅行社内部,导游需要与外联、计调、财会等部门协调关系、密切合作,充分做好导游服务的准备工作,以保证旅游活动的顺利进行;在对外关系中,导游要代表本旅行社与各有关方面联系和交往,协调好各种关系;在旅游团内部,要考虑到旅游者的年龄、职业、性格、兴趣各不相同,科学组织安排团队的各项活动。旅行社之间、旅行社与各单项旅游产品供给部门之间都可能产生矛盾和问题,导游对此也要进行组织与协调,使之紧密合作,各负其责。

(3)独立解决各种矛盾和突发性事件。在团体旅游过程中,旅游者的食、住、行、游、购、娱等各个方面都需依靠导游来安排,导游不可避免地会遇到各种各样的,而且往往是难以预料到的问题和矛盾。因此,作为一名导游,就要具备独立处理、安排、解决有关矛盾和问题的能力,尤其是在遇到一些突发性事件时,如食物中毒、交通事故、游客突然发病或死亡等,往往因事发突然,会经常出现来不及向旅行社请示,必须由导游立即独立作出决定,并进行初步处理的情况。因此,导游应该具备并有意识地锻炼自己敢于决断,及时解决各种问题和突发性事件的能力。

(4)独立开展讲解服务工作。导游在实际讲解过程中,讲解内容及形式并不是千篇一律的固定模式,而是需要根据游客不同的文化层次、不同的审美情趣以及不同的兴趣爱好,及时调整自己的讲解内容,使导游讲解具有较强的针对性,以满足不同旅游者的需要。这是需要导游独立完成的主要工作,别人是无法替代的。

1

2. 脑体高度结合

导游的服务工作既是一种脑力劳动,又是一种繁重的体力劳动,它是一种超常规的"非八小时"上下班制和无周末休假制的特殊服务工作。导游通常是连续十几个小时工作,或者连续十几天工作。他们不仅要带领游客跋山涉水、顶风冒雨游玩,还要扶老携幼,甚至照顾体弱生病的游客;他们既要指导游览,还要安排游客食宿行程。导游的工作从迎客开始,紧接着是安排好旅游行程和交通食宿,然后带领游客进行旅游活动,接着送走游客,最后还要完成后续工作。在这一系列的旅游活动中,导游经常夜以继日地为游客服务,还要始终如一地对游客保持热情周到的服务态度,精神饱满地去完成服务工作,这就需要导游必须具有强健的身体和充沛的精力。因此,导游在繁重的工作之余还要有意识地进行身体锻炼,以保持健康的身体素质,这样才能胜任导游工作。

3. 复杂多变

导游服务是按照一定的程序进行的,但在实际服务过程中却需要面对许多不确定性,这使得导游服务工作经常处于复杂多变中。导游服务的复杂多变表现在以下四个方面。

(1) 服务对象复杂。导游服务的对象是来自不同国家和地区的旅游者,他们的职业、性别、年龄、宗教信仰和受教育的情况各不相同,其兴趣爱好、性格、习惯也是千差万别。导游人员在提供服务时,面对的是一个个复杂的服务对象。由于接待的每一批旅游者都互不相同,因此,提供服务也需不断变化。

(2) 游客需求多种多样。导游要按照接待计划安排落实旅游者在旅游过程中的食、住、行、游、购、娱等基本活动,还有责任满足或帮助旅游者解决其随时提出的各种个别要求,以及解决或处理旅游过程中随时出现的问题和情况。而且,由于对象不同、时间与场合不同、客观条件不同,即使是同样的要求或问题往往也会出现不同的情况,这就需要导游根据具体情况准确判断并妥善处理。

(3) 接触人员多,人际关系复杂。导游为确保旅游活动的顺利进行,需要与许多相关部门和工作人员进行接洽和交往,如交通、饭店、商店、景点、娱乐部门等,需要与他们商讨各项事宜,争取各方的支持和配合。由于这些部门和工作人员都分别代表了不同的利益,如果协调不好,就会产生各种各样的矛盾,给导游服务形成障碍,影响导游服务的质量。作为导游,本身具有双重身份,既代表着旅行社的利益,同时又是旅游者利益的代表者与维护者,导游以此双重身份与各方面打交道。因此,导游处在一种工作关系和人际关系都比较复杂的关系网中,要处理好这些复杂繁多的关系,就需要具有较高的综合素质和较强的公关能力。

(4) 面对各种物质诱惑和不良价值观念的影响。旅游业的发展促进了经济的发展,有利于各国、各民族之间的友好往来和文化交流,但对思想觉悟不高者也会带来一些消极影响,如可能会面对一些不良的思想意识、处世方式和生活作风。这些东西的传播和渗透,无形之中会对接待人员产生影响。导游在工作中要跟海内外形形色色的人员打交道,直接面对这种"旅游污染"的机会要比常人多得多。因此,导游服务的复杂性还在于导游处在一个复杂的工作环境中,直接面对多种诱惑。这些诱惑主要有金钱、色情和名利等。导游面对不同的意识形态、价值观念和生活方式,耳濡目染,如果意志不坚定、自制能力不强,非常容易受其影响。导游应充分认识这一工作特点,提高思想政治觉悟,提高自身修养,始终保持清醒的头脑,坚决抵制各种诱惑和不良价值观念。

4. 关联度高

旅游产品是以服务形式表现的无形产品。一个完整的旅游产品包括旅游活动的六大要

1

素,即食、住、行、游、购、娱等内容,是由许许多多的单项旅游产品组合而成的。这些单项旅游产品又是由各自独立、性质不同、功能各异的旅游供给部门分别提供的。一次成功的旅游活动需要各旅游供给部门的通力协作,无论哪一个部门出现问题,都势必会影响到旅游活动的正常进行,使旅游者感到不满或失望,从而影响到旅游产品的整体质量。导游服务涉及旅游行业的方方面面,具有很强的关联性,这就要求导游必须以高度的事业心和责任感,对各个相关部门进行统筹协调。

随着旅游业的发展,参与旅游活动的人越来越多,游客的需求层次也在不断提升,对导游提出的标准也越来越高,无论是对导游的知识水平、言谈举止,还是待人处世等各个方面都提出了更高的要求。因此,导游必须不断提高自身综合素质,以适应这一需求。

三、导游服务的内容

导游服务的内容是指导游向游客提供服务的领域,大致可以分为两大部分:导游讲解服务和旅行生活服务。

(一)讲解服务

现代导游的讲解服务多种多样,大致分为物化导游讲解服务和现场口语导游讲解服务。

1. 物化导游讲解服务

物化导游讲解服务分为图文、声像、电子导游和智慧旅游四种方式。

(1)图文导游,包括各种导游图、交通图、旅游指南、景点介绍册页。除了传统纸质地图,目前网络搜索地图较为普及,黄山导游图如图 1-1、故宫 3D 全景电子导游图如图 1-2 所示。

图 1-1　黄山导游图

(2)声像导游是指通过录音带、碟片、幻灯片等对景点进行介绍的导游方式。

(3)电子导游,是一种利用计算机和现代信息技术开发的导游方式,是对图文导游方式和声像导游方式的综合。其讲解器可以由游客随身携带,通过 GPS 全球定位系统随时随地准确

图 1-2　故宫 3D 全景电子导游图

地感知游客所处的方位,采用语音、图片、视频等手段,自动地对游客眼前的景观进行导游讲解。同时,它还提供电子地图、旅游相关信息查询等辅助功能。其多被用在博物馆和一些大型景点,如故宫的导游讲解。无线讲解器如图 1-3 所示。

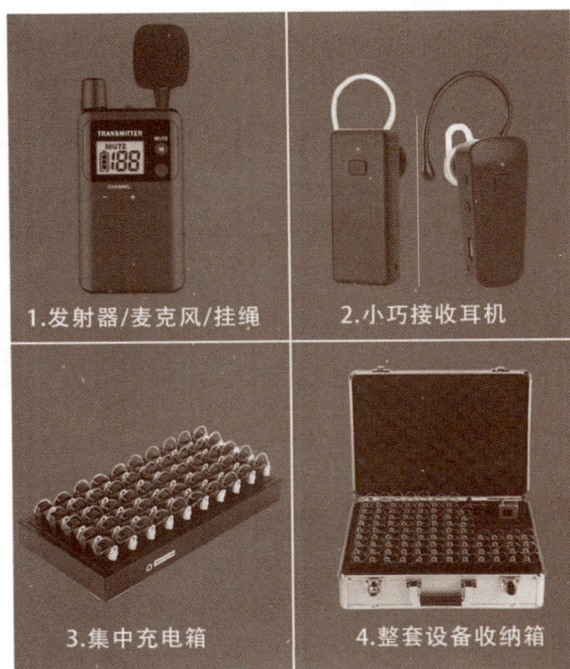

1.发射器/麦克风/挂绳　　2.小巧接收耳机

3.集中充电箱　　4.整套设备收纳箱

图 1-3　无线讲解器

（4）智慧旅游,也被称为智能旅游,它是利用云计算、物联网等新技术,通过移动互联网,借助便携的终端上网设备,主动感知旅游相关信息,实现导游服务。简单地说,就是游客与网络实时互动,让游程安排进入触摸时代。从使用者的角度出发,智慧旅游主要包括导航、导游、导览和导购四个基本功能。如今,很多景区景点,例如北京故宫、安徽黄山等,抓住当下"非接触经济"的机会,积极拥抱移动互联网,利用 5G、VR 等技术,开辟线上展厅、线上博物馆等,让民众在家实现"云游览"。

2. 现场口语导游讲解服务

现场口语导游也称讲解导游方式,是指导游在游客旅行游览过程中对游客进行介绍、讲解、交流和问题解答等导游方式,如图 1-4 所示。这种方式不仅不会被物化导游方式所取代,并且将永远在导游服务中处于主导地位,体现了人在导游服务中的主导地位;它能够灵活自如地应对各种复杂多变的情况,有利于旅游活动中的人际交往和情感交流,一般有以下两种形式。

(1)景点现场导游,如图 1-5 所示,这是最常见的导游方式,在景区现场,由导游面对游客口述导游词。

(2)沿途导游,由导游在旅游车辆行驶过程中做流动讲解,在旅游途中导游进行沿途讲解,包括抵离沿途、旅行沿途和往返程沿途,介绍内容主要包括当地风土民情、沿途市容市貌等,如图 1-6 所示。

图 1-4　导游现场讲解

图 1-5　景点现场讲解

图 1-6　车上沿途讲解

（二）旅行生活服务

旅行生活服务是指导游为游客提供出入境迎送、旅途生活照料、安全服务及上下站联络等服务。一般包括以下几个方面。

（1）生活服务。全程生活服务是指导游尽力解决游客从开始旅程到旅程结束过程中的主要生活安排，包括就餐、住宿等。

（2）交通服务。安排全程的游客交通出行方式，包括游客离开一地前往下一站的交通票据。

（3）游览服务。游客在旅游目的地的观光游览服务。

（4）导购服务。导游往往是对旅游目的地情况最为熟悉的人，满足游客的购物需求是导游应尽的职责；指导游客购物，让游客买到满意的旅游商品是导游的一项重要工作。

（5）娱乐服务。导游可以带领游客开展健康有趣、符合法律法规的相关娱乐活动，满足游客的精神需要。

（6）安全服务。导游有义务保障游客的人身、财产安全。

（7）其他委托服务。导游在能力范畴之内接受游客的各项委托事宜。

知识拓展　新导游从业速成

1.迅速了解带团的实用知识，最快地让理论与实际相结合

我们都知道，在书本上所学所背的东西和你实际工作当中需要的是相异的，有些甚至完全不同。比如说，你在书上看到的几乎都是如何去讲解景点，而我们在导游过程中最重要的、通常是关系到你的收入以及游客的评价的表现都是在车上，这些车上讲解词，是书上无法找到的。书上的东西是用来让你了解这个行业所必须明白的东西，把这些东西融会贯通，你才可以成为一个合格的导游，要成为优秀的导游你还有很长的路要走。

还有一点非常重要，就是要培养自己一个善于总结的习惯。在带了一个团之后，写一篇心得，记录下自己带团时经历的事情、遇到的困难、得到的收获等，甚至可以详细到团队住宿饭店的评价、司机的信息、带团的收入等，坚持这个整理经验的习惯，你手上的这些资料，将是你在忙过第一年进入淡季后最好的学习材料。你会感觉你的带团技能进步得比别的新导游要快数倍不止。很多老导游到现在还坚持着这个习惯。

2.掌握带团细节，不出漏洞，避免损失

导游带团是一项工作，同时也是一门艺术。作为地陪，自从你从出站口把游客接出来以后直到你最后一天把游客送入进站口，全部过程的细节几乎都由你来处理，处理得当，得到各方面的肯定、赞誉；处理不得当，可能会遭到投诉，甚至造成自己的经济损失。

有几个需要注意的环节要重点强调：接送站、团队餐、购物和个人习惯。接送站虽然不算复杂，也不太容易出现问题，但一旦出现，必定是大问题：接站失误会影响团队中所有游客的旅游情绪，之后在你带团过程会增加沟通障碍；送站则更为关键，一旦因为导游的工作失误而导致误机误站，所产生的损失包括补票费、住宿费和餐费等将全部由导游承担。在用餐方面，导游需要注意的是，目前在一些城市团队餐的餐标通常很低，餐厅只能保证八菜一汤的数量，而质量方面就需要导游来监督了。导游通常在接站时就为用餐上可能出现的矛盾，如用餐质量、餐厅环境和排队等问题做好事先铺垫，让游客有个心理准备，不至于在用餐开始时闹情绪。购物是导游创造收入的最佳途径，而游客对购物也有比较特殊的情绪，这一点上我们在下面的第6条中会作详细说明。关于个人习惯，作为一个导游以室外工作为主，对于个人卫生方面尤需注意。在夏天坚持每天工作结束后洗澡,避免身上出现异味,这是对游客的尊重也是对自己的尊重;在服装搭配上也要注意,在第一天接站时最好穿正装,以衬衫或西服为主,给游客以职业导游的感觉,在后面几天由于需要长距离的行走和爬山,建议改为休闲装,不过要注意色彩的搭配。

3. 妥善处理与客人、司机、全陪、旅行社和景区的关系

地陪、全陪和司机是一个服务集体,三人要在导游服务过程中及时商量工作的进展细节,以及处理可能出现的问题,一个团队对于旅游好坏的感受,很大程度取决于这个服务集体的合作情况。在这三人中地陪导游要占主导地位,全陪和司机全力进行配合,但实际情况往往并不是这样,尤其是对新导游来讲。有时候全陪以组团社的名义对地陪服务指指点点,不愿配合地陪导游的工作,而司机有时也因为赚不到钱会发牢骚,甚至与游客或导游争执,这就需要地陪导游从中协调,努力创造一个相对和谐的合作气氛。新导游在谈话技巧和为人处世方面可能还不够老到,但只要向对方表现出足够的诚意和耐心,相信无理取闹的人还是非常少的。作为地陪,对全陪要主动争取配合,及时沟通信息;对司机要做到互相尊重、互相谅解。

对于游客,很多人旅游主要抱以猎奇、休闲和交流的目的来的,很少有想学习的,但人文景点大多与历史相关,我们需要把导游词做得更为诙谐幽默,使游客容易理解进而对导游大加敬佩。在带团过程中时常会出现各种问题,游客也容易对导游抱怨甚至是投诉,导游遇到问题时首先要想到游客的感受,在第一时间安抚游客,对游客的态度要做到"不卑不亢、落落大方"八个字,不盲目接受游客过分的要求。

旅行社是导游的工作开始点,导游主要接触的社内工作人员为计调或计调经理,他的主要职责是负责给导游派团、落实旅游用到的房、餐、车等事宜,计调与导游属于上下级关系,在带团过程中,要服从计调对旅游活动的安排,配合计调落实各项工作细节。

导游与景区基本上是一种纯粹的工作关系,记得在进景区前佩戴好导游证,配合景区的检票人员清点人数,在游览过程中出现紧急情况时,要尽快与景区工作人员联系,争取他们的配合。

4. 准备好欢迎词和欢送词,快速拉近与游客之间的关系

欢迎词包括问候、自我介绍、城市介绍、旅游行程介绍、预先提醒、旅游注意事项等,这里重点说说后三项:

关于旅游行程介绍,主要是要游客明白自己这几天主要要去什么地方、吃什么风味、进什么商店,因为游客手里大多也有一份组团社发给的行程表,所以这里导游的工作实际上是核对双方的行程有什么不同之处,如果只是时间上有些出入的话,向游客简单解释下就可以了,但如果发现有什么地方完全不同或缺少项目的时候要立即向旅行社汇报,以求得到及时处理。

预先提醒主要是防范在之后的游览过程中出现了问题对游客产生的情绪影响,如果导游在事先有个铺垫,那么效果就会好很多。如在用餐上,导游可以说,由于价格的原因旅行社为大家安排的都是便餐,就是正规的中餐,所以大家要谅解。另外,现在是旅游旺季,用餐高峰期间餐厅会比较拥挤,请大家有个心理准备。这样可以防止之后很多游客的抱怨。

旅游注意事项主要包括安全(旅游期间游客的人身安全和财物安全)、准时(强调团队的整体性和提醒游客注意守时)、卫生(景点卫生和车内卫生)、天气(提醒注意天气变化预防感冒)等四个方面,随着带团经验的增加,你也可以自己在欢迎词中添加上一些你认为游客值得注意的东西。关于欢迎词的形式,建议采用对话式或问答式,这样消除了导游照本宣科的死板形象,也可以顺便了解一下游客的实际情况,当你在讲完欢迎词后,应该做到对团队的人员构成、

职业和收入等方面有了初步的了解。

欢送词包括回顾旅游过程、代表导游服务集体对游客的配合和理解表示感谢、征求游客的建议和意见、送上美好的祝福几个方面。欢送词是属于锦上添花的东西,前面的行程走得非常顺利,一段精彩的欢送词可以把游客的情绪推向最高潮。

5. 带团过程中组织活动,调节气氛

团队旅游中最精彩的当然是景点内的参观,但在整个游览过程中,车上时间一般要多于景点游览,在游客对你再生动的讲解也提不起精神的时候,做个游戏或讲个笑话就是最好的提神方法。游戏有很多的种类,导游根据游客不同的性格、职业找一些合适的来操作。笑话是一个很敏感的东西,切记不能为了迎合少数人的低级趣味讲不合适的笑话,这与导游员的身份极其不符。建议大家可以去上网找一找,或者直接从一些传统的相声段子中截取一些精华,讲笑话也同样可以表现出个人的修养。在市内堵车、来回的路上、游客出现抱怨情绪等时候,组织一些活动也是非常明智的选择。

6. 出色完成导游促销,创造收入

旅游是对当地经济的促进,在很多地方,游客的消费占了整个旅游费用的很大部分。在市场经济的大潮中,导游运用适当的讲解激发起游客的购物兴趣,从中赚取佣金是完全合理的。任何商品都有成本,而成本与实际的市场价格往往相差很多。但这些利润并不是生产商一家赚取的,中间还要有很多层批发商和销售商来分成。据说,可口可乐每年用于广告宣传的费用大约全年总利润的50%,也就是说,一听3元的可乐,有1.5元被广告商拿走了。导游的促销讲解,也就相当于宣传,商家省去了在电视报纸做广告的宣传费,自然要给导游一部分佣金作为广告费了。

在促销讲解中,导游大可不必不好意思,但绝不能强硬或欺诈。不择手段地诱骗游客消费的导游,不但违背了导游的职业道德,同时也违反了有关的行业法规。导游要做的是,在知识方面不断充实自己,勤于收集各种相关资料,在讲解时以丰富的信息和生动的语言来打动游客才是正途。

7. 正确选择旅行社,避免陷阱

目前的行业情况是地陪旅行社的收入要比组团社低很多,很多大的旅行社如国旅、中旅、青旅都很少涉足地陪工作了,做地陪工作的大部分都是一些中小型的旅行社,其中难免鱼龙混杂。新导游由于刚刚考得导游证,社会经验不多,又有急切的求职心理,因此很容易在找工作的时候掉入一些旅行社的求职陷阱。旅行社的陷阱大多有两类:索要高额保证金和恶意拖欠团款。前者是指旅行社同意把证调入该旅行社,但前提是要缴纳高额的质量保证金,并不给予任何单据。这一点很好预防,只要提前问好保证金的数额,缴纳的同时索要收据就可以了,一般旅行社的保证金维持在1 000~2 000元。后者则是非常可怕的陷阱,甚至很多老导游都经常上当,主要是指导游在带团期间为团队预先垫付门票款,但在带团结束后(无投诉情况下)未按时归还团款,而将导游的钱用于其他方面的投资。这是一种类似于欺诈的行为,但由于很多导游顾虑旅行社不给派团而不敢声张,导致团款越欠越多,有不少导游一两年内被旅行社拖欠了数万元之多,有些导游全年的血汗钱都在旅行社里,导致自己手中一堆白条,无处要钱。预防被押款主要做到两点:第一,在去旅行社前向同行或前辈打听下该社的口碑,如果是口碑很差的那种,那就要注意了;第二,先给这个社带一两个团看看,如果社里按约定时间报账,恪守信用,可在该社继续带团,若社内工作人员以各种理由拖延时间,则立即停止为该社带团,专心追讨团款。在一定时间内还没有报账的迹象,导游要果断地拿起法律的武器来保护自己的合

1

法权益,用实际行动维护导游的良好工作环境。

8. 做一名谦虚谨慎、八面玲珑的导游员

导游是一项前途光明的工作,但从统计数据上讲,导游工作的平均年限在3~4年,很多导游在入行一两年就转做其他了,可能因为收入与支出不成正比、旺季身体过度疲劳、经常受委屈等,就不一一赘述了。所以,行内开玩笑地讲,当你工作第二年时,就已经是老导游了。那时候,你在带团中可能已经有跟你团学习的新导游了。而你的收入,也比第一年有了很大的提高。这时候很多导游开始进入了一种骄傲自满、不求上进的阶段。说话的时候没有了以往的谦虚,变成更多的自我吹嘘和夸夸其谈;放弃了继续学习提高的努力,进入了一种花天酒地的生活。还有不少导游沾染上了行内最流行的通病——吹牛,就是把自己带团中取得的"战绩"添油加醋地向同行介绍,不分场合地点,甚至在公交车中打电话说这事也是旁若无人。这些行为让很多同行嗤之以鼻,造成恶劣的社会影响,导游应该为维护自身职业的良好舆论环境作出努力。优秀的导游在任何情况下都不应该放弃学习,更不能放弃谦虚的态度,态度是决定一切的。导游应该是一个谦虚谨慎、八面玲珑的人!

（资料来源:宙斯,《带团就是战斗》,旅游教育出版社。）

任务三 了解我国导游队伍的现状

【案例】

中国最美导游文花枝

2005年8月28日,在陕西省延安市洛川县境内,一辆大货车突然超速改道超车,占用车道后与湘潭市新天地旅行社文花枝所带团队的旅游车迎面相撞。当文花枝苏醒过来时,眼前的一切似乎是一场噩梦:旅游车被撞击得严重变形,车厢内的游客血肉模糊,哭喊声一片,她自己也被卡在座位里动弹不得。危难关头,文花枝顾不上疼痛,艰难地打出了求救电话,并扭过头来用尽力气大喊:"大家一定要挺住,救援人员很快就要到了! 大家不要慌,坚持住,我们一定要活着出去!"当救护人员赶到现场,准备抢救左腿血流不止、伤口已露白骨的文花枝时,她却说:"我是导游,请你们先救游客。"她把生的希望留给了游客,自己却因延误了救治时间,在蓓蕾初放的年华里,永远失去了左腿。

文花枝的壮举感动中国。2006年,文花枝获得了全国三八红旗手、全国五一劳动奖章、全国十大杰出青年等荣誉。2006年,原国家旅游局为她安装了世界最先进的假肢,让她终于重新站了起来。她还被选送到向往已久的综合性全国重点大学湘潭大学旅游管理专业学习,圆了自己的大学梦。面对鲜花和掌声,文花枝表现得十分冷静"其实所有荣誉都是授予那种精神的,我只是幸运地成为了载体。"

注:本案例引自中国新闻网,由编者整理编写。

思考与讨论:

文花枝作为一名普通的中国导游,她的舍己为人的故事是否只是个例? 请结合一些优秀导游的先进事迹,谈谈你的看法。

点评：

文化花枝面对生死选择时的无私、无畏，面对截肢后残酷现实的坚强、乐观，一直激励着中国的每一位导游。在游客的心中，花枝是职业道德的"导游"，精神和心灵的"导游"。

从新中国成立后导游职业发展的历程来看，导游享有较高的社会地位与职业荣誉。然而，随着旅游业中零负团费、高回扣等不良现象的蔓延，极少部分导游在执业过程中出现了强制购物、辱骂殴打客人等"一个老鼠坏一锅汤"现象，职业声誉逐步被"污名化"。

但是，我们应该更多地看到 2017 年九寨沟强地震时，在震中区折返多次救人的"锤子兄弟"张立、李文华；2017 年为救人被大象踩踏身亡的重庆领队何永杰；2021 年上一秒接电话，下一秒跳水救人，自己不会水的湖北恩施导游牟财源；2022 年凤凰古城奋身跳水就下落水小女孩的导游杨森，他们用自己的鲜血和生命演绎着中国导游最美的故事，树起了一个又一个道德丰碑。

一、全国导游人力资源状况

（一）全国导游队伍状况

目前，根据中华人民共和国文化和旅游部（简称文旅部）发布导游情况通报来看，截至2021 年底，全国已有 90 万名导游。但是，导游队伍的现状不容乐观：导游队伍学历层次偏低；导游队伍等级结构严重不合理；初级导游占导游队伍的绝大多数，中、高、特级导游人数较少，而特级导游更是少之又少；中文导游数量已基本满足旅游接待工作的需要，外语类导游整体数量不足，尤其是一些小语种导游奇缺；导游的地区分布不平衡，东部省（市）导游数量较多，中部和西部省（区、市）导游的数量较少，基本上和各地区旅游业发展水平相适应，但西部个别省（区、市）导游人员严重不足。这些情况都在一定程度上影响着我国旅游业的健康发展，提高导游整体水平，建设一支高质量的导游队伍是一项重要工作。

（二）对导游资源状况的分析

（1）在全行业推行导游资格考试、等级考核是非常有必要的。目前，导游队伍等级结构严重不合理，中、高级导游缺乏必然影响旅游行业的正常发展。要提高导游队伍素质，培养合格的旅游从业人员，导游资格考试、等级考核是旅游行业人力资源开发和管理的重要手段。

（2）导游队伍学历层次偏低。学历偏低导致导游队伍素质偏低，提高导游入行门槛，重视对导游人员的各种培训势在必行。

（3）外语类导游的语种结构不合理，外语类导游整体数量不足，加快培养小语种导游迫在眉睫。

举例　百万元年薪聘导游

自 2022 年以来，各地文旅局长们纷纷"集体出道"，代言家乡推广旅游业。在这股热潮中，浙江衢州开化县的百万元年薪聘导游一事"异军突起"，引起了广泛关注，成为网络热点话题。该活动于 2023 年初启动，吸引了全国 1 300 多位业界达人应聘，参赛选手既有高校专职老师、在校大学生、国家旅游技术技能大师工作室领军者，还有国家金牌导游、国际领队，更不乏网络平台的文旅达人。参赛者的经历也各有特色，有影视剧编剧、文创产品设计者、手工造船师，还有文化和旅游部中国旅游推介宣讲人。开化文广旅体局党委委员、副局长汪玉清曾表示，旅游业是开化的支柱性产业，对开化的整体经济发展，产业结构优化升级具有非常重要的作用，因此想通过"百万元年薪招导游"活动，招来人才、引来人才，并进一步培养当地的旅游人才。

1

开化县"百万元年薪聘导游"活动,在导游圈里引起不小的震动,活动旨在吸引优秀旅游人才,释放了重视导游人才建设的积极信号,也为导游职业提出了更高的要求,这一做法具有较强的示范意义。

(1)让公众正确认知和理解导游职业。在人们的传统观念中,导游职业通常与高薪挂不上钩,甚至还有些人认为导游只有靠诱导游客消费拿回扣,才能生存下去,这其实是对导游职业的误解。首先,导游职业有准入门槛。根据2020年人力资源和社会保障部印发的《关于印发经济专业技术资格规定和经济专业技术资格考试实施办法的通知》,导游资格属于准入类别,只有通过全国统考的导游人员资格考试,才能成为导游。其次,导游职业有清晰的发展路径。导游技术等级分为初级、中级、高级、特级四档,分别对应不同的专业能力水平。其中最近一次全国特级导游考评是在2021年,这也是时隔20多年的再次重启,表明了导游作为职业有着极强的专业性,且职业发展得到了国家层面的关注。

(2)有效提振了当时旅游从业者的信心。随着旅游业发展步伐加快,导游队伍人手不足的问题随之显现。如何让优秀人才回归旅游行业,开化的动作无疑具有较强的示范作用。从实际效果看,开化吸引了全国1 300多人报名,其中不乏全国导游大赛一等奖获得者、金牌导游员和高级职称人才。这给广大旅游从业者释放了一个积极信号——只要你够优秀,就会有高薪的机会等着你。当时,旅游业正在加快复苏,这对于提振广大从业人员的信心至关重要。

(3)为导游个人职业发展引出了新方向。导游不仅仅是带团讲解,为游客提供服务,由于导游的工作经历,走南闯北,直接面对游客,对旅游有深刻的理解,而基于这样的优势,更有可能成为旅游业最深刻的观察者、批判者、建设者,构建全新的旅游体系,做旅游的建设者或许更有挑战性。

二、导游的管理和培训

(一)旅游行政主管部门对导游的监督管理

导游的行政管理职能由从中央到地方的各级旅游行政管理部门行使。国家旅游局下设的质量规范与管理司负责对导游服务质量的管理,人事劳动教育司负责指导旅游教育、培训工作。各省、市、自治区级的旅游局有相应的导游管理归口部门,各市县级的旅游局的相关部门负责对导游日常工作进行监督管理。

(二)导游协会的行业监督管理

原国家旅游局2016年出台《关于深化导游体制改革加强导游队伍建设的意见》,意见指出建立健全导游协会组织贯彻落实《中华人民共和国旅游法》,推动建立体制合理、功能完备、管理有效、行为规范的导游行业组织体系,发挥导游行业组织联系政府、服务会员、促进行业自律的作用,构建导游依法自治的现代社会组织。

1. 依法推进导游行业组织体系建设

推动各地级市(区)成立以导游个人会员为主的导游行业组织,各省成立以市级导游行业组织单位会员为主的导游行业联合会。推动各级导游行业组织组建数量适当、结构合理、精干高效的工作队伍,健全内设机构与工作机制,规范办事程序和工作流程。

2. 充分发挥导游行业组织自律作用

鼓励所有导游积极加入导游行业组织。促进各级导游行业组织建立健全以章程为核心的内部管理制度、会员约束制度，积极协调会员间利益，开展会员培训、权益维护、法律咨询等服务，切实把行业组织打造成"导游之家"。

3. 支持导游行业组织可持续发展

按照社会化、市场化改革方向，促进和引导行业协会自主运行、有序发展。鼓励各地采取购买服务的方式，支持导游行业组织依法开展导游注册工作，积极参与行业政策、标准制定及承担对导游的强制性培训任务。加强对导游行业组织的监督检查，严厉查处违规开展导游注册工作以及违反相关法律法规的导游行业组织。

从目前看，各地导游协会组织的影响力和作用都还有限，与其他协会相比，开展的活动和参与的工作不多。总体上，导游加入协会的积极性不高，入会导游占导游总数的比例较低，只有西藏导游协会占比超过了 50%；部分协会经费缺乏保障，仅仅靠会费来维持运转，个别导游协会连办公场所都没有。此外，国家对导游协会建设和发展的方针、政策还不够明确，因此，各地导游协会希望旅游管理部门出台工作意见，明确方针政策，加大支持指导工作力度，加强交流合作，以促进我国导游协会组织健康发展。

（三）旅游企业对旅行社专职导游的管理

国内企业（旅行社）的专职导游多由企业直接管理，其聘用大多采取以下两种形式。

1. 正式员工聘用制

员工与旅行社签订正式劳动合同，领取工资，并享受养老、医疗和失业的保险。

2. 参股合伙制

参股的人员大多都是有经验有客源的，他们聚集在一起承包旅行社的一个部门，采取共享资源、共同承担风险、共同分享利润的合作方式。

（四）导游服务中心和导游服务公司对社会导游的管理

在《国家旅游局关于整顿和规范旅游市场秩序工作的通知》中，出台了《关于建立"社会导游人员服务管理机构"的指导意见》（简称《指导意见》），指出：要迅速建立和完善"专职导游"和"社会导游"两套组织体系和教育管理体系。对"社会导游"，按照《导游人员管理条例》和《导游人员管理实施办法》的要求，在旅游城市成立专门的导游服务管理机构实施管理。

根据《指导意见》，"社会导游服务管理机构"的建立采用"导游服务中心"和"导游服务管理公司"（简称导游公司）两种形式。前者依照有关规定进行注册登记，对外以中心名义独立开展人事代理活动并承担法律责任，中心只收取人事代理管理费，不得以营利为目的；后者依照有关规定到工商管理部门登记注册，对外以公司名义独立开展经营活动并承担法律责任，但不得从事旅行社业务。公司在具体业务工作中，应依照有关法律、法规，通过合同、协议、保险等形式明确与导游、旅行社的相互法律关系及相应的法律责任，如导游的人身保障责任、导游在服务过程中因个人行为造成损失的责任划分等。

1. 为社会提供社团信誉

一些组织能为社会提供社团信誉，包括企业组织、社团组织及中介组织。如果导游公司中社会导游的个人违规行为足以损害整个公司的信誉，使公司利益受损，公司将尽力避免违规行为的发生并惩罚违规成员，维护自身的信誉。

2. 为导游提供专业支持

为了树立自身良好的信誉，导游公司不仅将为挂靠的导游提供出团机会，更会对其进行业务知识和技能培训以及提供导游词等专业支持。一个职能完善的导游服务公司，还应该通过

1

导游沙龙、职业生涯规划、相关业务培训和指导等诸多方式，为社会兼职导游提供职业发展机会。这样，导游公司才能争取到更多的社会导游加入，良性循环才得以顺利进行。

3. 维护社会导游合法利益

除了向社会导游提供专业支持以外，导游公司还要成为维护社会导游合法权益的代言人。导游公司既然向挂靠导游收取管理费、向旅行社收取中介劳务费，根据权利义务对等原则，社会导游有权要求所挂靠的导游公司维护自己的合法权益。导游公司与旅行社签订合作协议时，应该坚持明确社会导游从事导游服务工作应得的合法、合理所得，并采取措施保障社会导游人身安全。在产生旅游责任事故时，导游公司还应该合理分辨导游、导游公司、旅行社三方各自应该承担的责任份额，努力避免向导游转嫁责任的现象发生。

4. 为旅游行政管理部门代行导游管理职能

将部分甚至大部分行政管理职能移交相关行业组织，是旅游业发达国家和地区普遍的做法，我国香港旅游业议会堪称典范。香港旅游发展局负责向全世界促销"动感之都"、制定相关法律、规划香港旅游业发展的未来。而旅游行业规范的制定、旅游从业人员资格的认定、培训以及日常管理等工作则由香港旅游业议会负责。实践证明，由行业组织代行政府行政职能可以取得更佳的绩效。

虽然我国旅游行业组织的发育远未成熟，但从长远来看，行业组织代行政府行政管理职能无疑是必然的趋势。导游服务公司应该成为我国旅游行业组织管理体系的一个组成部分，努力为当地旅游行政管理部门承担相应的管理职能。现阶段，导游服务公司应该承担的管理职能主要有：负责社会导游的注册登记，代办导游证、导游等级证，并负责其日常管理；负责组织社会导游参加日常业务培训；负责建立对社会导游服务质量的考核监督办法和奖惩制度。

（五）旅游法下的新型管理形式

《中华人民共和国旅游法》第三十七条规定："参加导游资格考试成绩合格，与旅行社订立劳动合同或者在相关旅游行业组织注册的人员，可以申请取得导游证。"《国家旅游局关于执行〈旅游法〉有关规定的通知》（旅发〔2013〕280号）明确规定："相关旅游行业组织"是指设区的市级以上地方依法成立的导游协会、旅游协会成立的导游分会或者内设的相应工作部门。目前各地市正努力依法尽快完善相关旅游行业组织，将已有的相关导游服务机构纳入旅游行业组织管理，为临时导游提供合法的注册机构，为导游日常管理培训提供共享平台。

其中，2014年11月15日，国家旅游局印发《关于促进导游行业组织建设的指导意见》，该《意见》共有三项十一条，从依法推进导游行业组织的建立健全，充分发挥导游行业组织的作用和积极支持导游行业组织的可持续发展三个方面，对导游行业组织建设提出要求。对今后我国导游业的健康有序发展提供了进一步的制度保障。

（六）导游的培训政策

原国家旅游局2016年出台《关于深化导游体制改革加强导游队伍建设的意见》，意见指出要改革导游培训方式，提升导游队伍专业技能与综合素质，改革导游注册制度。

1. 改革导游注册制度

取消导游资格证三年有效的规定，明确导游资格证终身有效，规范导游证使用时限，建设全国导游公共服务监管平台，启用电子导游证书取代原有IC卡导游证，再造导游注册流程，便利导游注册、领证执业。

2. 改革导游培训方式

构建强制性培训与自愿性培训相结合、岗前培训与在岗培训相衔接、"课堂培训、实操培训、网络培训"相统一的复合型培训体系;引导旅游院校加强导游相关专业学生实践技能和适应能力的培养,推动校企合作,促进院校教育与职业培训有机衔接,在全国旅游院校构建导游培训网络;遴选部分高等级旅游景区设立导游执业培训基地,丰富实操性培训;完善导游研修"云课堂",拓宽覆盖面,丰富培训内容,为更多导游提供免费网络培训。

3. 创新导游思想政治和职业道德教育体系

遵循导游职业发展规律,创新思想政治和职业道德教育形式,通过丰富多彩、喜闻乐见、易于接受的活动,在导游队伍中持续强化国家意识、民族意识、法治意识、行业意识等教育,不断增强思想政治和职业道德教育的渗透力和感染力;大力倡导以"爱岗敬业、诚实守信、办事公道、服务群众、奉献社会"为主要内容的职业道德,使导游队伍成为践行社会主义核心价值观和旅游行业核心价值观、面向国内外游客讲好中国故事、弘扬中国精神、传播中国声音的生力军。

（七）导游的培训形式

1. 岗前培训

岗前培训是指在新员工上岗前为了让新员工更快更好地适应工作的需要而进行的各种培训活动。岗前培训的内容包括导游基本知识、导游业务技能、服务技巧、旅行社的规章制度等。

2. 在岗培训

在岗培训是指对导游进行的以提高其导游业务水平所进行的训练活动。当导游投入工作之后并不意味着一劳永逸,还应不断地进行持续培训,通过有针对性的重复培训,可使业务素质提高到更高的层次。随着时间的推移、各方面条件的变化以及游客的不同需求,如果有新的规章制度,也要对导游进行再培训。

举例

现在很多旅行社开展旅行社内部培训,每周抽取一到两天晚上的时间,组织旅行社内部全体导游进行系统的学习培训,或者请旅游专业老师培训理论知识,或者是相互交流实践体会与心得,如组织各项带团技能竞赛等,以提高导游自身素质和业务水平。

3. 转岗培训

转岗培训是指员工由于工作需要或其他原因从一个岗位转向另一个岗位,为使转岗人员尽快适应新的环境、取得新岗位资格所进行的训练活动。转岗培训的对象都有一定工作经历,有的是因员工知识老化、工作标准下降、服务方法无法满足客人需要,年龄偏大、身体素质下降,人际关系难处,人员调动升迁等各种原因需要转岗。

4. 晋级培训

晋级培训是指导游从初级到中级、从中级到高级阶段之前需要进行的相应培训,以明确新级别与原级别内在联系,因而对其培训是在原有业务水平上的提高。

（八）导游的培训方法

1. 岗位练兵

岗位练兵以劳动岗位职能为练兵的主要内容,以导游的高标准进行要求,干什么就练什么,缺什么就抓什么,以练基本功为主,学习基本理论和提高基本技能。导游的岗位练兵侧重导游讲解、服务规范、待人接物等方面。这样的反复发现问题、解决问题,可以帮助导游尽快熟悉本职工作,提高导游的业务技能水平。

1

2. 专题讲座

这是根据旅行社工作的需要,聘请资深导游或外单位、高校的专门人员,就某项专门问题,有针对性地讲解技术、技能、服务经验等,是为加强导游的职业道德、培养自觉的服务意识等进行的系列讲座,以在较高层次提高员工的导游技能和增强服务意识。

3. 课堂研讨法

课堂研讨法指在固定的空间进行的不以培训人员为主,而是受训者积极参与课堂讨论的教学方法。与传统的讲授法不同的是,课堂研讨法更注重学员主观能动性的发挥,把在实际导游活动中发生过并记录下来的案例提供给学员进行解剖、研究,在相互讨论的基础上学员提出自己的见解并要求有鲜明的论点和较为充分的论据,促使学员在相互矛盾的各种因素中权衡利弊,促进更进一步的思考,达到借鉴经验教学、分析前因后果、提高处理问题能力的目的。

4. 业余教育

业余教育是指利用业余时间对导游和旅行社工作人员进行的培训,这也是最常见最大量的一种培训方式。导游队伍中年轻人居多,精力充沛,一般自学能力较强,要鼓励他们积极参加电视大学、夜大学、函授大学及各类学习班的学习,以系统提升文化、外语、业务知识和技能。这样既可学以致用,又可为导游今后的发展奠定基础。

(九) 导游的培训平台

导游可在"全国导游之家"网站平台(如图 1-7 所示)上进行培训,"全国导游之家"服务于导游,除了有丰富的在线培训课程,还方便导游随时查看和编辑带团行程,展示电子导游证,管理自己的工作日历等等。

在"行程"模块,可以查看导游当前带团行程详细信息(游玩景点、餐饮住宿、交通工具、注意事项等),行程改变通过微信公众号通知所有团内游客;扫描导游二维码即可显示电子导游证;接收推送消息,实时了解新闻公告;还可以查看日期、天气信息。

在"日历"模块,展示了导游在自由执业企业承接的所有订单,点击未带团的日期可设置"休息"或"空闲",设置后的状态会同步给各企业,便于游客下单。

在"我的"模块,提供导游的基本资料、执业记录、奖励及惩罚记录、游客评价、电子导游证、"全国旅游服务"微信公众号二维码等信息。

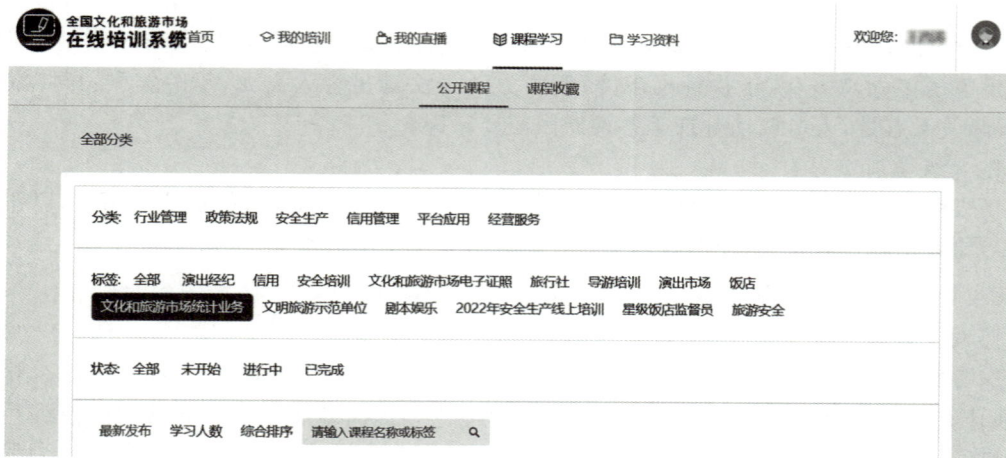

图 1-7 "全国导游之家"网站平台

知识拓展　导游变"网红"

　　最近,随着多种形式的网络自媒体兴起,很多优秀导游借助互联网,主动或被动变成网红,成为一种新兴的旅游现象。

报道一:这位导游爷爷,怎么讲着讲着就演起来了?

　　近日,陕西西安一位导游爷爷讲解的视频火了,年过七旬的高级导游杨建讲着讲着就会演起来,总能引起游客围观。杨建在西安碑林博物馆对草圣张旭《肚痛帖》进行讲解时幽默诙谐的表达,手舞足蹈的动作让游客忍俊不禁。杨建说:"大家说这么好玩,都开心地笑了,但同时也领略了大师写作的奥妙。"杨建的讲解在逗笑游客的同时,也被大家发到了网络平台,网友纷纷跟帖评论"活力满满""好有感染力"。

　　杨建生于1953年,他是土生土长的西安人,从小对历史、地理类的知识有着浓厚的兴趣,特别是对古迹、文物情有独钟。每次同亲友出游时,他总能给大家讲解历史文化知识并介绍文物背后的故事。朋友喜欢听,杨建喜欢讲,但杨建越讲越觉得自己知识有限。于是,他利用工作之余时间学习,在1999年、2006年分别考取了全国初级和中级导游资格证。有了中级导游证后,杨建开始在博物馆义务讲解。2012年,他又拿到高级导游资格证。2013年,杨建退休了,成了一名全职导游。

　　杨建说当导游压力很大,越深入了解文物的历史,对知识储备的要求就越高,游客会不断提出各种问题,这就逼着他不断地学。因此,杨建每天都要坚持学习三个小时。谈及自己独特的讲解风格,杨建说,自己从来不会准备"死"稿子,而是把每一次讲解都当成一次新的创作。此外,杨建反复提到了两个词,趣味性和科普性。他认为,给游客普及知识固然重要,但更重要的是要让他们能听进去,听着觉得有意思。尝试过多种方法后,杨建最终发现,用生动的语言、亲切的表达,把知识讲出来,游客会觉得特别轻松快乐,还能有所收获。杨建渐渐地形成了现在的解说风格。杨建说,游客的反馈让他确信,这个风格可能比较适合自己,也比较适合游客,讲解过程也是一个互动过程,得到游客的鼓励,让他特别感动。在旅游旺季,杨建一天要工作好几个小时,虽然身体疲惫,但他却充满干劲。对于自己近期在网上爆火,杨建用了三个"绝不"来概括自己的态度,即"绝不能骄傲,绝不能自满,绝不能停滞"。

　　杨建解释说,网友的认可是极大的荣誉,但自己的水平还应该更加提高,之后要更好地回馈广大游客,努力宣传家乡和祖国。未来,杨建还有一个目标,在两到三年时间内考取特级导游证。杨建说,人要活到老学到老,永远都应该有一颗年轻的心、学习的心、进取的心、奋斗的心。

(资料来源:导游云课堂。)

报道二:一夜之间涨粉百万,这个导游凭什么?

　　导游小祁是一名出生于1999年的东北小伙儿,在新疆做导游。

　　6月30日,旅游博主"路人甲旅行记"在抖音发布一则视频,讲述他们一家在新疆旅行时和导游小祁之间发生的温暖故事。在视频中他讲述道:我在新疆认识了一个傻小子,他是我们的导游。为什么说他傻呢?人家带客人去购物、去吃饭都有回扣,他不,他带我们去那种本地小店,这么大的大盘鸡才一百一。我想买点纪念品,他还拦着我:"别在这儿买,这儿太贵了,咱一会儿去便宜地方买。"一路上给我们买雪糕、买干果、买水果,还帮我们照顾孩子……

　　在路人甲看来,这些"好像都不是导游的工作范围"。在本职工作方面,小祁也十分专业。路人甲评价:他特别勤快,行李从来就没用我们自己动手搬过。在年轻人都以上班摸鱼为荣的

1

时代,他的认真和勤快显得有点傻,但是他好像真的很热爱自己的工作。有时候他也挺聪明的,他把单反和无人机玩得很溜,一路上给我们拍了很多好看的照片。他能把我 15 天的线路安排得井井有条,一点儿冤枉路都没走。他总是能避开人群,在景区里帮我们找到一个人少、安静的打卡点让我们拍照。看我们有宝宝,还给我们准备了安全座椅。给我们订的机票,还特意选择了能看到风景的一侧,所以路上我们是看着天山的美景来到新疆的。

路人甲感慨:其实很多细节的工作,他不做我也意识不到的,他做了,他老板也看不见。他一个打工的,那么认真干吗呀?无人机掉了,他跑了很远找回来。他说无人机丢了不要紧他有保险,但是给我们拍的视频丢了就可惜了,我们好不容易来一趟。

路人甲说要给小祁写个表扬信发给他们老板,小祁说不用,都是应该的。路人甲感慨:唉……这小子傻起来是真傻呀,他以为默默付出、诚信待人、努力工作是自己应该做的。这样的老实人最后会被人看见吗?可能路人甲也没有想到,这次,默默付出、诚信待人、努力工作的"老实人"小祁不仅被人看见了,还火了。

该视频发布后迅速蹿红网络,目前点赞量已近 400 万次,网友评论量超 16 万条。而导游小祁的抖音号"浪浪星球新疆小祁"更是一夜之间涨粉百万,目前粉丝量已达 260 余万,获赞 130 余万,跻身抖音"本周获关注 TOP10"。

在小祁看来,路人甲是"改变了我一生的人"。他在视频中感谢路人甲,表示自己将继续脚踏实地地努力。

送走客人后,小祁发视频就自己本次"爆火"回应称,将一如既往地"做好细节、用心服务,不坑人、不骗人",做"真正的导游"。

(资料来源:中国旅游报。)

📖 思考题

1. 你未来想从事导游职业吗?为什么?
2. 游客最需要的是怎样的导游?一名合格的导游应该具备哪些能力和素质?
3. "网约导游"的兴起对导游行业的监管提出了哪些新挑战?

项目二　景点导游服务

素养目标

1. 培养观察能力、服务思维与良好的沟通能力。

2. 养成"精益求精"的工匠精神。

能力目标

1. 掌握景区导游服务程序和服务质量要求。

2. 能根据景观的不同类型，提供相应的讲解服务。

3. 能根据景区情况准确判断、预防及处理旅游事故。

景点（景区）导游又称定点导游或景点讲解员，是指在旅游景区，如风景名胜区、博物馆、自然保护区、名人故居、公园等地，为游客进行导游讲解的服务人员。 景点导游的工作是导游服务的一个重要组成部分，其服务的好坏会在一定程度上影响到整个旅游的服务质量。

2

任务一　景点讲解前的准备工作

【案例】

丰富知识，有问必答

2023年6月，北京的导游赵先生接待了一个20人的美国某历史博物馆的旅游团。那些客人在参观与他们专业有关的景物时，显得格外认真，停留时间也很长。例如在第一天参观故宫时，该团没有像其他旅游团那样只停留两个小时，却足足待了四个小时。在参观中，他们向赵先生提出了很多问题。像永乐皇帝是怎么死的？嘉靖皇帝是如何修道的？清宫里有什么习俗？太监是否陪皇帝住宿？太和殿广场为什么不种树？……赵先生针对大家提出的问题，从故宫的建筑结构到历史内涵等方面，耐心地作了讲解和回答。客人问的问题很多，有些专业性很强的问题赵先生也不清楚。

对此，赵先生是怎么处理的呢？赵先生坦率地告诉客人，他自己不清楚，要等搞清楚后第二天再给大家讲。回到家后，赵先生认真查阅了有关资料，并针对第二天游客要去的长城和十三陵参观的日程安排，从客人的角度推测，认真地准备了很多客人可能发问的问题。

第二天去长城的路上，他把在故宫中遗留的问题详细讲解了一番，大家很满意。沿途他见景生情，抓住一件事，便尽量讲清楚。例如，当车子路过一片温室大棚时，他便抓住蔬菜供应的主题，通过过去和现在蔬菜供应的对比，来说明人民生活水平的改善情况。他告诉大家，过去老百姓过冬要排队买大白菜贮存，而现在却能常年吃到四季的时令蔬菜。大家听后十分感兴趣。由于准备充分，客人们所提出的问题并没有难倒他。在返回的途中，他又将大家感兴趣的问题，如农业、工业、科学技术、教育以及人民的日常生活、交通等方面自改革开放以来的变化发展都向大家作了较详细的介绍，并耐心回答每位客人的问题。当他的讲解结束时，车内响起了一片热烈的掌声。虽然当时赵先生觉得很累，但却很高兴，他觉得通过接待这个旅游团，提高了自己的讲解能力。

思考与讨论：

赵先生的经历是很多导游都曾遇到过的，你若遇到，是怪游客故意刁难，还是敷衍乱讲？

点评：

赵先生是位诚实敬业的好导游。他因事先准备不足而遭遇尴尬，但他能正面应对，坦率告诉客人"不清楚"，显得诚实谦虚；而回去之后认真查找资料，能够努力补课，第二天又向游客一一作了回答，显得敬业，不让客人留遗憾。这件事可能给我们下面几点启示：

（1）导游平时应注意知识积累，处处留心成学问，到时便能厚积薄发，应对不测。

（2）不要不懂装懂，要诚实对待游客，不知道的就说不知道，取得谅解，但事后一定查资料重新回答。

（3）理解善待游客，即使游客的提问古怪冷僻，也不应责怪，应视为好学或好奇。

（4）接团要了解客人身份、背景等相关情况，打有备之战。如赵先生这次接待的是历史博物馆的旅游团，与其说他们是旅游，不如说是专业考察，怎能掉以轻心、等闲待之。

（5）现场讲解时要让自己占主动，主动把控时间、主动扬长避短、主动回避尴尬、主动防止被动，把握好"走马观花"和"下马观花"。

（6）导游始终要有良好心态，拿得起放得下，不以客人诘问而影响自己情绪，造成客人不开心。

总之，做好"充分准备"乃是景点导游讲解之前必须完成的重要任务。

一、做好讲解服务准备

（一）导游形象准备

职业形象

2

1. 礼貌、礼节和礼仪

形象准备，首先要讲礼貌、懂礼节、行礼仪。

礼貌，是指人与人交往中，尤其是在公众正式社交场合中，言行特别是表情应符合礼节，以示对别人友好和尊重。习惯上，凡一切合乎礼节的言行和表情称之为"有礼貌"或"礼貌"；反之，则称为"不礼貌"。礼，本指敬神，后引申泛作"敬"的意思。貌，本指面，引申作表情，如精神面貌。礼貌是礼的外表。

礼节，是礼的核心。它是指人们在交际交往中要分清场合、区别对象、讲究分寸，适宜地表达自己对别人的敬爱、尊重、友好及谦卑。礼节是礼的法度、准则、规范。节，本指植物枝叶相接处，如竹节，引申作法度、准则、分寸的意思。礼节存在于生活的方方面面、社会的时时处处，如长幼有序、男女有别，公共场合多严谨、私下可随和，吉庆现欢乐、哀伤显悲楚等，《弟子规》里的"首孝悌、次谨信"就是讲礼节的。

礼仪，是礼节、仪式的统称，是指人们在交际交往中遵照一定的礼节或约定俗成的程序来表现律己敬人的礼貌行为，它是礼的表现形式。简单地说，礼仪是礼节具体实施的行为方式，如微笑、点头、握手、鞠躬、鸣炮等。值得强调的是，所有礼仪都必须依礼的法则即礼节，否则，会适得其反，造成失礼、违礼，不礼貌或作秀。

礼貌、礼节和礼仪是相辅相成融为一体的，礼仪不当是因不懂礼节，礼貌不讲是因不懂礼节而致不行礼仪或礼仪不当，礼节不懂是因不肯学习和缺乏教养。

导游是游客见到的第一道"风景"，甚至是始终的"风景"，所以，导游要懂得理解，量体裁衣，重视礼仪，在游客面前自始至终展现彬彬有礼的状态。

导游最常见常用的礼仪有见面礼、交谈礼和交往礼。

（1）**见面礼**。见面礼包括自我介绍、握手、拥抱、鞠躬、合掌、互递名片等。

❶ 做自我介绍时，要讲清自己的姓名和单位；介绍他人时，要先把男士介绍给女士，先把职位低的介绍给职位高的，先把年轻人介绍给年长者，先把主人介绍给客人。

❷ 握手时，若对方是年长者或身份高者，应先向其致意问好，待对方伸出手后才能握手，用双手以示尊重；男女握手时，一般等女士先伸手，握手一般用右手；男士握手时应先脱下手套和帽子，女士则可戴纱手套。

❸ 拥抱是欧美国家常见的见面礼仪，表示亲热；日本和韩国的见面礼仪是鞠躬礼；而在东南亚国家，合掌这一佛教见面礼仪则较为常用。

❹ 交换名片时要注意，递名片要微笑地注视对方，双手或右手将名片递给对方，名片的正面朝上，接到名片后要认真看一下再放入口袋。

（2）**交谈礼**。交谈是导游和游客交往的一种普遍形式。在交谈中，要注意一定的礼节，首先要态度诚恳，要选择双方感兴趣的话题，且交谈双方要视具体情况保持一定的距离。在多人交谈时，不要只同一两个人说话而冷淡在场的其他人。有急事要离开时，要向客人表示歉意，并说明原因。

（3）**交往礼仪**。清点游客人数时，不要用导游旗来回比划，不要用手对着客人指指点点，而应采用默数，即右手自然垂下，用弯曲手指来记数。

导游讲解时，不要抽烟，不要随地吐痰、乱扔杂物，候车、等人时不要蹲着歇息。

男性导游要遵守西方社会人际交往中"女士优先"的礼仪，与女士交往时要注意体贴女性、照顾女性，尊重女性。

2. 化妆

在旅游活动中，导游自身也是游客的审美对象，其穿着装饰要以符合自己的职业形象为依据，衣着要整洁、大方、得体，与自己的年龄、身份和场合相匹配；容貌端庄是其从业的基本要求。因此，导游要注意自己的容貌修理，这既是对游客的尊重，也将给游客留下较好的印象。具体来说，导游面容要保持光洁，女性可化淡妆，切忌浓妆艳抹；指甲要经常修剪，不要涂过艳的指甲油。

3. 站姿、步姿

站姿是一个人站立的姿势。导游在站立时要注意站姿的优美和典雅。站立时身体重心要放在两脚之间，不要偏左或偏右；胸要微挺，腰要微缩，腰直，肩平；两眼平视，面带笑容；双肩舒展，两臂自然垂下，双手不可叉腰，不可抱在胸前，不可插入口袋。

步态，是指一个人行走时的姿势。导游的步态应稳健、自然、大方。行走时，要保持上体正直，不低头，目视前方，双臂自然前后摆动，肩部放松，挺胸收腹，身体重心随步伐前移。行走时步伐要始终保持均匀，步位平直，双脚内侧基本落在同一直线上。目光要平稳，用眼睛余光（必要时可转身扭头）观察游客是否跟上。行走时切忌驼背、斜肩、左右摇摆，不可手插裤兜、脚蹭地面等。

4. 态势语

导游在讲解时，除了运用口语外，还辅助使用态势语。态势语包括表情语和手势语，不同的是前者强调的是面部表情，有助于导游讲解内容的表达，而后者指的是用手部表达的各种动作表情，能使导游的讲解更加形象具体。表情与手势在导游讲解中的恰当使用能促进导游与游客间的情感交流，起到提升导游讲解服务质量的作用。

（1）**表情语**。表情语是通过眉、目、鼻、口的动作引起面部肌肉的舒张和收缩来表现思想情感，是人的内心情绪的外部体现。导游的面部表情应该使人感到可以接近，要给客人一种自然、平和的感觉，应该具有同步感（面部表情与口语表达的情感同步）、鲜明感（明朗化，不似笑非笑）、真实感（表里如一）、分寸感（不温不火、适度）。导游在进行导游服务时，要学会成功地运用表情，通过表情给游客热情、诚恳、耐心、周到的感觉。

❶ 微笑语。微笑语是通过不出声的笑来传递信息的，它被人们称为"世界通用语"，微笑传递的是友好信息。

在导游工作中，微笑的作用有：一是能迅速有效地缩短双方的心理距离，使彼此消除陌生感，获取信息。二是能帮助导游克服困难，说服游客接受导游的正确意见，化解不愉快的气氛。三是微笑不仅可以美化人的外形，而且可以陶冶一个人的心灵，发自内心的微笑是一个导游美好心灵与亲和力的重要体现，是塑造导游良好形象必不可少的手段。

微笑服务是导游服务的一个重要标志。在讲解中导游要尽可能面带微笑，对游客提出的问题，要微笑回答，导游的微笑要给旅游者一种甜美的感觉，使旅游者感到和蔼可亲。微笑时，要做到嘴角含笑，嘴唇似闭非闭，以露出半牙为宜。

❷ 目光语。目光语是通过视线接触来传递信息的。"眼睛是心灵的窗户"，一个人的思想

情感可以通过眼神反映出来。导游服务中，导游的目光语应注意以下几点：

A. 目光注视的部位。有近亲密注视、远亲密注视和社交注视三种。前两种分别把视线停留在对方双眼与胸部之间和双眼与腹部之间，这两种适合于亲人与恋人。后一种是把视线停留在对方双眼与嘴唇之间，利于传递友好信息。

B. 目光注视的长短。视线接触对方面部的时间应占全部时间的 20%～60%。导游不能长时间、单向交流，应学会分配目光。

一般以视线平行接触正视和环视为宜，且连续注视导游对象的时间不宜过长，以免引起客人的反感或误解。与个别旅游者交谈时，正视表示尊重和庄重；面对全团成员致辞与讲解时要用正视与环视相结合的方式，目光长时间停留在个别人或少数人身上，或长时间不去看客人都是失礼的行为。因而要照顾到处于前排、后排、左侧、右侧的所有人，让处在每个位置上的旅游者都感到受重视，营造一种友好和谐、服务周到的良好气氛。

C. 目光的连接。导游的目光要注意和游客交流，目光不能只注视某人、某物，目光不能单一地向上，向下看，或不时向窗外看、不敢看客人等，要用目光向游客表达你的情感。

D. 目光的移动。导游在讲解某一景物时，首先要用目光把游客的目光引过去，然后再及时收回目光，继续投向游客；当你的视线朝向哪个方向，你的面孔就应正对哪个方向，那种只有眼球滴溜溜地转动，而头不随眼球转动的人是令人生厌的。

综上所述，在导游服务中，导游的目光在一般情况下应是正视，表示理性、平等，给客自信、认真、和蔼可亲之感。导游的视线与游客接触的时间不宜过长，否则会变成逼视或盯视，引起游客的误解或反感。在导游讲解中，导游的目光还需环视，以观察游客的动向和反应。总之，导游的目光和眼神所要表达的整体信息应是亲切、友好的。

（2）**手势语**。手势语，是通过手及手指动作来传递信息，有助于增强口头语言表情达意的情感色彩，有时还能表达口语中难以表述的内容，手势语包括握手、招手和手指动作等。

在人际交往中，不同的手势传达着不同的意义，它是一种语义比较复杂的伴随语言，可以起到有效的信息传递和相互沟通的作用。人的一切心理活动，都伴有多多少少的手势，手势作为信息传递方式，不仅可以表达一个完整的概念，还能强调口语的语义，甚至表达口语以外的含义。

导游讲解时的手势，不仅能强调或解释讲解的内容，而且能生动地表达讲解语言所无法表达的内容，使讲解生动形象，让游客看得见、悟得着。手势在讲解中的作用有以下三种：

❶ 用来表达导游讲解的情感，使之形象化、具体化，即所谓"情意手势"。在说"我国的社会主义现代化建设一定会取得成功"时，可手握拳有力地挥动一下，这样既可渲染气氛，也有助于情感的表达。

❷ 用来指示具体的对象，即"指示手势"。如"现在我们来到了王府井大街，这里是北京最繁华的商业街。东边的（用手指东边）是东安市场，西边的（用手指西边）是百货大楼，这是王府井大街的心脏部分"。

❸ 用来模拟状物，即"象形手势"。如当讲"有这么大的鱼"时，就要用两手食指比一比；当讲到"5 公斤重的西瓜"时，就要用手比成一个球形状。

在哪种情况下用哪种手势，都应视讲解的内容而定。在手势的运用上必须注意：一要简洁易懂；二要协调合拍；三要富有变化；四要节制使用；五不要使用对方忌讳的手势。

因此，导游要多学习总结，灵活运用手势。在接待外国游客时，先要对游客所在国家及民族的手势语有所了解，以免误会和尴尬。优秀的导游要努力使自己的每一个动作与口头语言和谐地融为一体，从而使导游语言更具张力。具体来说，导游手势语常用的主要有以下几种。

❶ 握手语。握手语是交际双方伸出右手彼此相握以传递信息的手势语,其语义异常丰富。初次见面时握手表示欢迎,告别时握手表示欢送,握手还可向别人表示祝贺、理解、鼓励、道歉、感谢等。

❷ 手指语。手指语是通过手指的各种动作传递信息的手势语,它是一种较为复杂的伴随语言,可以传递多种信息,如指示人或事、象征某些含义等。与握手语不同的是,手指语深受文化差异的影响,同样一个动作,在不同民族文化之下可能有截然相反的内涵。

举例

竖起大拇指,在中国表示赞扬,在日本表示"老爷子",在希腊表示叫对方"滚开",在法国、澳大利亚、英国、新西兰等国家表示请求搭车,而在一些特殊场合却是侮辱人的信号;伸出食指和中指,在中国表示数字"2",在英国、美国等国家则因它像字母"V"而表示胜利;用拇指和食指构成"O"形手势,在中国表示数字"零",在日本表示金钱,在讲英语的国家表示"OK""对""好",而在法国表示没有或微不足道,但在巴西、希腊和一些阿拉伯国家,这个手势表示诅咒或是一种粗俗下流的动作;伸出小指,在日本表示女人、女孩子、恋人,在菲律宾表示小个子,在泰国、沙特阿拉伯表示朋友,在缅甸、印度表示去厕所,而在美国、韩国、尼日利亚等国表示打赌。

❸ 招手语。多用于远距离打招呼,招手的含义一般是打招呼、致意和再见等。招手通常用在朋友、同事及熟人之间。

举例

手心向下的招手,在中国表示"请过来",在英国表示再见;手心向上的招手,在中国表示不礼貌地唤人过来,在英国表示"请人过来",而在日本则用以唤狗。

❹ 挥手语。挥手语的含义多为向众人致意或再见,有时说话或演讲激动时,也会挥动手臂以加强语气和表达力。导游在和游客熟悉之后,当旅游者向导游问好时,导游既可口头回答,也可面带微笑挥手致意。

(二)身心准备

景点导游每天重复着同样的工作内容,虽然面对的游客不一样,但他们的讲解内容和工作地点较固定,时间一长难免会感觉枯燥、无趣,缺乏新鲜感。另外,景点导游长期在外作业,跑前跑后,体力消耗也很大,对此,景点导游在身体素质方面要做好充分的准备。此外,应注意根据不同游客的特点,灵活运用各种导游讲解方法、创新工作思路与技巧,让导游服务质量不断提高,让每一位服务对象满意而归。

(三)物质准备

1.证件

导游证、讲解员证、工号牌等。

2.导游服务用品

接待计划书、导游图、导游旗、文件袋、名片、记事本、扩音器、常用小药品等。

二、景点导游词撰写准备

导游词是指导游在引导游客游览观光时使用的讲解词。导游主要通过导游词导引游客的旅游活动,导游词质量的高低会直接影响旅游服务质量的好坏。因此,导游要重视导游词的创作,为游客讲解前务必完成高质量的导游词。

(一)导游词的撰写分析

广义的导游词一般来说包括欢迎词、景点内容介绍和欢送词三个部分组成。狭义的导游词单指景点内容介绍。这里介绍狭义的导游词,其撰写流程大致如下。

1. 收集资料

简单地说,收集资料就是借助于一定的研究手段获得所需要的信息的过程,获得资料的关键在于善于运用各种收集资料的方法。一般来说,传统收集资料的方法为做卡片、做笔记、剪贴报刊等。现在还应该包括应用网络浏览文献,或通过图书馆藏、问卷调查、交谈等方法来获取资料。

(1)做笔记。做笔记这是任何一个用心的导游工作者都必备的习惯,好记性不如烂笔头,阅读书报杂志时,外出带团时,要随身带笔和纸,随时记下所需资料的内容,或带团过程中所听所感等。在做笔记时,最好空出纸面面积的三分之一,以供写对有关摘录内容的理解、评价和体会。

(2)剪贴报刊。将有用的资料从报纸、刊物上剪下来,或用复印机复印下来,再进行剪贴。把应剪贴的资料分类贴在笔记本、活页纸或卡片上,这种方法的优点是可以节省抄写的时间。

(3)交谈。交谈,是人与人交往最平常不过的形式,又是信息交流最基本、最常用的方式,同时,它也是一种很好的搜集资料的方式,因为导游在带团过程中能遇到各种各样的游客,与他们的交流可以获取大量对导游讲解有用的信息。

网上交谈更方便快捷,什么人都可以接触到,至于网上交谈的方式有 QQ 聊天、微信聊天、还有各种网站提供的聊天室等,研究者和被访者在日常生活环境中进行的谈话,常常能够获得意想不到的宝贵资料。

2. 网络搜索

随着网络技术的飞速发展,人与人的交流越来越密切,它突破了时间和空间的限制。现实中的很多资料都以免费或摘要的形式呈现在网上,便于导游足不出户获取世界各地信息。

搜索引擎是专门帮人们查询信息的网站,通过这些具有强大查找能力的网站,我们可以得到满意的答复,因为这些站点提供全面的信息查询和快捷的速度,就像发动机一样,强劲有力,所以人们就把这些网站称为"搜索引擎"。

进入搜索引擎主页后,利用关键字检索服务,就能找到成千上万的资料。

(1)输入关键词(图 2-1)。

图 2-1　输入关键词

（2）点击"百度一下"，查询得到的结果如图 2-2 所示。

图 2-2　查询结果

（3）打开图 2-2 中链接 1，查询结果如图 2-3 所示。

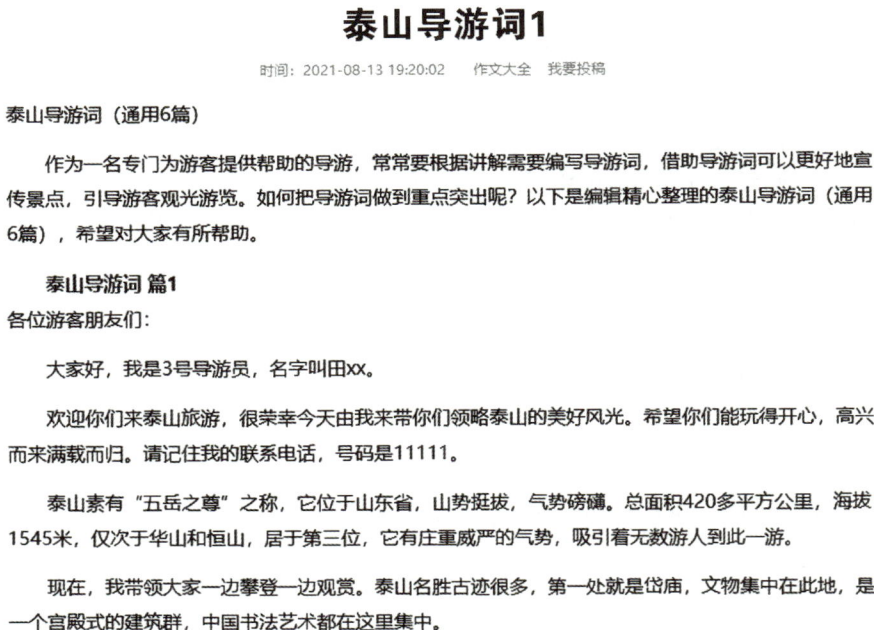

泰山导游词1

时间：2021-08-13 19:20:02　　作文大全　我要投稿

泰山导游词（通用6篇）

作为一名专门为游客提供帮助的导游，常常要根据讲解需要编写导游词，借助导游词可以更好地宣传景点，引导游客观光游览。如何把导游词做到重点突出呢？以下是编辑精心整理的泰山导游词（通用6篇），希望对大家有所帮助。

泰山导游词 篇1

各位游客朋友们：

大家好，我是3号导游员，名字叫田xx。

欢迎你们来泰山旅游，很荣幸今天由我来带你们领略泰山的美好风光。希望你们能玩得开心，高兴而来满载而归。请记住我的联系电话，号码是11111。

泰山素有"五岳之尊"之称，它位于山东省，山势挺拔，气势磅礴。总面积420多平方公里，海拔1545米，仅次于华山和恒山，居于第三位，它有庄重威严的气势，吸引着无数游人到此一游。

现在，我带领大家一边攀登一边观赏。泰山名胜古迹很多，第一处就是岱庙，文物集中在此地，是一个宫殿式的建筑群，中国书法艺术都在这里集中。

图 2-3　泰山导游词 1

（4）打开图 2-2 中链接 3，查询结果如图 2-4 所示。

泰山导游词2

今天，我来带领大家一起游览五岳之首——泰山。泰山位于山东省的泰安市，古称"岱宗"，是五岳之首。它的面积大约有426平方公里，海拔大约1545米。据记载，泰山已经有二十亿年的历史了。

我们这一行旅客选择的登山路线是：坐索道上山。我们坐上客车从天地广场出发，一路上汽车沿着蜿蜒的盘山路向中天门行驶。一辆辆来往的车辆川流不息，运载着上、下山的游客。一边聊天，一边观看路两旁的风景，很快到达了中天门。从中天门下车我们坐上高山索道，听着优美的音乐，观看着山中的美景，真有一种步入仙境的感觉。这样，轻轻松松就可到达泰山之巅。下了索道来到南天门，大家可以选景区合影留念。再顺着一层层石阶往上爬便到了天街。在这一段，有许多特色小吃。最有名的要数煎饼卷大葱。薄脆的小米煎饼，刷上面酱，卷上油条和大葱，吃起来那个香啊！天街的石碑特别多，最著名的石碑位于天街中部。这个石碑上雕刻着"泰山世界文化与自然遗产"十一个大字。这个石碑表明了泰山是世界文化与自然遗产之一。再往上走，我们就到了泰山的主峰，东侧有一处景点是日观石。传说中，古代的人们因为爬山时很多人看不到日出，所以，人们就齐心协力从山上搬来一块大石头，大家把它安放在观日点，人们站在上面就可以看到日出了。咱们一鼓作气爬到山顶，就到了泰山的最高点——玉皇顶。站在玉皇顶上往下观望，就会看到泰山的全景，正如诗人杜甫在诗中所说的"会当凌绝顶，一览众山小"。我们再依次游览了财神殿，孔子庙，大家可以在这里祈福平安、吉祥！带着美好的心愿迎接崭新的明天！

图 2-4　泰山导游词 2

3. 鉴别资料

鉴别资料就是对搜集来的原始资料进行质量上的评价和核实，对材料进行一番筛选、取舍，寻找出所需要的材料。在鉴别资料的过程中，你会加深对资料的认识，对资料的性质、真伪、价值等学会判断。在鉴别资料的过程中有两点是需要注意的。

（1）要鉴别资料的真伪。因为资料不一定完全真实，而资料是否真实，直接关系到导游词讲解的真实性。如果用了不真实的资料进行研究，那么，客人对此就可能提出异议。要想鉴别真伪，就要对所收集的资料按照以下因素进行鉴别：❶真实性原则：就是根据事实进行核查，排除其中的虚假成分，弄清楚它是否真的发生、存在，是否在有条件的情况下才能发生；事物是偶然还是必然；是个别还是一般；是现象还是本质；是主流还是支流；❷准确性原则：资料不能含混不清，模棱两可，相互矛盾；❸完整性原则：资料不能残缺不全，以偏概全；❹标准型原则：不能搜集无关无用的资料，使资料与统计对象的性质和标准保持一致，具有可比性；❺条理性原则：整理出来的资料应当是分类分组，脉络分明，条理清晰。

导游只有从事物的总体本质及其联系上挖掘事物的真实性，还要结合各方面的材料综合思考，分清真伪，进行比较分析，才能不被局部或暂时现象迷惑。

（2）要鉴别程度。同是真实材料，必定有深浅程度的区别，如果我们刚开始鉴定时，也可能难于一眼看透，但只要认真鉴别，多熟悉资料，你就能学会对资料的质量进行鉴别。常用的鉴别方法是比较法和专注法。

比较法是通过对同一资料进行对比，以确定正误和优劣。例如，把资料本身的论点和论据相比较；把正在阅读的资料和已经确认可靠的资料相比较。

专注法就是注意专门的鉴别性文章，在学术界经常会产生不同的观点，甚至产生针锋相对的论点的争论，这是很正常的现象。争论中往往会发现原理论的不足之处，甚至错误之处，争论中理论也会得到发展。

4．整理资料

第一步：根据信息资料的性质、内容或特征进行分类。

将相同或相近的资料合为一类，将相异的资料区别开来。资料的分类，要按一定的标准将所收集的有关信息资料分成不同的组或类。一般来说，我们有两种分类方式：主题分类法和项目分类法。第一种，主题分类法。按照一定的观点把资料编成组，这"一定的观点"可以是综合的，也可以是自己拟定的。第二种，项目分类法。即按照一定的属性，把收集的资料分项归类，如作者、年代、概念型等。然后，按分类标准将总体资料加以划分，构成系列。

第二步：进行资料汇编。

汇编就是按照研究的目的和要求，对分类后的资料进行汇总和编辑，使之成为能反映研究对象客观情况的系统、完整、集中、简明的材料。汇编有三项工作要做：一是审核资料是否真实、准确和全面，不真实的予以淘汰，不准确的予以核实准确，不全面的补全找齐。二是根据研究目的要求和研究对象客观情况，确定合理的逻辑结构，对资料进行初次加工。如给各种资料加上标题，重要的部分标上各种符号，对各种资料按照一定的逻辑结构编上序号等。三是汇编好的资料要井井有条、层次分明，能系统完整地反映研究对象的全貌。还要用简短明了的文字说明研究对象的客观情况，并注明资料来源和出处。

第三步：进行资料整理分析。

即运用科学的分析方法对所占有的信息资料进行分析，研究特定内容的现象、过程及内外各种联系，找出规律性的东西，构成理论框架。

（二）欢迎词的撰写分析

1．撰写原则

中外游客都讲究"第一印象"，而致欢迎词是给客人留下"第一印象"的极佳机会，我们应当努力展示自己的艺术风采，使"良好开端"成为"成功的一半"。欢迎词是出于礼仪的需要而使用的，因此要十分注意礼貌。具体而言，要注意以下几点。

（1）礼貌。称呼要用尊称，感情要真挚，要能较得体地表达自己的原则立场。

（2）谨慎。措辞要慎重，勿信口开河，同时要注意尊重对方的风俗习惯，应避开对方的忌讳，以免发生误会。

（3）热情。语言要热情、友好、温和、礼貌。

（4）精练。篇幅短小，言简意赅。宜短小精悍，不宜长篇大论。

2．欢迎词的基本写作方法

（1）**篇幅要长短有别**。场合不同，写法上应稍有不同，在机场、车站、码头等宾客即将离别的场合，因现场较为吵闹，欢迎词要简短明快；在正式欢迎仪式或欢迎宴会上，尤其是在安静的室内或者车上，篇幅可稍长一点。宴会上的欢迎词，结尾还应增加祝酒的内容。

（2）**内容要针对对象**。欢迎词的内容应视旅行团的性质及其成员的文化水平、职业、年龄、居住地区及旅游季节等情况而有所不同，要给客人亲切、热情、可信之感。欢迎词一般应包括以下内容：❶向游客表示问候。❷代表所在旅行社、本人及司机欢迎客人光临本地。❸表示提供服务的诚挚愿望。❹预祝旅游愉快顺利。

（3）**要有热情，切忌死板沉闷**。如欢迎词风趣、自然，会缩短与游客的距离，使大家很快熟悉起来。

（4）**注意汲取文采**。采用一些谚语、名言，会收到很好的效果，如："有朋自远方来，不亦乐乎""百年修得同船渡""有缘千里来相会""世界像部书，如果您没出外旅行，您可只读了书中之一页，现在您在我们这里旅行，让我们共同读好这中国的一页"。

　　对于欢迎词,导游若注意以上这些,并切实做好,就会令游客有个美好的"第一印象",也使"行"有了良好的开端。

　　下面是一段我国香港迪士尼游览的欢迎词。

　　各位游客:大家好,欢迎你们来到迪士尼!我是本次为各位讲解和服务的景点导游陆××,今天上午由我来陪各位好好体验迪士尼的无限乐趣。首先,我给大家介绍一下乐园的概况,我国香港迪士尼乐园位于大屿山,环抱山峦,与南海遥遥相望,是一座融合了美国加州迪士尼乐园及其他迪士尼乐园特色于一体的主题公园。香港迪士尼乐园包括四个主题区:美国小镇大街、探险世界、幻想世界、明日世界。每个主题区都能给游客带来无尽的奇妙体验。

　　说到这里,想必大家已经等不及了吧?……好的,那现在我们就出发吧!

　　3.针对不同年龄游客致欢迎词

　　(1)面对儿童。当去黄山的游客是儿童时,导游可以有如下欢迎词。

　　小朋友们,你们好啊!欢迎来到美丽的黄山旅游,我是你们本次旅游的导游,大家叫我小张姐姐就行了……在今后的两天里,将由我带着你们到黄山许多有名的地方去看看、玩玩,还能品尝到咱们这里的特色美食,你们吃了后将会念念不忘,如徽州饼、冻米糖、富岱杨梅、黄山蕨菜、金丝琥珀蜜枣等,最值得品尝的是享誉世界的黄山名茶,如黄山毛峰、太平猴魁、黄山绿牡丹等,对了,还有回味无穷的金黄山酒呢……逗你们玩呢,小孩子是不能喝酒的,喝茶还行,要不你们个个就都喝醉了,到时我可没法跟你们爸妈交代了。

　　好了,说笑归说笑,小朋友们在旅游活动期间一定要听小张姐姐的话啊,有不明白的尽管来找我,我愿意随时为你们服务,但是不许到处乱跑、乱爬,听话的乖宝宝我会奖励糖果吃。先交代这么多,请大家先回去睡午觉,下午3点我们就出发前往各处旅游景点,在这里祝愿各位小朋友玩得开心、住得安心、吃得舒心、一切顺心。谢谢!

　　(2)面对老年人。年老的游客好思古怀旧,对游览名胜古迹、会见亲朋老友有较大的兴趣,他们希望得到尊重,希望导游多与他们交谈;一般来说高龄旅游团行程舒缓、希望得到尊重、对讲解要求较高。对此,导游应该能够合理安排行程,能在生活上关心、游览中留心、服务上耐心。

　　当去九寨沟风景区的游客是老年人时,导游可以用如下的欢迎词。

　　大家好!欢迎您来到美丽如画的九寨沟,在以后两天里,都由我来为各位提供服务,为了便于咱们相处,小辈我就称呼各位叔叔阿姨了……希望你们有需要帮忙的一定不要跟我客气呀。因为是山岳型旅游,所以道路比较坎坷,体力消耗很大,我们的行程会比较辛苦,在此提醒大家行走时一定要注意安全,脚步要放稳,互相搀扶着或是拄个拐棍,并随时留意脚下,我会尽量走慢点,大家要记住咱们旅游团的标志,并跟紧我啊。还有,如果叔叔阿姨们累了,可不要勉强,一定要告诉我,我们可以做短暂的停歇,休息好了才有精力继续攀登。

　　今天天气有点热,大家要注意防暑,别忘了带好你们的伞和水等,一会集合时我会再提醒各位的。好的,大家请先回房间休息并准备一下,下午2点半,我们在宾馆门口集合,不见不散。

　　(三) 欢送词撰写分析

　　1.熟悉欢送词撰写的格式

　　欢送词和欢迎词的写法基本一样,欢送词的基本格式及写法与欢迎词大致相同,只是内容有送和迎的区别。

　　欢送词是导游在旅游活动结束后,送别游客时所使用的特定语言。其创作内容要包括五个要素:表达感谢、总结行程、征求意见、表达惜别之情、激发重游之情。这五大要素,也可以概括为"五语",具体如下。

（1）回顾语，回顾旅游活动，感谢大家的合作。

（2）惜别语，表达友谊和惜别之情。

（3）征询语，诚恳征求旅游者对接待工作的意见和建议。

（4）致歉语，对旅游服务中的不完善之处表示歉意。

（5）祝愿语，对游客表达美好的祝愿。

2. 了解欢送词写作技巧

（1）感情须亲切、真挚、诚恳，要符合当时情况，能适当引导出席者的情绪，以创造一种友好的气氛、密切的关系，推动双边合作。

（2）注意礼貌，既尊重对方，又不卑不亢。

（3）欢送词要简短明快，在正式欢送仪式或告别宴会上，篇幅可稍长一点。

（4）欢送的对象不同，欢送词的用语和内容也有所不同。

下面是一段安徽九华山游览欢送词。

各位朋友，几天的行程很快就过去了，还有10分钟我们的活动就要结束了，此刻我真的还舍不得说再见，说真的这次旅程的圆满顺利离不开大家对我工作的支持，几天里我们大家从相识到相知，最后成了朋友。我知道有的地方我做得还不够好，希望各位在最后的几分钟里尽管给我提出宝贵的意见和建议，只有这样我才会在以后的工作中更加努力学习，不断进步。

最后，希望九华山的佛气和地藏王菩萨的灵气保佑您事事顺意、全家幸福、一生平安。中国有句古话，叫"两山不能相遇，两人总能相逢"，我期盼着在不久的将来我们再相会，再见！

三、沟通语言技能

导游的语言基本技能体现在导游与游客交往的各个环节中，导游要充分调动语言交际的各种表达技巧，营造出融洽和谐的交流氛围，特别是要注意讲究语言应用中的致辞、道歉、答问、拒绝、劝说、赞扬、引导等环节的表达技巧。

（一）道歉语言技能

工作中，导游难免会因工作失误或意料不到的麻烦，造成游客的不满或不悦，不管原因是主观的还是客观的，导游都要妥善处理。为了消除矛盾与误会，导游首先要掌握好道歉的语言技巧，求得谅解，将自己从游客的对立面中摆脱出来。

举例

一位景点导游在迎接旅游团时迟到了，让游客等了很久，游客怨气很大，导游态度诚恳且微笑地说："各位先生们、女士们，辛苦了！实在对不起，因为城市交通拥挤，路上堵车，让大家久等了，我代表我和我们这座城市向各位致歉。"然后鞠了一个躬，导游真诚的言语行为，立即赢得了游客的谅解。

1. 巧妙运用微笑

笑是没有副作用的镇静剂。道歉时运用微笑，是一个人内在涵养的外化，是对他人的一种和蔼友善而真诚的表示。巧妙使用微笑，能稳控局面，减缓对方的情绪，化解对方的攻势。例如，一个原计划乘软卧车厢的旅游团，因故必须改乘硬卧车厢。旅游者对此意见很大，纷纷找导游质询。这位导游面带歉意的微笑，向旅游者解释说："大家有意见是应该的，可以理解，但因正值旅游旺季，铁路客运十分紧张，我们已经作了最大的努力，这次只好委屈各位了，请多多谅解。"俗话说："伸手不打笑脸人。"即使面对刻薄的挑剔者，出言不逊、咄咄逼人者，只要你微笑冷静，就能稳控局面，减弱对方的刺激，化解对方的攻势。

2. 善于迂回致歉

导游因一些小事得罪了某些客人,而出于某种原因又不便公开道歉,此时就可以采用迂回致歉的方法。此外,在口头道歉效果不明显时,也可以采用迂回道歉的方法。

举例

在游园时,导游无意中与甲女士接触多些,引起乙女士的不悦。导游察觉后只需特意增加一些对乙女士的关照,在下车时扶她一把,路不平的地方提醒她一句,问题就可解决。如果口头致歉仍不能取得预想效果时,则应考虑采取实际行动。

某旅游团因飞机延误造成旅游日程重大更改,导游公开道歉,说明理由并保证合同重新计费,补偿损失,多数人仍不能谅解。此时,导游在征得旅行社同意后,给每位客人赠送一份纪念品。一则使客人感到旅行社的诚意,二则使游客要求补偿的心理得到满足。心理平衡了,怨气也将随之消解。

3. 勇于自责

道歉的语言艺术还在于,必须勇于自责,使对方感觉到你的道歉是诚心诚意的。运用道歉语言时,还必须把握分寸。不是自己的错,就不要为了息事宁人而认错;道歉次数不宜过多;再有,道歉要及时,有错即改。

举例

某境外旅游团的行李经托运后少了一件,客人很生气,便指责导游:"你们旅行社偷了我的行李!"此时,导游要理解他的心情,不计较他气头上的急不择言,以自责的口吻说:"您的行李丢失了,不管怎么说,这是发生在中国的一件不光彩的事。我作为陪同,心里也很不安,不过我们马上就去努力寻找,请您先别着急,好吗?"说完露出真诚的微笑,这番话抑制了矛盾的激化。

(二)拒绝语言技能

1. 拒绝的原则和要求

拒绝总是令人遗憾的事情,但却又是难以回避的,所以拒绝时必须以得体的方式进行,把对方的不满和不快控制在尽可能小的限度内。无论采取什么方式拒绝,都必须以减少对方的不悦和失望,寻求其理解和认同为基本准则。

(1)**减少不悦和失望**。游客的要求一旦遭到拒绝,不管何种原因,必然会表现出不悦和失望。这种情绪会伤害人的感情,妨碍建立彼此正常的人际关系。因此,拒绝时应把尽量减少对方的不悦和失望作为首要原则。遵循这个原则的基本要求是,要以尊重和理解对方为前提,尽可能婉言拒绝,不伤害游客的自尊。

(2)**寻求理解和认同**。拒绝容易伤害感情,必须在拒绝的同时寻求对方的理解和认同。要获得对方的理解和认同,一是要尽可能摆出合理的拒绝理由,如果对方认为你所陈述的理由合情合理,即使遭到拒绝,也会表示一定的理解;二是讲究方式、方法,拒绝的方式、方法得当,才有可能达到婉言拒绝的最佳效果。

2. 拒绝的方法

(1)**直接拒绝法**。直接拒绝,不是导游直接对游客说不,而是首先要说明对游客的要求表示理解,接着说明困难,然后加以拒绝,最后表达歉意。

直接拒绝时,导游要诚恳地向游客表明对他(们)的愿望表示理解,这是最为关键的一环。在直接拒绝游客时,一定要"先是后非",即先肯定游客动机或表明自己与游客的主观愿望是一致的,然后再说明客观理由加以拒绝。这种拒绝法可以调节游客紧张的情绪,使游客能感受到导游拒绝自己的要求确实有充分的理由。这样游客在心理上更容易接受。

举例

在故宫博物院,一批美国客人纷纷向导游人员提出摄影拍照的要求,导游诚恳地说:"从感情上讲,我愿意帮助大家,但从规章的角度看,我实在无能为力。"这种先"是"后"非"的拒绝可以缓解对方的紧张感,使对方感到,你的拒绝与他们的意愿并不是完全对立的,这在心理上更容易被接受。

(2) 婉言谢绝法。所谓"婉言",就是语言稍微模糊一点,避免过于直露,也就是婉转地说"不"。导游在导游过程中为游客提供了优质的服务后,为表达感激之情,有些游客在临别时会给导游送钱、送物或给予其他好处,面对这种情形,导游应婉言谢绝。采用婉言谢绝的方式,能够充分展现导游高尚的职业道德,树立良好的形象。

举例

一个旅行团正按预定的日程观光游览,有几位客人途中要求增加几个观光点,但因时间关系,不可能满足他们的要求。此时,这位导游说:"这个意见很重要,如果有时间,我们将尽量予以安排。"这位导游没有明确给予答复,只是用模糊语言暗示了拒绝之意。

(3) 暗示拒绝法。暗示拒绝法就是导游用巧妙的语言暗示游客,让游客自觉地意识到自己的要求不合理,从而放弃继续提出要求的念头的回绝方式。这种方式因语言委婉,游客比较容易接受。

举例

一个商人旅行团参观玉石加工厂,游客看着眼前玉色莹洁、玉质细腻、雕琢精致的工艺品,赞叹不已,爱不释手。其中一位游客不断地向车间工人打听研磨玉石的方法,可是谁都不愿告诉他。最后,这位游客只好询问导游,导游神秘地向四周环视一周,再故作肯定地对这位游客小声说:"不要说我不知道,这个车间的所有工人都不知道。"那位游客先是一愣,接着很快领悟了导游的言外之意,"是啊,这是商业机密。"他嘴里小声说了句,然后就不再打听了。

(4) 无声拒绝法。无声拒绝,是指当游客提出某种要求,而导游不能答应又无法讲明原因时,为了不让游客或者导游自己难堪,用微笑、摇头、摆手这种态势语去拒绝。

举例

小王是一位年轻漂亮的女导游,在为游客提供了一天的导游讲解服务后,给游客留下了非常美好的印象。在返回宾馆下车时,一位男游客当着许多游客的面向这位漂亮的"王导"发出邀请:"王小姐,晚上我请你唱歌好吗?"话一出口,所有游客的眼光"刷"地一下全投向小王,小王看看这位表情有些"意味深长"的男游客,什么话也没说,微微一笑,面带歉意地摇摇头、摆摆手,然后回头招呼别的游客,男游客见状也只好作罢。

总之,导游在导游服务中,为了保证大多数游客的合法权益和旅行社的正当利益,为了树立良好的导游形象,对游客提出的不合理不合法的要求,该拒绝时还是要拒绝。导游在拒绝游客时只要态度诚恳、道理过硬、方法正确,游客是不会因为在旅游过程中遭到导游的拒绝而去投诉服务不周的。

（三）答问语言技能

在与游客交往过程中，导游往往会遇到各种各样的游客提问，碰到形形色色的问题。对于游客因正常的求知欲、好奇心而提出的问题，一般是有问必答。这里我们主要讨论游客出于误解、错觉，甚至敌意而提出的有关政治等方面的问题。对于这一类问题的回答，政策性极强而又不容回避，尤其应当讲求语言艺术。在此，我们提出以下几个必须慎重把握的方面。

1. 冷静对待

导游要时刻牢记自己是主人，坚持"宾客至上""服务至上"的原则，无论在何种情况下，都要做到避免与游客发生正面冲突。对于游客提出的各种问题，包括恶意中伤，都要坚持认真倾听、耐心解释、微笑对待，要让对方把话说完，不能打断对方的话头。再有，对这类问题的讨论，最好把它放在大庭广众下进行。多数人毕竟是通情达理的，能争取到多数人的理解与支持，这本身就是一种成功。对个别人即使一时意见难以统一，也要允许保留各自意见，求同存异。

2. 是非分明

对一些涉及原则性的问题，诸如祖国统一、民族团结等，应予明确回答，不可含糊其辞，但要耐心、冷静、有理有据。

3. 讲求方式

有的游客提的问题很苛刻，好像设下一个陷阱，使你进退两难，弄不好便会搞得十分被动。这时，最好避开正面回答，采取由守转攻的策略。

实训：两人一组，模拟刁难的客人与导游，记录可能出现的问题与应对方式

（四）劝说语言技能

劝说的方法很多，要针对不同性格的游客采用不同的方法，具体有以下三种。

1. 诱导式劝说

诱导式劝说是指在劝说对方时,有意引出一个对方感兴趣的话题,诱使对方顺其自然地赞成你的意见。

举例

一个地方旅游团原定从北京乘飞机去南京,因没有订上飞机票,只能改乘火车,游客对此十分不悦,纷纷指责陪同的导游,导游以十分诚恳的态度说明改乘火车的原因,并向游客道歉后说:"大家外出旅游是不是想多看看一些地方?"游客们说:"当然想啊。"导游说:"如果乘火车去南京,沿途还有不少景点值得看一看,有许多风味小吃值得尝一尝,乘飞机在时间上快一些,但却领略不到这种旅游情趣。"接着导游又把乘火车的旅游情趣作了一番有声有色的描述,游客们听得入迷了,纷纷觉得如果不乘火车去南京就太遗憾了。

这位导游以乘火车旅游的"长处"对比乘飞机旅游的"短处",并着意渲染,诱使游客感到乘火车也是一个不错的选择。

2. 曲语式劝说

曲语式劝说,就是用曲折、含蓄的语言和商洽的语气表明自己的看法。

在进行曲语式劝说时,必须注意三点:一是劝说者的态度要和蔼、谦虚,表达含蓄而有意味,而不要挖苦或冷嘲热讽。二是不要过于艰涩、隐晦。不然会使对方不知所云,达不到劝说的目的。三是要根据不同对象调节劝说时的措辞和表达方式。

举例

江浙旅客饮食一般讲究清淡,盐少油轻,对外地食物多不适应,尤其是大鱼大肉吃惯了的年轻人。有次,一个20人的8日游旅游团中午就餐时,面对一桌仅有一盘肉丝炒青椒且肉丝可数的"素食",受不了了,一位年轻人竟喊出了声:"我们都成和尚了!"发声引起了不小的共鸣,也引起了机敏的全陪导游的警觉。全陪不动声色,若无其事地端着饭碗走到一位比较熟悉且随和的老年游客身边,笑着跟他说,"大伯,菜合您的胃口吧,清淡,我老爸就特别喜欢清淡。不过,他往往是少数派。今天的菜,看来对我们年轻人来讲,要有点'克服困难的精神'了"。他边说还边有意地朝那位发声的游客诡秘地笑了笑,还轻轻点了点头,似乎找到了知音和战友。那位游客也一面勉强地笑,一面点点头说:"是,是,没关系。"

3. 暗示式劝说

暗示式劝说,是用一种隐藏含蓄、不公开的语言给对方以启示,以达到劝说目的。

举例

有一位游客在车内吸烟,使得车内空气混浊,导游又不便直说,于是用手捂住鼻子轻轻咳了两声,吸烟的游客连忙知趣地掐灭了烟头。导游的副语言——两声轻轻的咳,也就暗示着"请勿吸烟"的劝说含义,从而引起了对方自觉的反应。

四、讲解基本原则

(一)因地制宜

导游的讲解要以客观事实为依据,名山大川、文物古迹、小桥流水、民族风情,无不是一种客观存在。这种客观存在需要经过导游的语言加工、整理、组织后转化成游客所能够理解的语言和即时景象的配合,勾起游客的兴趣,使游客浮想联翩。由于旅游活动是一种空间位移活动,所以"因地制宜"是导游过程中常用的讲解技巧,即根据不同的客观环境组织语言,使讲解的效果最大化。

1. 在旅游车中

导游讲解时间占整个旅途时间的 $60\%\sim75\%$ 为最佳,超过这一时间,游客有厌烦情绪;少于 60% 的时间,游客的注意力中心就会涣散,更多地依赖于周邻的七嘴八舌。长途车旅行时可趁沿途景物单调时适当安排游客休息,导游也可节约体力,整装待发。

导游在车上的讲解应注意使用明确的指示,因为游客的注意力都集中在导游身上,导游的态势语言比其他任何时候都显得重要。导游在使用方位用语和说明指示物时,应以游客的方位为参照,如"在你们大家的左边……"而不是"在我的右边……",当游客把视线投向导游所指的景物时,景物正好落在游客的视线内。

2. 在景区景点内

由于在景区景点内景物的观赏价值远胜于在旅游车上,游客跟随导游从一地到另一地,在行进过程中较容易产生厌倦感,注意力较容易分散。导游就需要不断地变换声音和位置来吸引游客。通常导游在景区内的讲解,一是选择时机站在台阶上,使自己由于站立的高度成为游客注意的中心;二是设法让游客站成半圆形,围在自己面前,可以有效地使游客集中注意力听清内容,减少干扰;三是不要一味地讲解,可以结合实际情况和客人做一些互动,让客人的游兴更浓。

(二) 因时而异

这里所说的"时"指两个方面,一是指讲解对象物的季节性或时间性,如杭州西湖苏堤春晓的"一株杨柳一株桃",北京金秋十月的香山红枫,云南丽江十月至次年五月才得见的玉龙雪山以及各地的民俗节庆,安徽黄山天气晴朗时的日出云海等,在其他的不同时节气象,游客就无法欣赏到景物美名在外的魅力,但却可能欣赏到另外的一种风情。导游在讲解时就得注意引导游客调整欣赏的角度和期望值,发挥游客的想象力,强化游览对象物在其他时节的突出美感和游览价值,降低游客的心理遗憾。二是指讲解对象内容的最佳时间选择。导游的时机掌握得好,能提高旅游者的观赏意识,获得较好的审美效果。

导游对游览点的特色、旅游者的心理变化、行车路线和速度以及日程安排等要做统一考虑,选择最佳时间,进行有序性讲解。常见的情况有下面几种。

1. 顺序导

顺着游览的行进顺序讲解,可分为游前导、游时导、游后导三个阶段。游前导,是游览活动的开场白,即概括简要地介绍一下旅游点的基本情况和主要特点,以让游客有一个总体印象,引起对游览活动的兴致。游时导是一种即景即时的细导法,要求将游览过程中遇到的各种景观逐一详细介绍。由于旅游活动是动态的,包含着一定的变化和不可预见性,导游在进行讲解的过程中只能凭借平时积累的旅游知识进行即兴介绍,借题发挥。游后导是一天旅游活动结束时的总结回顾,加深游客对游览目的地的印象,说明当日旅游安排的根据和好处,总结游程中的得失,要求游客在下一游程继续巩固配合,并对服务不足之处求得谅解。

2. 交错导

这是注意讲解内容横向知识和纵向知识的串联和类比技巧。横向知识是指前后左右的自然景观和人文景观各个方面的特征知识(以空间为轴),纵向知识是指景观自上而下的历史沿革及其涉及的事件、人物、掌故等知识(以时间为轴),两种知识交替使用,在共性中点出特性,

讲解八里河

使游客增加对景点知识的理解和兴趣。

3. 即时导

即时导即导游见景生情、随机应变、因势利导的讲解技巧。导游讲解虽说要带给游客知识，但也不能满堂灌，加之游客个人的兴趣爱好不同，对讲解内容也有不同接受程度和相应的反应。导游应注意观察，把握和揣摩游客此时此景的情绪和注意力，或针对游客的问话和表情，就势引导和发挥，使游客充分理解并对讲解的信息满意。

（三）因人而异

"人"指的是导游所面对的游客群体或个体。因人而异就是讲解的内容要从实际情况出发，有的放矢。根据服务对象的文化程度、理解能力、审美情趣、旅游动机和兴趣爱好的不同而相应地组织讲解内容，变化语言的表达方式和讲解方法，目的是加强游客对本次旅游活动的兴趣，促进双方的沟通，使游客的不同需求都能得到一定的满足。通俗地说，即看人说话，投其所好。如游客到海南旅游，天涯海角是常规安排的景点，对初次来琼的旅客，导游可以粗略地进行一般的介绍；对多次来琼的旅客则应适当讲深一些，增加一些新的知识或交叉知识；对知识分子可以介绍贬官文化以及唐宋名臣为海南岛带来文明的曙光等内容；对蜜月旅行的夫妇可以渲染一下海枯石烂的浪漫情调；对一般的游客就多讲些传闻逸事等。

导游技巧实际上是导游方法的灵活运用和发挥，导游讲解的内容可深可浅，能长能短，可断可续，都要视具体对象和当时的时空条件而定，贵在灵活，妙在变化，切忌千篇一律，墨守成规。

五、讲解常用方法

为了使自己成为游客的注意中心，并将他们吸引在自己的周围，导游必须讲究讲解的方式、方法，要善于编织讲解的故事情节，结合游览活动的内容，答疑解惑，创造悬念，引人入胜；要有的放矢、启发联想、触景生情；要有选择地进行介绍，采用有问有答、交流式对话，努力将游客导入意境。

一名优秀的导游必须善于针对游客的心理活动，灵活运用各种导游方法，实行"差异性"服务，因势利导，使游客与导游之间达到心灵上的默契，使每位游客的需要得到合理的满足，从而使旅游生活轻松愉快。

导游要灵活掌握的行之有效的讲解方法和技能主要有以下几种。

讲解方法介绍

（一）分段讲解法

对比较小的、次要的景点可采用平铺直叙法进行导游讲解，但对规模大的重要景点就不能面面俱到、平铺直叙地介绍，而应采用分段讲解的方法。

分段讲解法是指将一处大的景点分为前后衔接的若干部分来分段讲解的方法。这种方法适用于故宫、颐和园、九寨沟等大景点的讲解。在使用这种方法时，导游一般先要用简单概述法介绍景点（包括历史沿革、占地面积、欣赏价值等），并介绍主要景观的名称，使旅游者对即将游览的景点有个初步印象，然后到现场依次游览。在讲解这一景区的景物时注意不要过多涉及下一景区的景物，但要引起游客对下一景区的兴趣，并使导游讲解一环扣一环，让景物讲解环环扣心弦。

举例

在游览颐和园时，旅游团的参观路线一般由东宫门进，从如意门出，所以通常分三段进行导游讲解，即以仁寿殿为中心的政治活动区，以慈禧太后的寝宫乐寿堂和戊戌变法失败后的

"天子监狱"、玉澜堂为中心的帝后生活区,以及游览区的昆明湖(图 2-5)和前山(长廊、排云殿至佛香阁的中轴线和石舫)。游客边欣赏美景边听导游员有声有色、层次分明、环环相扣的讲解,定会心旷神怡,获得美的享受。

图 2-5　昆明湖

(二) 突出重点法

突出重点法是指导游在导游讲解时要突出某一点(面),而避免面面俱到的讲解方法,这种方法可以给旅游者留下深刻的印象。导游讲解时应突出下述四个方面。

1. 突出代表性的景观

在游览规模大的景点时,导游必须做好周密的计划,确定重点景观。这些景观既要有自己的特征,又能概括全貌。到现场游览时,导游主要讲解这些具有代表性的景观。

去天坛游览时,主要是参观祈年殿和圜丘坛(包括皇穹宇),讲解内容主要也是这两组建筑。如果讲好了这两组建筑,加上绘声绘色地介绍当年皇帝在圜丘坛祭天的仪式和场面,不仅能让游客了解了天坛的全貌(历史、面积、用途等),还能使他们欣赏到举世无双的中国古代建筑艺术。

2. 突出与众不同之处

游客在旅游过程中,总会参观很多宗教建筑,它们中有佛教寺院、道教宫观、伊斯兰教清真寺等,各具特色。就是同为佛教寺院,即使是同一佛教宗派的寺院,其历史、规模、结构、建筑、艺术、供奉的佛像等也各不相同。导游在讲解时必须讲清其特征及与众不同之处,尤其是在同一地区或同一次旅游活动中参观多处类似景观时,更要突出介绍其特征,以有效吸引游客的注意力,避免产生"雷同"的感觉。

举例

安徽九华山虽然也有奇峰、异石、飞瀑、名泉等自然景观,但是最值得看的还是寺庙,因它是四大佛教名山之一。九华山寺庙(图 2-6)多不胜数,鼎盛时多达 300 多个,而今保存较好的尚有 90 多座,座座值得参拜,但因时间所限,还是选择几座有代表性的。一般来讲,寺庙都有大雄宝殿,肯定供奉佛像,导游主要介绍该寺的独特之处。如"化城寺"相传是地藏传经布道的地方,另外,寺内珍藏有明代"血经"81 卷,贝叶经 2 札,还有几朝皇帝的圣谕、手迹等。"天台寺"又名"地藏禅寺",传为地藏金乔觉禅居之地,存有"金仙洞"。"万年禅寺"(图 2-7)又名"百岁宫"供奉有该寺明代高僧海玉无瑕和尚 110 岁圆寂的肉身舍利。而"祇园寺"则是一座宫殿式和民居式组合的寺庙,规模大,有 10 座单体建筑,建筑面积达近万平方米。

图 2-6　九华山寺庙

图 2-7　万年禅寺

3. 突出旅游者感兴趣的内容

游客的兴趣爱好各不相同,但从事同一职业、文化层次相同的人往往有共同的爱好。导游在研究旅游团的资料时要注意游客的职业和文化层次,以便在游览时重点讲解旅游团内大多数成员感兴趣的内容。

投其所好的讲解方法往往能产生良好的导游效果。如游览故宫时,面对以建筑界人士为主的旅游团,导游除一般介绍故宫的概况外,要突出讲解中国古代宫殿建筑的布局、特征,故宫的主要建筑及其建筑艺术,还应介绍重点建筑物和装饰物的象征意义等。如果能将中国的宫殿建筑与民间建筑进行比较,将中国的宫殿与西方宫殿的建筑艺术进行比较,导游讲解的层次就会大大提高,就更能吸引人。面对以历史学家为主的旅游团,导游就不能大讲特讲建筑艺术了,而应更多地讲解故宫的历史沿革,它在中国历史上的地位和作用,以及在故宫中发生的重大事件。又如,参观一座博物馆,可将参观讲解的重点或放在青铜器上,或突出陶瓷,或侧重碑林金石,一切视博物馆的特色和游客的兴趣而定,尽量避免蜻蜓点水式的参观、讲解方式。

4. 突出"……之最"

面对某一景点,导游可根据实际情况,介绍这是世界(中国、某省、某市、某地)最大(最长、最古老、最高,甚至可以说是最小的)……因为这也是说景点的特征,很能吸引游客的兴趣。例如,北京故宫是世界上规模最大的宫殿建筑群,长城是世界上最伟大的古代人类建筑工程,天安门广场是世界上最大的城市中心广场,洛阳白马寺是中国最早的佛教寺庙等。如果"之最"算不上,第二、第三也是值得一提的。如长江是世界第三大河……这样的导游讲解突出了景点的价值,定会激发游客的游兴,给他们留下深刻的印象。不过,在使用"……之最"的导游讲解时,必须实事求是,要有根据,绝不杜撰,也不要张冠李戴。

(三) 触景生情法

触景生情法就是见物生情、借题发挥的一种导游讲解方法。这种方法有两层含义:其一是导游不能就事论事地介绍景物,而是要借题发挥,利用所见景物使客人产生联想,多用于沿途导游中;其二是导游讲解的内容要与所见景物和谐统一,使其情景交融,让旅游者感到景中有情,情中有景。

讲解岳阳楼

触景生情法重在发挥,要自然、正确、切题地发挥,引导旅游者进入审美对象的特定意境,从而使他们获得更多的知识和美的享受。

举例

马鞍山的采石矶有块临江巨石,约二丈见方,上刻有"联璧台"三个大字。当客人望了一眼匆匆走过时,导游却让大家停下来看一看,说这块石头其实叫"捉月台",是李白跳江捉月的地方,不远的半山腰还有李白的衣冠冢,下面有太白祠(图2-8)。听了这么一说,已离开的游客也纷纷走了回来。这时,导游趁机点拨发问,引导客人生出联想。李白一生好酒,且"斗酒诗百篇",怎么会醉得跳江捉月呢?而史书又说他是病死在同族叔父当涂县令李阳冰的家里,离这里三四十里的当涂大青山确有李白的墓。真是无巧不成书,到底是病死,还是跳江捉月而亡,还是跳江自尽?均不得而知。但有点确实叫人心寒、让人深思:当年红极一时,让贵妃捧砚的大翰林、才华无双的诗仙怎么会沦落如此境地——无官无职、贫困交加、寄人篱下?真是三十年河东三十年河西。当客人开始有所议论感慨时,导游又话锋一转,好啦,伟人说"俱往矣",一千多年的历史往往无法说得清楚了,是官方为了掩盖什么,还是坊间为了维护李白浪漫的形象,还是善良的人不忍说他晚年的凄凉,这都不重要了,眼前这"联璧"二字却是真真实实的存在,这脚下的大石台倒是个赏月的好地方,选个晴朗的夜晚,坐在这里,看看天上的月,望望江里的月,相看"三"不厌,真的是珠联璧合了。不过,璧也会破,月也会缺,这如同人生世事,永远圆满是不可能的。只有珍惜这圆满的当下,把握这幸福的当下,这才是真的。最后建议大家站在联璧台上,以长江作背景照张"全家福"做个纪念吧。

图2-8　太白祠

(四)虚实结合法

虚实结合法是指导游在讲解中将典故、传说与景物介绍有机结合,即编织故事情节的导游方法。这样的导游讲解能够产生艺术感染力,使现场气氛轻松愉快。"实"就是实景、实物、史实、艺术价值等，"虚"就是与实景、实物有关的民间传说、神话故事、逸闻趣事等。导游在讲解时，必须将"虚"与"实"有机结合，以"实"为主，以"虚"为辅，"虚"为"实"服务，而且"虚"的内容要"精"、要"活"。如讲解颐和园十七孔桥时，当然要讲十七孔桥是模仿北京的卢沟桥和苏州的宝带桥修建的，阳数之极"九"在桥上的体现，桥上的石狮子比卢沟桥上的还多等。但是，只是这样讲就显得平淡枯燥，如果加上一段关于鲁班也帮助修桥的传说就显得生动、风趣得多了。

总之，讲解每一个景点，导游先讲什么，后讲什么，中间穿插什么典故、传说、故事，心中都应有数。配合形象风趣的语言、起伏变化的语调，导游讲解就会产生艺术吸引力，受到游客的欢迎。

（五）问答法

问答法就是导游在导游讲解时，向旅游者提问题或启发他们提问题的导游讲解方法。这种导游方法可以活跃游览气氛，激发旅游者的想象联想，融洽导游与游客之间的关系；还可以避免导游唱独角戏的灌输式讲解，加深旅游者对所游览景点的印象。问答法主要有以下三种形式：

1. 自问自答

自问自答指导游自己提出问题，并作适当停顿，让游客猜想，但并不期待他们回答，只是为了吸引他们的注意力，促使他们思考，激发起兴趣，然后作简洁明了的回答或作生动形象的介绍，还可借题发挥，给游客留下深刻的印象。

举例

在看到昆明东站交叉路口的圆环形的雕塑时，导游可以问游客"为什么只有 6 个少数民族的塑像组成？"问题一提出，游客定会猜想一阵，但谁也回答不上来，不过谁都想知道答案。这时导游可回答并发挥一下：这组雕塑虽然形式上只显示了 6 个民族，但实际上代表了由 56 个民族组成的中华民族。这是因为"六"在中国意即"六合"，"六合"指的是上下和东西南北六个方位，常用来表示中国或者天下；圆环形则象征团结，所以，这组雕塑象征着"中国各民族的大团结"。

2. 客问我答

导游要善于调动游客的积极性和想象力，欢迎他们提问题。游客提出问题，证明他们对某一景物产生了兴趣，进入了审美角色。对他们提出的问题，即使是幼稚可笑的，导游也绝不能置若罔闻，千万不要笑话他们，更不能显示出不耐烦，而是要善于有选择地将回答和讲解有机地结合起来。不过，对游客的提问，导游不要因为他们问什么就回答什么，一般只回答一些与景点有关的问题，注意不要让游客的提问冲击你的讲解，打乱你的安排。在长期的导游实践中，导游要学会认真倾听游客的提问，善于思考，掌握游客提问的一般规律，并总结出一套相应的"客问我答"的导游技巧，以求随时满足游客的好奇心理。

3. 我问客答

导游要善于提问题，但要从实际出发，适当运用。希望游客回答的问题要提得恰当，估测他们不会对此问题毫无所知，也要估测到他们会有不同答案。导游要诱导游客回答，但不要强迫他们回答，以免使游客感到尴尬。游客的回答不论对错，导游都不应打断，更不能笑话，而要给予鼓励。最后由导游讲解，并引出更多、更广泛的话题。

2

（六）制造悬念法

制造悬念法是指导游在导游讲解时提出令人感兴趣的话题，但故意引而不发，激起旅游者急于知道答案的欲望，使其产生悬念的导游方法，俗称"吊胃口""卖关子"。这是一种"先藏后露、欲扬先抑、引而不发"的方法，一旦"发（讲）"出来，会给旅游者留下特别深刻的印象，而且导游可以始终处于主导地位，成为旅游者注意的中心。

制造悬念的方法很多，如问答法、引而不发法、引人入胜法、分段讲解法等都可能激起旅游者对某一景物的兴趣，从而产生制造悬念的效果。

举例

苏州网师园（图2-9）的"月到风来亭"傍池而建，面东而立，亭后装一大镜，将前面的树石檐墙尽映其中。旅游团到此，导游当然要讲解亭子的建造之精美、结构之巧妙，安装大镜之匠心。而后，导游可提一句：每当夜晚，皓月当空，在这里可以看到三个月亮。这一句话定会引起游客的好奇心：天上一个月亮，池中一个月亮，怎会有第三个月亮？当游客的脸上露出迷惑不解的表情时，导游才点破：第三个月亮在镜中。游客在恍然大悟、高兴之余定会赞叹大镜安置之妙。

图 2-9 网师园

制造悬念是导游讲解的重要手法，在活跃气氛、制造意境、提高游客游兴、提高导游讲解效果诸方面往往能起到重要作用，所以导游都比较喜欢用这一手法。但是，再好的导游方法都不能滥用，"悬念"不能乱造，以免起反作用。

（七）类比法

类比法就是以熟喻生，达到类比旁通的导游讲解方法。导游在导游讲解过程中用旅游者熟悉的事物和眼前的景物相比较，会使旅游者感到亲切，便于他们理解，从而达到事半功倍的导游效果。类比法主要有同类相似类比、同类相异类比和时代相比三种。

1. 同类相似类比

同类相似类比是将同类的风物进行比较，比出它们的相似点。

　　如山西的五台山(图 2-10)和安徽的九华山(图 2-11),同为佛教名山,且同以数字命名,但五台山是以地貌特征"五峰耸立,顶无林木,如土垒台,故名五台";而九华山原名九子山,是因李白等名人诗句"妙有分二气,灵山开九华"而改名的,"华"即是"花",这里又指莲华,所以九华山山门门匾又叫"莲华佛国"。再以道场类别来讲,五台山最早传说是道家的地盘,《道经》里称五台山为紫府山,曾建有紫府庙。《清凉山志》称佛教的文殊菩萨初来中国时,居于石盆洞中,而石盆在道家的玄真观内,这说明当时五台山为道家所居。在东汉年间,有印度高僧摄摩腾和竺法兰从洛阳来此弘法,汉朝廷为辨别佛教与道教的优劣高下,让僧人与道士分别表演、说明、验证,因此双方达成协议——约期焚经,以别真伪(相传焚经地点在今西安焚经台)。焚经的结果,道教经文全部焚毁,佛教经文却完好如初,故他二人获得建寺的权利。而九华山则比较单一,为唐代暹罗国(现韩国)僧人金乔觉修炼传道的地方,后建为地藏道场。

图 2-10　五台山

图 2-11　九华山

2. 同类相异类比

同类相异类比是将同类的两种风物比出规模、质量、风格、水平、价值等方面的不同。

　　类比法除了可以在物与物之间比较之外,还可在时代之间进行对比。正确运用类比法,可以加深旅游者对景物、人物的认识,提高导游讲解的层次。

　　如黄山和九华山,虽同为山,同在安徽,同为旅游胜地,但黄山是以"奇松、怪石、云海、温泉"即自然景观闻名天下的,当然,它也有摩崖石刻等人文景观。而九华山虽然也有奇峰怪石等自然景观,但它却以众多庙宇、佛教文化而吸引游客。

3. 时代相比

　　在游览故宫时,导游若说故宫建成于永乐十八年,不会有几个外国游客知道这究竟是哪一年,如果说故宫建成于公元 1420 年,就会给人以历史久远的印象。但如果说在哥伦布发现新大陆前 72 年、莎士比亚诞生前 144 年中国人就建成了面前的宏伟宫殿建筑群,这不仅便于游客记住中国故宫的修建年代,给他们留下深刻印象,还会使外国游客产生中国人了不起、中华文明历史悠久的感觉。

　　要正确、熟练地使用类比法,要求导游掌握丰富的知识,熟悉客源,对相比的事物有比较深刻的了解。面对来自不同国家和地区的游客,要将他们知道的风物与眼前的景物相比较,切忌作胡乱、不相宜的比较。正确运用类比法,可提高导游讲解的层次,加强导游效果,反之,则会让游客耻笑。

(八)画龙点睛法

用凝练的词句概括所游览景点的独特之处,给游客留下突出印象的导游手法称之为"画龙点睛法"。游客听了导游讲解,观赏了景观,既看到了"林",又欣赏了"树",一般都会有一番议论。导游可趁机给予适当的总结,以简练的语言,甚至几个字,点出景物精华之所在,帮助游客进一步领略其奥妙,获得更多更高的精神享受。

举例

旅游团游览云南后,导游可用"美丽、富饶、古老、神奇"来赞美云南风光;参观南京后,可用"古、大、重、绿"四个字来描绘南京风光;总结青岛风光特色可用"蓝天、绿树、红瓦、沙滩、碧海"五种景观来概括。又如,游览颐和园后,游客可能会对中国的园林大加赞赏,这时导游可指出,中国古代园林的造园艺术可用"抑、透、添、夹、对、借、障、框、漏"九个字概括,并帮助游客回忆在颐和园中所见到的相应景观。这种做法定会起到画龙点睛的作用,不仅加深了游客对颐和园的印象,还可使其对中国的园林艺术有初步的了解。

除上述八种导游方法外,还有概括法(平铺直叙法)、简述法、详述法、引而不发法、引人入胜法、引用名句法、名人效应法、创新立意法、导入意境法、转换角度法、课堂讲解法(例如作专题讲座)、由点及面法、由此及彼法、联想法等,这里不再一一介绍。导游方法很多,然而,在具体工作中,各种导游方法和技巧不是孤立的,而是相互渗透、相互依存、互相联系的。导游在学习众家之长的同时,必须结合自己的特点融会贯通,在实践中形成自己的导游风格和导游方法,并视具体的时空条件和对象,灵活、熟练地运用,这样,才能获得不同凡响的导游效果。

知识拓展　特色欢迎词、欢送词欣赏

1. 欢迎词

(1)幽默导游欢迎词。

各位游客朋友:

大家好!

有一首歌曲叫《常回家看看》,有一种渴望叫常出去转转,说白了就是旅游。

在城里待久了,天天听噪音,吸尾气,忙家务,搞工作,每日里柴米油盐,吃喝拉撒,真可以说操碎了心,磨破了嘴,身板差点没累垮呀!(众人笑)

所以我们应该经常出来旅旅游,在比较大的城市转一转,到青山绿水中陶冶情操,到历史名城去开阔眼界,人生最重要的是什么,不是金钱,不是权力,我个人认为是健康快乐!大家同意吗?(众人会意)

出来旅游,一定要找旅行社,跟旅行社出门方便快捷,经济实惠呀。

但找一个好的旅行社,不如碰到一个好导游,一个好导游能给您带来一次开心快乐的旅行。大家同意吧!

但找一个好导游,不如找一个女导游,在青山绿水之中,还有一位红颜知己相伴,那种感觉何其美妙呀!大家同意吧!(众人笑)

但找一个女导游,不如找一个男导游,男导游身强力壮,不但能给您导游,而且还是半个保镖,碰到紧急情况,咱背起来就走人了。

找一个男导游,不如找一个多才多艺的男导游。

找一个多才多艺的男导游,不如找一个多才多艺、能歌善舞的男导游。

找一个多才多艺、能歌善舞的男导游，不如找一个多才多艺、能歌善舞、能说会道的男导游。

找一个多才多艺、能歌善舞、能说会道的男导游，不如找一个多才多艺、能歌善舞、能说会道、玉树临风的男导游。

找一个多才多艺、能歌善舞、能说会道、玉树临风的男导游，不如找一个多才多艺、能歌善舞、能说会道、玉树临风、潇洒漂亮的男导游！

各位知道中国现在有多少个导游吗，我告诉大家，中国现在有 35 万个导游。

但这 35 万个导游中，有 25 万个女导游，只有 10 万个男导游。

这 10 万个男导游中，能称得上多才多艺的男导游只有 1 万人。

这 1 万个多才多艺的男导游中，能称得上多才多艺、能歌善舞的男导游也就 1 000 人。

这 1 000 个多才多艺、能歌善舞的男导游中，能称得上多才多艺、能歌善舞、能说会道的男导游也就 100 人。

这 100 个多才多艺、能歌善舞、能说会道的男导游，能称得上是多才多艺、能歌善舞、能说会道、玉树临风的男导游也就 10 人。

这 10 个多才多艺、能歌善舞、能说会道、玉树临风的男导游，能称得上是多才多艺、能歌善舞、能说会道、玉树临风、潇洒漂亮的男导游也就 1 个。

35 万个导游中，我们出门能碰到这样一个能称得上是多才多艺、能歌善舞、能说会道、玉树临风、潇洒漂亮的男导游，概率太小了。

但今天，各位非常的幸运！（众人哗然，继而大笑）

（2）华东地陪导游欢迎词。

游客朋友们大家好，我是你们这次的地陪导游，我姓×，大家叫我小×就可以了。此次华东之旅，行程五天，我们将游览南京、无锡、苏州、上海、乌镇、杭州，共五个城市和一个水乡古镇。线路较长，旅途可能比较辛苦，我们将本着"宾客至上，服务第一"的宗旨，尽心尽力地做好服务工作，同时也希望我们的工作能够得到各位游客的支持和配合，促进我们提高服务质量，从而使大家吃得满意，住得舒适，玩得愉快，走得顺利，乘兴而来，满意而归。

游客们，华东地区旅游资源丰富，人文景观独特，这里是"江南鱼米之乡，山清水秀之处，历史文物之都，名人荟萃之地"。从区域来讲，包括六省一市，从线路来说，江浙沪融为一体的景观，是国内旅游的最佳线路。

我们此次的华东之旅，可谓是"江南水乡及都市观光游"。江南水乡以苏州和杭州为胜，历来有"上有天堂，下有苏杭"之誉；南京的城墙伟岸挺拔；无锡的太湖风光烟波浩渺，都市观光以上海大都市为主，这些都是华东旅游的精华。

最后还要推荐一下江南佳肴，色香味形驰名中外。美食种类繁多，异彩纷呈，处处飘香，南京板鸭、无锡酱排骨、苏州松鼠鳜鱼、阳澄湖大闸蟹、上海浦东鸡、杭州东坡肉等，无不让您大饱口福！

各位游客，今天大家来到华东，它悠久的历史、璀璨的文化等待着您去领略；秀丽的风光、美好的山水期盼着我们去欣赏，但愿美丽华东能够成为您的度假天堂。最后预祝我们此次旅行期间能万事顺利，大家一路平安！

2. 欢送词

（1）杭州西湖欢送词。

各位游客，我们的西湖之旅马上就要结束了，在即将结束游览之前，我想借用孙中山先生的话来评价西湖:"西湖的风景为世界所无,妙在大小适中,瑞士湖水嫌其过大,令人望洋兴叹。日本的芦之湖则嫌其过小,令人一览无余。唯西湖则无此病,诚为国宝。"所以说,西湖不仅是杭州的明珠,更是东方的明珠,世界的明珠。"未曾抛得杭州去,一半勾留是此湖。"这是白居易离开杭州时对西湖的慨叹,那么,您是否也有同样的感受呢? 朋友们,但愿我们后会有期,明天的西湖将以更新、更美的姿态再度欢迎您的光临。

(2)幽默欢送词。

各位游客,大家好。(鞠躬)

我们的旅行车已行驶在去机场的路上。透过车窗可以看见,南京的天空又下起了小雨。1 000多年前唐朝诗人王维有一首著名的诗,叫《渭城曲》,他在诗中写道:

渭城朝雨浥轻尘,

客舍青青柳色新。

劝君更尽一杯酒,

西出阳关无故人。

今天,南京也下起了小雨,我们也在雨中与各位分别,不同的是,王维送别的人要西出阳关,没有故人,而大家是要飞回故乡,去见亲人。也许雨还是当年的雨,南京人常说:下雨天留客天。我们南京人的习俗,但凡下雨的时候,是不放客人走的,一者下雨路滑,客人走路不方便;再者下雨无事,正是陪客的好时候。但是,由于行程的安排,我们不得不违反南京这一民俗,在此相送。

"好花不常开,好景不常在,今日离别后,何日君再来?"但我相信,我们之间友情的花朵会常开,华东地区的美景永远常在。

在华东的这几天,我们一同走过了……(回顾行程)

好了,各位贵宾,我们的旅行车马上就要到达我们行程的终点——南京禄口机场,几天前我们在这里开始启程,今天大家回到了起点,我们×天的行程马上就要结束了。有一首诗大家不会陌生,"轻轻地我走了,正如我轻轻地来,我挥一挥衣袖,不带走一片云彩。"天下之大,没有不散的筵席。短暂的相逢就要结束,挥挥手就要和大家告别,值此分别时,(稍微停顿)首先,小王要代表××旅行社感谢大家几天以来,对领队小姐,对师傅和对小王工作的关心、支持与配合,并对行程中不尽如人意的地方表示深深的歉意。

各位到了机场后,即将乘坐飞机,回到自己温暖的家,在这小王我祝大家一路平安。最后,祝大家在以后的日子里,生活好、工作好、样样都好,亲戚好、朋友好、人都好。欢迎你再来华东! 谢谢大家! 再见!

任务二 人文景观导游的讲解服务

人文景观的文化内涵博大精深,人文景观与自然景观相比,特点之一就是文化内涵的延伸性。自然景观往往可以直观赏析,但人文景观却不能,要相对完整地了解一个人文景物,必须要有一定的文化底蕴。因此,导游自己一定要具备丰厚的文化基础知识,在实际导游过程中必须合理组织自己的语言,以满足游客的需要。同时,导游要充分把握人文景观特殊的协调美、统一美、艺术美和创造美的审美特征,做好充分的准备,灵活运用导游方法有针对性地进行讲解服务。

【案例】

西安兵马俑—华清池一日游计划书

根据客人和我社商议的出发时间和地点,我社安排导游和司机前往! 接到客人之后,统一乘车前往计划景区参观! 到达临潼后先参观游览集古代皇家温泉园林和近代西安事变旧址于一体、唐玄宗与杨贵妃避暑的行宫华清池(图 2-12)(游览时间 2 小时~2.5 小时)贵妃池、五间厅("春寒赐浴华清池,温泉水滑洗凝脂"的海棠汤、莲花汤、星辰汤、尚食汤以及太子汤等,以及西安事变旧址——环园、五间厅)。后乘车约 10 分钟后,参观 1987 年被联合国教科文组织批准列入《世界遗产名录》的世界第八大奇迹秦始皇帝陵博物院(图 2-13)(游览时间 2.5 小时~3 小时)即秦始皇兵马俑博物馆(一、二、三号坑,铜车马展厅)。如无特殊要求,则安排客人返回市区酒店休息,结束一天愉悦的旅程!

图 2-12　华清池

图 2-13　秦兵马俑博物馆

1. 门票

我社可代订以下景点优惠门票,1 人起订,均可享受以下优惠:

(1) 半坡博物馆 65 元,优惠价 45 元/人,立省 20 元。

(2) 骊山风景区加上行索道 105 元/人,优惠价 80 元/人,立省 25 元。

（3）秦陵地宫 40 元,优惠价 30 元/人,立省 10 元。

2. 用餐与住宿

早餐:敬请自理   午餐:敬请自理   晚餐:敬请自理   如需用餐可自行选择!

中餐可自费选择 38 元/位的超值自助餐,30 元/位的临潼九福面,58 元/位的陕西特色小吃习连套餐。

住宿无,如需我社安排酒店住宿请提前告知!

3. 费用说明

费用包含:

（1）交通:当地旅游巴士。

（2）门票:行程中所含的景点首道大门票,包括兵马俑博物馆、华清池景区。

（3）导服:当地中文导游,全程优秀导游服务。

（4）儿童价标准:❶儿童出行只含车位费,不含住宿及门票等费用。儿童门票不接受预订,请至景区门口自行购买。❷儿童车票与成人同价,如您的小孩不足 0.8 米,且不需要占车位,请在选择人数时不要提交儿童人数,如身高为 0.8 米以上的儿童必须提交儿童人数。❸如您的小孩身高超过 1.2 米请直接选择成人价,景区对特定人群有门票优惠政策参考温馨提醒。

费用不包含:

因交通延阻、罢工、天气、飞机、机器故障、航班取消或更改时间等不可抗力原因所导致的额外费用,当地参加的自费以及以上"费用包含"中不包含的其他项目。

思考与讨论:

对于以讲解文化内涵为主要工作内容的景点讲解员,应做好哪些准备?

点评:

景点导游在进行景点讲解前,务必要做好各项准备工作,做到熟悉工作流程与服务质量标准,掌握所要讲解的人文景点的内容、特点、讲解方法技巧及注意事项等。工作中要认真、细致、耐心、责任感强。只有做好这些前提工作,才能为高质量的导游讲解与服务提供重要保障。

一般来说,景点导游的准备工作主要包括以下几个方面。

一、做好接团准备工作

（一）熟悉计划书

景点导游在接待旅游团前,要认真阅读该团的接待计划和有关资料,详细准确地了解旅游团的服务项目和要求,重要事宜要做记录,并掌握以下具体情况。

（1）掌握组团社的名称、全陪、地陪姓名及联系号码。

（2）了解接待的旅游团（者）的基本情况,如人数、年龄、性质、身份等。

（3）熟悉景区或参观地的管理规定与特殊要求等。

（4）掌握必要的环境和文物保护知识以及安全知识。

（二）掌握游览注意事项

（1）告知游客景点内的主要交通方式有缆车、环保车等,游客可以自行选择。

（2）提示游客注意安全,按要求统一活动,不要随便行动,以防走失和意外事件的发生。

（3）告知游客卫生间、购物点等地方的所在处。

（4）善意提醒客人不要到水域游泳，更不可单独前往。

（5）提醒游客注意环保和景区卫生，不要随地乱丢垃圾、果壳等。

二、人文景观讲解流程

人文景观又称文化景观，是指由人为因素作用形成（构成）的景观，是人们在日常生活中，为了满足一些物质和精神等方面的需要，在自然景观的基础上，叠加了文化特质而构成的景观。人为因素主要有文化、建筑等因素。人文景观，最主要的体现即聚落，可根据古今人类成就的形式分为若干类：历史遗址、园林、建筑、民居、城市风貌、文化风貌等景观。

（一）分析讲解内容

结合所要讲解的景观，具体介绍人文景观的概念、特点、类型、发展历史、名人逸事和观景审美的方法。具体表现在以下五点。

1. 交代背景知识

人文景观与自然景观相比，最大的特点之一就是文化内涵的延伸性。人文景观与当时的社会有密切的联系，所以不能脱离当时的历史背景孤立地去欣赏它们。首先，要交代好景观所处时代的历史背景，如何年所建、当时的历史条件是什么等，这样有助于游客认识其出现的缘由，探寻景观的文化底蕴。其次，要交代好景观周围的自然背景。对于人文景观的欣赏必定离不开它所处的环境，如古代建筑常常建在风景优美之处，借助自然风景来突出建筑的美。因此，为游客讲解人文景观时，要结合其所处的周围环境，引导游客领略人文景观之美。

2. 讲解景观特征和用途

讲解人文景观离不开对实物具体特征的把握，主要包括布局（结构）、功能（作用、用途）、造型（形状）、质地、纹饰、色彩以及与之有关的匾额楹联等方面的解读。解读不同类型景观的侧重点也会有差异。景点的用途，主要是讲解为何而建，是为纪念名人，为保护文物，还是为教育后代？

出土文物类主要从文物功能、造型、质地、纹饰和色彩等方面去把握；书院、楼阁类的古建筑主要从建筑布局、匾额楹联碑刻、陈列实物等方面组织导游讲解；城墙类的古建筑（长城、苗疆边墙等）主要介绍其御敌的功能、特殊结构和建筑材料等；名人故居类侧重于故居的整体结构、室内陈列实物、照片等。

3. 挖掘历史文化

（1）还原特定的社会生活方式。人力车（俗称黄包车）是在一定的社会历史环境下产生的，与社会生活有密切的联系。北京开发的胡同游，用黄包车载着游客逛胡同，安排游客到四合院做客，受到"老外"的欢迎。这说明老北京人的生活方式对老外有很大的吸引力。

（2）追溯一段历史。历史上无论是影响历史进程的重大事件，还是显赫一时的风云人物都已经随时间的流逝灰飞烟灭，不复存在。但是与之相关的人文匾额楹联却作为历史事件的见证得以保留下来，通过这些人文匾额楹联可回溯历史，凭吊怀古，获得启迪。

实训：请选择自己喜欢的人文景点，编写一段导游词

_____

_____

_____

_____

_____

（3）**探寻承载的人类文化**。作为人文形态的人文景观表现了人类的各种文化内容，成为了文化的凝聚、积累和表征。正是靠着人文景观，才使相当一部分各时代、各地区的文化得以保留和显现。透过它，我们可以探寻那个时代的思想和情感。

举例

　　江西的南昌之所以为旅游胜地，除了是革命发源地之一，很大程度上是因为这里有座滕王阁（图 2-14）。滕王阁是处典型的人文景观，它除了建筑精致，还在于它在文化史上占了重要的一页。它历史悠久，是唐高祖的儿子李元婴任洪州（今南昌）都督时所建。高宗时，都督阎公邀请群僚和文人雅士在滕王阁上聚会，26 岁就名列"初唐四杰"的王勃去南京省亲，适逢路过，便即席写下千古绝唱《滕王阁序》，举座皆惊。这也是王勃的绝作之笔，之后他在途中溺水身亡。序中的"落霞与孤鹜齐飞，秋水共长天一色"两句，更是脍炙人口，流传千古。物以文传，地以物佳，滕王阁因这篇序而声名远播，南昌城也因滕王阁而名扬古今。这正如清人刘坤一《滕王阁联》所写一样："兴废总关情，看落霞孤鹜，秋水长天，幸此地湖山无恙；古今才一瞬，问江上才人，阁中帝子，比当年风景如何？"如今，已物是人非，但人们仍想来南昌，仍想登上滕王阁，一个目的，就是去追寻历史的陈迹，感受一下当时的氛围。

图 2-14　滕王阁

4. 讲述景点地位、价值

讲述景点在世界上、国内、省内、市内处于什么地位，是何种级别的文物保护单位，交代景点的历史价值、文物价值、旅游价值、欣赏价值等。

举例

安徽马鞍山的采石矶(图 2-15)是自然景观和人文景观融于一体的国家 5A 级风景区。自然景观主体为长江三矶之首的矶石，高出江岸逾六十米，挺拔陡峭。它是长江的结穴处，水流湍急，地势险要，为历代兵家必争之地。矶下之南有三元洞，直通长江，如空谷回响。洞上有楼，可览江帆过往。矶边有台，传说李白在这里跳江捉月，故名"捉月台"，后称"联壁台"，意指联结江天两轮圆月。不远山腰处还有李白衣冠冢，传闻诗仙跳江后骑鲸升天，人们只得葬其衣冠。矶下之北有长江名楼"谪仙楼"，始建于唐代李白逝世后，后更名为"太白楼"；又有李白纪念馆，藏有李白晚年的绝笔墨宝。围绕矶石还有众多文物、古迹，如赤乌井、燃犀亭、古栈道等。到过这里的名人更是数不胜数，文有白居易、王安石、苏东坡、郭沫若、老舍，武有温峤、朱元璋、郑成功、曾国藩等，他们或留下诗文墨迹，或留下赫赫战功，或留下一个故事。采石矶有看不够的风景，说不尽的人文。它景奇景险景秀，景入画卷；名矶名楼名人，名贯古今。它是一轴画，更是一部书。

(吴多清)

图 2-15 采石矶

5. 介绍名人评论

介绍历史名人、国家领导人、世界名人参观游览后的评论。

举例

1987 年 6 月 24 日至 25 日，美国前总统吉米·卡特偕夫人访问桂林，发出这样的观感："我在孩提时代，就听说过桂林这个地方。看见过桂林山水画，可我认为这不过是艺术家们的丰富的想象而已。今天来到桂林，才明白了我以前所听到和见到的都是真的。"

(二)把握讲解要点

1. 把握人文景观的历史特征，讲解中突出时代特征

人文景观具有明显的时代性和地域性，是人类在其历史发展过程中，在改造、利用、适应自然的过程中所创造的。因此，导游在讲解的过程中，必须突出它的时代性。

举例

　　扬州的梅花岭包括史可法纪念馆（图 2-16）等是扬州的一处经典人文景观。人们来到这里，与其说是游览，不如说是祭拜，从而回忆那段历史。史可法孤军守城，内无粮草，外无援兵，宁可自殉也不肯做清朝廷的"贰臣"，结果被俘、被杀，尸骨不存。史可法的这种"忠君爱国"的壮举，被之后的历代文人歌颂、赞美。在当时，他身为督师主帅，为了捍卫扬州城，保护百姓生命财产，抵挡清军入城，带领将士顽强抵抗，最终不惜战死，这种尽职爱民的精神值得被钦佩和景仰。今天，来来往往的游客参观史可法纪念馆时，回忆起那段历史，都会被他的精神所感染。

图 2-16   史可法纪念馆

2. 紧扣"人与环境"的主题

　　在讲解中，导游要"讲古论今"，发挥人文景观的延续教育性。

举例

　　安徽桐城的六尺巷（图 2-17），距今已有三百多年，可这里发生的故事至今仍为人传颂，

图 2-17   六尺巷

1958年毛泽东会见苏联驻华大使时还作了引述。六尺巷的故事很简单,说清朝宰相张英老家要建房,因地基与邻居发生了争执,写信让张英出个面。张英接信后立即回了四句话:"一纸书来只为墙,让他三尺又何妨。长城万里今犹在,不见当年秦始皇。"家人读后羞愧不已,马上退让三尺,邻居吴家受到感动随之也让了三尺,于是便有了这条六尺巷。巷子长不过百米,夹在县城民居之中,毫无风景可看,然而一直在吸引着八方来客,它在无声地教育着后人,要学会宽容和谦让。

3. 突出文化内容

每一类型的人文景观都包含博大精深的文化内涵。导游在实际导游过程中,必须把景观所包含的、游客不可能直观看到的内容,通过不同的导游技巧和方法传导给游客。

举例

绍兴的沈园,游客们多当作一般公园游览,觉得没什么好看的,对断墙上的题词《钗头凤》(图2-18)更不屑一顾,即使看了,也不甚了了。这时导游就须声情并茂地讲述这里曾发生的大诗人陆游与表妹唐婉的真实爱情故事。他们凄美的婚姻,偶然相遇和陆游五度来游五次作诗表达真情实感,是沈园独特的文化内涵。导游还可乘兴风趣地劝说年轻的姑娘们千万不可学唐婉以命殉情,生命只有一次,太宝贵了,婚姻虽失去了,真爱却可以永驻心里。大伯大妈们更要以陆母为鉴,不要过多干涉儿女婚姻,当个参谋就行了,不要"好心"办错事。

图 2-18 《钗头凤》题词

4. 注重讲解的通俗性,并善于编织故事情节

导游在讲解人文景观时,要注意通俗易懂,也可以在尊重科学和历史的前提下,善于编织故事情节,以求产生艺术感染力,努力避免平淡、枯燥无味、就事论事的讲解。需要注意的是,故事化讲解要中心突出,条理清楚,前后贯通;要善于取舍,取那些能突出景点神韵和生气的东西,舍去那些繁枝赘叶。

举例

当游客来到乌江的霸王祠,望着项羽的塑像,情不自禁地背着"宜将剩勇追穷寇,不可沽名学霸王"时,导游还可以介绍说宋代大诗人李清照也曾来过这里,不过是逃难时路过,著名的"生当作人杰,死亦为鬼雄。至今思项羽,不肯过江东"就是当时面对乌江的即兴吟唱。

这样的介绍当然已经丰富了游览的内容,但为了增添游兴,导游还可以把李清照写诗的事扩展当作故事讲出来。譬如,可以这样说:其实,李写这首《夏日绝句》不是追思项羽,而是责怪丈夫赵明诚的。这事还得从头说起,李清照和赵明诚都是出身名门,一个擅长诗词,一个爱好金石,用今天的话讲,都是文化人,常常一边饮酒,一边作诗唱和,生活美满幸福。然而,人生不如意常八九,他们所处的时代是历史上最动乱不安的时期。国不安,家岂宁?公元1127年,金人攻占了宋朝都城汴京(今开封)后,宋王朝只好南逃。李清照一家也随之离开老家山东青州,开始漂泊生涯。南渡的第二年,赵明诚被委任建康(今南京)知府。一天深夜,城内突然发生守军叛乱。面对叛乱,赵明诚一下慌了手脚,既没指挥平息叛乱,也没有向上禀告,却独自一人用绳子拴着从城墙上坠下逃走了。结果当然是被革了职。因赵此时正值工作变更时期,朝廷便也没有重罚。可李清照怎么也接受不了,她本来就是名门闺秀,又是大名鼎鼎的女词人,哪受得了这番羞愧打击。但碍于夫妻情分,又念丈夫官场出入已深感后悔,更加上处于奔波逃命生活动荡不安的非常时期,身心都极度疲惫,所以也不多指责。不过两人的感情却出现深深裂痕,只是没有再提起此事,又带着书籍字画等离开建康,继续沿江西上,向江西流亡,投靠亲友。当行至乌江,这位才思敏捷的绝代女词人,面对浩浩江面,想起当年自刎在这里的项羽,她再也控制不住自己的爱恨情仇了,即兴临江吟唱。吟完,好像痛哭了一场,积压心头的郁结如火山一样迸发出来。她怨丈夫寡情寡义,更恨丈夫缺少大丈夫的气概,远远比不上项羽生不能功成,死了也要做鬼中英雄。气了一阵,转而又软了下来,她毕竟是个柔弱女子。项羽啊,你为什么太要强,太固执,非要自刎而不肯过江呢?明诚啊,我知道你本质并不坏,未曾见过这样的场面,又怕吓了我。如今事已发生、过去,你也不要太自责了,也不必非学项羽做什么人杰鬼雄,只要我们平安在一起就好,也不求什么官。这时,一阵江风吹过,李清照回头一看,赵明诚不知什么时候已站在自己身后,早已听得一清二楚。第二年,赵明诚又回京复职,悲喜交加,加上沿途劳累,不久便急病而亡。真是福兮祸所伏,李清照百感交集,伤心不已。

当然,也有人认为李清照写这首诗是劝谏偏安江南的宋朝廷的,仁者见仁,智者见智吧。

---

5. 有针对性地讲解,巧用讲解方法

优秀的导游能够针对讲解内容,灵活地运用各种导游讲解方法。或解惑释疑,创造悬念,引人入胜;或善于编织故事情节,虚实结合,启发想象,情景交融;或采用问答,注重双向交流与沟通,尽可能调动游客参与到讲解当中来,让不同游客的合理需求得到满足。

6. 突出景物的思想特征

导游的服务功能中很重要的一条就是教育功能。因此,在讲解中,要能客观地介绍历史,并恰当地结合现实,做到借题发挥、有的放矢,把人文景观的学术价值、思想价值充分地展现在游客面前,使游客的思想得到升华。

7. 把握人文景观的审美特征

人文景观具有特殊的协调美、统一美、艺术美和创造美。在导游讲解过程中要全面地把人文景观所包含的内容介绍给游客。

(三) 提升游客的审美品位

旅游活动是一项寻觅美、欣赏美、享受美的综合性审美活动。它不仅能满足人们爱美、求美之需求,而且还能起到净化情感、陶冶情操、增长知识的作用。俄国教育家乌申斯基说:"……美丽的城郭,馥郁的山谷,凹凸起伏的原野,蔷薇色的春天和金黄色的秋天,难道不是我们的老师吗? ……我深信,美丽的风景对青年气质发展具有教育作用,是老师都很难与之竞争的。"因此,导游在带团旅游时,应重视旅游的美育作用,正确引导旅游者观景赏美。

1. 传递正确的审美信息

旅游者到达旅游目的地后,由于对其旅游景观,特别是人文景观的社会、艺术背景不了解,审美情趣会受到很大的影响,往往不知其美在何处、从何着手欣赏。作为旅游者观景赏美的向导,导游首先应把正确的审美信息传递给旅游者,帮助旅游者在观赏旅游景观时感觉、理解、领悟其中的奥妙和内在美。

举例

欣赏武汉市黄鹤楼(图 2-19)西门牌楼背面匾额"江山入画"时,导游既要向旅游者介绍苏东坡"江山如画,一时多少豪杰"的名句,又要着重点出将"如"改"入"一字之改所带来的新意和独具匠心的审美情趣。再如游览武汉市古琴台时,导游除了要向旅游者讲解"俞伯牙摔琴谢知音"的传说故事外,还应引导旅游者欣赏古琴台这座规模不大但布局精巧的园林特色,介绍古琴台依山就势、巧用借景手法,把龟山月湖巧妙地借过来,构成广阔深远的艺术境界。

图 2-19   黄鹤楼

2. 分析旅游者的审美感受

旅游者在欣赏不同的景观时会获得不同的审美感受,但有时旅游者在观照同一审美对象时,其审美感受也不尽相同,甚至表现出不同的美感层次。我国著名美学家李泽厚就将审美感受分为"悦耳悦目""悦心悦意"和"悦志悦神"三个层次。

(1) **悦耳悦目**。悦耳悦目是指审美主体以耳、目为主的全部审美感官所体验的愉快感受,这种美感通常以直觉为特征,仿佛主体在与审美对象的直接交融中,不加任何思索便可于瞬间感受到审美对象的美,同时唤起感官的满足和愉悦。

举例

漫步于安徽万佛山森林公园之中,当旅游者看到以绿色为主的自然色调,呼吸到富含负离子的清新空气,嗅到沁人心脾的花香,听到林间百鸟鸣唱时,就会不自觉地陶醉其中,从而进入"悦耳悦目"的审美境界。

(2) **悦心悦意**。悦心悦意是指审美主体透过眼前或耳边具有审美价值的感性形象,在无目的中直观地领悟到客体某些较为深刻的意蕴,获得审美享受和情感升华,这种美感是一种意会,有时很难用语言加以充分而准确地表述。

举例

当观赏齐白石的画时,旅游者感到的不只是草木鱼虾,而是一种悠然自得、鲜活洒脱的情思意趣;泛舟神农溪,聆听土家族姑娘优美动人的歌声,旅游者感受到的不只是音响、节奏与旋律的形式美,还有一种饱含着甜蜜和深情的爱情信息流或充满青春美的心声。这些较高层次的审美感受,使旅游者的情感升华到一种欢快愉悦的状态,进入了较高的艺术境界。

(3) **悦志悦神**。悦志悦神是指审美主体在观看审美对象时,经由感知、想象、情感、理解等心理功能交互作用,从而唤起的那种精神意志上的昂扬和伦理道德上的超越感。它是审美感受的最高层次,体现了审美主体大彻大悟,从小我进入大我的超越感,体现了审美主体和审美对象的高度和谐统一。

举例

乘船游览长江,会唤起旅游者的思旧怀古之情,使旅游者产生深沉崇高的历史责任感;登上昙子岭俯视三峡大坝(图 2-20),会激起旅游者的壮志豪情,使旅游者产生强烈的民族自豪感。

图 2-20　三峡大坝

导游应根据旅游者的个性特征,分析他们的审美感受,有针对性地进行导游讲解,使具有不同美感层次的旅游者都能获得审美愉悦和精神享受。

3.激发旅游者的想象联想

人们在审美赏景时离不开丰富而自由的想象,想象联想是审美感受的枢纽。人的审美活动是通过以审美对象为依据,经过积极的思维活动,调动已拥有的知识和经验,进行美的再创造过程。想象作为一个心理范畴,其内容和功能十分广泛,一般可分为初级和高级两种形式。初级形式指简单联想,包括接近联想、类比联想和对比联想;高级形式包括知觉想象和创造性想象。导游应通过适当的讲解和提示,激发旅游者的想象联想。

观景赏美是客观山水风光环境和主观情感结合的过程。人的审美活动是通过以审美对象为依据,经过积极的思维活动,调动已有的知识和经验,进行美的再创造的过程。一些旅游景观,尤其是人文景观的导游讲解,需要导游制造意境,进行美的再创造,才能激起旅游者的游兴。譬如,游览西安半坡遗址,导游面对着那些打磨的石器、造型粗糙的陶器,只是向旅游者平平淡淡地介绍这是什么,那是什么,旅游者就会感到枯燥乏味。如果导游在讲解中制造出一种意境,为旅游者勾画出一幅半坡先民们集体劳动、共同生活的场景:"在六千年前的黄河流域,就在我们脚下的这片土地上,妇女们在田野上从事农业生产,男人们在丛林中狩猎、在河流中捕鱼,老人和孩子们在采集野果。太阳落山了,村民们聚集在熊熊燃烧的篝火旁童叟无欺、公平合理地分配着辛勤劳动的成果,欢声笑声此起彼伏……半坡先民们就是这样依靠集体的力量向大自然索取衣食,用辛勤艰苦的劳动创造了光辉灿烂的新石器文化。"旅游者们就会产生浓厚的兴趣,时而屏息细听,时而凝神遐想,这时导游再进一步发挥:"如果没有这六千年前的陶甑,或许至今世界上还没有蒸汽机;如果没有半坡先民原始的数字计算,也不可能出现今天的电子计算机。"旅游者的想象思维被充分激发起来,导游境界也得到了升华。

三、人文景观讲解示例(故宫博物院导游讲解)

步骤一:致欢迎词。

各位朋友,先自我介绍一下,我是今天故宫的讲解员小李,后面将由我带领大家参观故宫博物院(图2-21),因为时间关系,我们今天沿中路参观,整个行程大概两个小时,现在我先为大家作个简单介绍。

图 2-21　故宫博物院

步骤二:概况介绍。

故宫位于北京市城区中心,是明、清两代的皇宫,是当今世界上现存规模最大、建筑最雄伟、保存最完整的古代皇家宫殿,被誉为世界五大宫之首(北京故宫、法国凡尔赛宫、英国白金汉宫、美国白宫、俄罗斯克里姆林宫)。故宫又叫紫禁城,紫禁城是中国五个多世纪以来的最高权力中心,它以园林景观和容纳了家具及工艺品的 9 000 多个房间组成的庞大建筑群,成为明清时代中国文明无价的历史见证。1987 年,北京故宫被联合国教科文组织列入《世界遗产名录》。

步骤三:分段介绍。

故宫坐北朝南,开有四道门。各位朋友,这里就是故宫的正门,叫午门,意思是正午的太阳光芒四射。各位请看!在 10 米高的城墙上耸立着五座城楼,楼顶飞檐翘起,从上面看就像五只展翅欲飞的凤凰,故午门又称五凤楼。它建成于公元 1420 年,位于端门之北,雄伟壮观。

各位朋友,现在我们已经进入故宫。这里是故宫第一进院落,首先出现在我们面前的是五座汉白玉石桥,它们象征五德,即仁、义、礼、智、信,是皇帝集美好品质于一身的意思。金水桥下是内金水河,跨过金水桥就来到了太和门广场,这里就是明代皇帝御门听政时百官待驾的地方。

好,下面请各位去参观末代皇帝溥仪举行登基大典的太和殿。现在我们来到了故宫中最重要的院落——太和殿及其广场,这里就是皇家举行盛大典礼的地方。好!这里可以拍下远处太和殿的全景,各位可以在此留影,过一会儿,我再给大家介绍一下太和殿。

各位朋友,我们眼前的太和殿是整座紫禁城内级别最高的建筑,只有皇帝举行盛大典礼时才使用,象征皇权的至高无上。太和殿俗称金銮殿,是我国现存木结构大殿的杰出典范之作。太和殿始建于公元 1420 年,当时叫奉天殿。后来,改叫皇极殿。清顺治皇帝登基后,重修三大殿,并将皇极殿改为太和殿。

太和殿高 35 米,东西长 64 米,南北宽 33 米,建筑面积为 2 377 平方米。它面阔 11 间,进深 5 间,规模为紫禁城内大殿之最。装饰用的彩绘为最高等级的金龙和玺,殿顶形式为最高等级的重檐庑殿顶,就连大殿正脊上的吻兽也是我国目前最大的,总之处处显示"第一",那是皇帝认为"天下第一"思想的体现。

看完了太和殿,我们再来看中和殿。大家请看!中和殿是皇帝在大典前等待吉时、稍事休息的地方。下面,请大家跟我一起参观当时的国宴厅——保和殿。

各位朋友,这座大殿是故宫前朝三大殿中的最后一座大殿,叫保和殿。这座大殿被称为清代的国宴厅及科举考场,自乾隆皇帝以后,这里便成为每四年一次的皇家科举考场。

好啦!故宫的前三殿讲解到此结束,现在请大家参观保和殿并稍做休息,我们十分钟后集合,谢谢大家!

各位,故宫整个院落分为两大部分,即"前朝"和"后寝"。"前朝"是皇帝举行盛大典礼的地方,以太和殿、中和殿、保和殿及东西两侧的文华殿及武英殿为主。"后寝"是皇帝及后妃、未成年的子嗣们居住的地方,主要以乾清宫、交泰殿、坤宁宫及东西六宫为主。现在,我介绍一下故宫的后半部分,即"后寝"。

各位朋友,现在我们来到了乾清宫,这是皇帝在紫禁城中居住和处理日常政事的地方。乾清宫分为中殿、东暖阁及西暖阁三个部分。正殿是皇帝处理日常政务、临时接见大臣的地方,殿中设有皇帝宝座及御案,正中挂着一块"正大光明"匾,那是清朝皇帝的祖训,作为治国、修身、平天下的基本准则。东、西暖阁是皇帝晚上住宿的地方。

　　由于时间关系,我们就先讲到这里,现在请各位随我去参观交泰殿。各位请看,这座四角攒尖顶的大殿叫交泰殿,这座建筑是明清两朝皇后过生日时举行寿庆活动的地方。在大殿后墙匾额上有"无为"二字,是康熙皇帝的御笔,意思是希望后代能够以德治国,施以仁政,以图国家长治久安。

　　步骤四:致欢送词。

　　各位朋友,现在我们来到了紫禁城的后花园——御花园,这里是帝后们的休闲娱乐的场所。大家可以在这座名为堆秀山的假山前拍照留念。好啦,各位朋友,故宫中路的讲解到此结束。

四、游客走失及财物丢失的处理和预防

(一)丢失财物

　　一位游客在景区游览自由活动中,在买好纪念品回到车上时,突然发现自己的钱包怎么也找不到了,该游客非常着急,不知所措。

　　1.处理步骤

　　(1)详细了解并记录钱包丢失的经过、失物形状、特征及价值。

　　(2)详细了解并分析丢失可能发生的时间与地点,并积极帮助寻找。

　　(3)立即通过旅行社向公安部门和保险公司报案,并协助有关人员查清线索。

　　(4)若找不到丢失物品时(并且丢失物是进关时登记并须复带出境的或投保的重要物品),接待社要出具证明,失主持证明到公安部门开具遗失证明,以备出关时查验或向保险公司索赔。

　　(5)要安慰失主,缓解其不快情绪,并对其因丢失物品而造成的困难提供必要的帮助。

　　发生证件、财物特别是贵重物品被盗是治安事故,导游应立即向公安机关及有关部门报警,并积极配合有关部门早日破案,挽回不良影响;若不能破案,导游要提供更加周到热情的服务,尽力安慰失主,缓解其低落的情绪并按上述步骤办理。

　　2.预防措施

　　(1)随时提醒游客清点物品,帮助游客加强防范意识。

　　(2)不替游客保管重要证件,需使用时,由领队收取,用后及时归还。

　　(3)切实做好每次行李的清点和交接工作。

　　(4)每次客人下车后,都要提醒司机清车、关好门窗锁好车门。

(二)游客走失

　　1.游览活动中旅游者走失

　　(1)**导游暂停导游活动。** 导游暂停导游活动,向其他旅游者了解走失的有关情况,分析推测走失的时间和地点,然后安排人力寻找。

　　(2)**地陪与全陪、领队密切合作。** 地陪带领团队继续游览,全陪、领队分头寻找,还可通知本社后勤人员协助查找。

　　(3)**向有关部门报告。** 在经过认真寻找,仍然找不到后,导游应立即向游览地的派出所和游览点管理部门求助,请他们在人多的地方和进出口处等地点协助寻找,若发现走失者立即报告或让其直接回饭店。

　　(4)**与饭店联系。** 请求下榻饭店协助,若发现旅游者返回饭店,立即告知。

2

（5）**报告旅行社**。如采取了以上措施后仍找不到走失的游客,导游应向旅行社及时报告并请求帮助,必要时请示领导,向公安部门报案。

注意:导游寻找活动不应影响团队的正常游览计划,不应影响团内其他旅游者的情绪和要求,尤其是地陪,不能长时间地去寻找走失者,而应完成主要任务,即带团继续参观。

（6）**做好善后工作**。若走失原因在旅游者自己,导游可对其提出善意的批评,讲清利害关系,提醒其以后注意,对离团而受惊吓者要安慰;若是导游的责任,导游要向旅游者赔礼道歉,必要时写出书面检讨。

（7）**写出事故报告**。若情况严重,导游要写出书面报告,详细记述游客走失经过、寻找过程、走失原因、善后处理情况及游客的反应等。

2.自由活动时旅游者走失

（1）**立即报告旅行社**。导游得知后应立即报告旅行社,请求指示和协助,必要时通知公安局、派出所、交通运输部门等协助查找。

（2）**做好善后工作**。导游应通知饭店服务台,当旅游者返回饭店后立即告知。若走失者回到饭店,导游应表示高兴,并问清情况,必要时提出善意的批评,提醒旅游者本人及其他旅游者要引以为戒,但不宜过多地指责;如果是我方责任,应向对方表示歉意。

（3）**其他意外事故**。旅游者走失后出现其他意外事故,要根据具体情况作相应的处理。

3.预防措施

（1）**做好提醒工作**。导游每天要提醒游客记住接待社的名称,旅行车的车号和标志,下榻饭店名称、联系电话,戴上饭店的店徽等。团体游览时,导游要注意观察环境和旅游者的动向,全陪、地陪、领队要密切配合,要提醒游客跟上队伍,不要走散;自由活动时,导游要提醒和建议旅游者外出(特别是晚间)时要戴好饭店的店徽,提醒他们不要走得太远,不要去热闹、拥挤、秩序混乱的地方,不要回饭店太晚。如果当地治安情况不好,最好劝阻旅游者不要晚间外出或单独外出。

（2）**做好各项安排的预报**。为预防游客走丢,在出发前或旅游车离开饭店前,导游要向旅游者通报全天的行程,游览点、用餐点的名称和地址,抵达时间和逗留时间,以便旅游者走失后自己去餐厅或下榻的饭店与旅游团会合。

到游览点后,在景点示意图前,导游要向游客介绍游览线路,告知旅游车的停车地点,并强调集合时间和地点,再次提示旅游车的特征和车号。

（3）**全程陪同游客**。在游览过程中,导游要时刻和游客在一起,并时常清点人数。

（4）**团结合作**。地陪、全陪和领队应密切配合,全陪和领队要主动负责做好旅游团的工作。

（5）**吸引游客**。导游要以高超的导游技巧和丰富的讲解吸引游客。

知识拓展　优秀人文景观导游词片段及文化掌故

1.沈阳故宫

大家好!热烈欢迎各位的到来!今天我为大家介绍的是沈阳的风景名胜之一"沈阳故宫"(图2-22)。沈阳故宫始建于后金天命十年(1625年),是清太祖迁都之际草创,清崇德元年(1636年)由皇太极建成。1644年,大清迁都北京,"沈阳故宫"从此成为"陪都宫殿"。"沈阳故宫"是清太祖努尔哈赤和清太宗皇太极修建并使用过的宫殿,距今已有360余年的历史。在全国现存宫殿建筑群中,它的历史价值和艺术价值仅次于北京故宫居全国第二位。它是中国历史上的最后一个封建王朝的行政重地,也是清统一中国后东北地区的政治经济中心。

图 2-22 沈阳故宫

沈阳故宫占地 6 万多平方米,有楼台殿阁各式建筑 70 余座,由 20 多个院落组成,总计房屋 300 多间。故宫按自然布局分为中路、东路和西路三部分。

各位朋友,现在我们来到了中路。中路是太宗皇太极时期的大内宫阙。南端是大清门,也是故宫的正门。向北依次是崇政殿、凤凰楼、清宁宫,它们都排列在一条中轴线上,两侧还有一些对称式的附属建筑。

大清门是日常朝会时文武大臣候朝的地方,也是清太宗接受群臣谢恩之处。明朝著名将领洪承畴降清后,就从此门进入,受到皇太极的接见。大清门东侧的这处建筑叫祖庙,祖庙是爱新觉罗家族祭祀祖先的地方,因是天子的祖庙故也称"太庙"。

2. 皖南古村落:西递

游客们,请看!这里就是西递(图 2-23),西递位于安徽省黟县东南部,村落面积 12.96 公顷。西递村四面环山,两条溪流从村北、村东经过村落在村南汇源桥汇聚。村落以一条纵向的街道和两条沿溪的道路为主要骨架,构成东向为主、向南北延伸的村落街巷系统。

图 2-23 西递

在西递，所有街巷均以黟县青石铺地，古建筑为木结构、砖墙为主，木雕、石雕、砖雕丰富多彩，巷道、溪流、建筑布局相宜。村落空间变化颇有韵味，建筑色调朴素淡雅，体现了皖南古村落人居环境营造方面的杰出才能和成就，具有很高的历史、艺术、科学价值。西递村被世人称为明、清古建筑博物馆。

西递的明清古建筑群是我国徽派建筑艺术的典型代表，至今仍完好保存着120多幢明清宅邸。西递有着陶渊明在《桃花源记》中塑造的"世外桃源"的生态环境和风情，该村落素有"桃花源里人家"之美誉。

西递以其悠久灿烂的传统文化、精湛超群的徽派明清民居、朴实纯美的民俗风情，以及高超精巧的徽派木雕、砖雕、石雕，闻名天下。最有特色的民宅有大夫第、膺福堂、惇仁堂、西园、瑞玉庭等。"胡文光牌坊"又称"西递牌楼"，是明代徽派石坊的代表作，是西递的标志。西递村人杰地灵，培养出了明代荆藩首相胡文光、清代二品官胡尚增、巨富豪商胡冠三等一批国家栋梁之才和儒商。

西递被专家学者称誉为"中国传统文化的缩影""中国明清民居博物馆"。

西递村是一处以宗族血缘关系为纽带，胡姓聚族而居的古村落。该村源于公元11世纪，发展鼎盛于14—19世纪。20世纪初，随着我国封建宗法制度的解体，西递村的发展也日趋缓慢。由于历史上较少受到战乱的侵袭，也未受到经济发展的冲击，村落原始形态保存完好，始终保持着历史发展的真实性和完整性。现保存的明、清古民居124幢，祠堂3幢，均已被列为安徽省重点文物保护单位。1999年西递村被国家确定为世界文化遗产申报单位，向联合国教科文组织提出申报，并通过了专家评估考察。2000年11月30日被联合国教科文组织列入世界文化遗产名录。

任务三　自然景观导游讲解服务

自然景观是旅游活动的主要依托形式，现代自然生态旅游更受到旅游者的普遍欢迎。在中国的旅游资源中，自然景观中的山水、林木、动物和气候等资源风景独特，展示了自然景观的独特魅力。要讲解好自然景观，对导游的知识掌握和灵活应用能力的要求更高，导游应全面提升自身的知识水平，灵活掌握引导旅游者观景赏美的技巧与方法，形成个人的讲解特色，能灵活运用各方面知识和技巧，对各类自然景观进行讲解。

【案例】

黄山旅游风景区二日游计划书

1. 旅游行程安排与住宿、餐饮

第一日：早乘景区环保车赴云谷寺，步行或索道上山，游白鹅岭、始信峰、梦笔生花、北海景区、西海景区。

住山上，提供中、晚餐。

第二日：早观日出（视天气情况），游光明顶、天海景区、玉屏楼、迎客松、慈光阁，步行至温泉游览人字瀑、徐霞客石像，在揽胜桥乘景区交通车下山。

提供早、中餐。

2.服务标准

交通:空调旅游车高速往返,景区交通(路途无导游)。

住宿:四星级酒店双人标间。

门票:含景点首道大门票,自费景点除外。

导服:景区导游讲解服务。

保险:旅行社责任保险(人身意外伤害保险自费)。

3.温馨提示

❶ 出行时,请携带好相关身份证件,以便入住宾馆时登记。

❷ 旅游中要注意安全,妥善保管好自身财物,服从导游统一安排,遵守景区规定,不得进入有安全隐患的地区。

❸ 如遇到不可抗力(自然灾害、政治)因素导致的滞留及增加的费用由游客自理,我旅行社有义务协调。

❹ 我社在不减少计划中景点的情况下,有权合理调整景点游览的先后顺序。

❺ 旅游行程中的自费项目可自愿选择,但不参加的需在景区外等候,并要准时集合。

❻ 旅游者要在指定的地点用餐、购物等,按时集合等候,不得随意离开。

❼ 上山轻装,少带行李,以免过多消耗体力,影响登山。

❽ 雷雨时不要攀登高峰,特别是不要攀登天都、莲花二峰,不要用手扶铁链,也不宜在树下避雨,以防雷击。

❾ 在高峻危险的山峰上照相时,摄影者选好角度后就不要移动,特别注意不要后退,以防不测。

❿ 黄山建筑物、古迹很多,不得在任何建筑物、古迹、岩石、竹木上题字刻画。

⓫ 为保护黄山风景区的清洁卫生,不可随地乱扔垃圾、果皮等,请扔进垃圾池内。

⓬ 山上昼夜温差较大,夜晚和清晨气温较低,上山请携带绒线衫等,预防感冒。

负责人:张××;计调:叶×× 时间:20××年×月×日

思考与讨论:

看完这份计划书,你觉得还有什么需要补充,或者是不可或缺的地方。

点评:

黄山这座以奇松、怪石、云海、温泉而闻名天下、享誉世界的胜景,不仅首游者会迫不及待,就是老游客也想一睹今日的不同。越是心情急迫,越是要注意安全,切不可疏忽大意,千万记住"走路不看景,看景不走路","免"一失足成千古恨。尤其是云海升起时,波涛万顷,气象万千,有勾魂摄魄之魅力。你一定要停下来,背依山崖或大树等,静心观赏,切忌左顾右盼,手舞足蹈。

一、做好接待准备

自然景观具有较强的地域差异性,它是大自然造就的天地之灵,其形态万千,动静结合,因此,观赏的角度也各有讲究,游客的要求也更高。要实现高质量的导游服务,就要求导游不仅要具备较好的身体素质,也要具有较高的讲解技能和服务水平。因此,导游在为游客服务前,必须认真对待,做好大量充分的准备工作,为实地导游服务打好基础。

步骤一:熟悉接待计划书,落实接待事宜。

导游要了解游客数量、个人身体情况等信息和旅游行程安排。

2

步骤二：与相关接待部门联系，做好行程合理安排。

导游要事先与当地气象部门联系确认第二天天气，明确是否一早可以看到日出，登山风速是否可以登上鲫鱼背等，包括与缆车部门联系确定要排队等候的时间等信息，以便更好地做好游览顺序安排。

步骤三：做好通知、提醒游客的工作。

导游要告知游客游玩时的注意事项，记住集合时间、上车时间、地点以及车牌号码等。

注意事项有如下几点。

（1）人身安全。雷雨天不宜登山，更不要用手扶铁索或在树下避雨。雷雨时或者明知雷雨即将来临时，不要攀登高峰。雷雨已经来临时，游人如果正处在高峰之上，注意不能用手扶铁链，手扶铁链容易触电，应在山洞里或岩石下暂避片刻，找不到山洞或岩石躲避也不要惊慌失措地拼命乱跑，应沉着冷静、有序地下山。黄山多石阶磴道，且有多处险段，登山时身体宜前俯，下山尤需缓步。若途中边走边看，既易分散注意力，又易失足，故游人应铭记"看景不走路，走路不看景""大景不放过，小景不流连"的游览原则。

（2）特殊情况。高血压、心脏病患者，除随身携带必备的救急药品外，还不宜单人游山，更不宜身临险境；老、幼者应有亲人陪同。夏天，游人一身燥热，见了一波碧水，很想跳下去游个痛快。需知这样很危险，潭水冰凉透骨，人体是热的，一跳入水中很容易发生意外。雨后，不要在山溪中游玩、洗涤衣物，以防山洪突然来临躲避不及。

（3）个人着装。登山宜轻装简从。出发前可将多带的行李物品寄存在山下各宾馆、旅社的小件寄存处。登山以穿布鞋、胶底鞋、旅游鞋为宜，切忌穿高跟皮鞋、塑料凉鞋。黄山的气温比平原低 10 ℃ 左右，同时太阳辐射较强，请备恰当的遮阳衣帽。黄山风大，夏季时有雷雨。不宜打伞，伞容易招风，不注意时会把人带下悬崖，这时雨衣便显得很重要了，挡风性能虽比不上棉衣，但比一般毛衣，夹克强得多。

（4）环境保护。在山区防火，特别重要，因为山上缺水，一旦失火无水可救。除规定的吸烟点外，不得在景区内其他地方吸烟，更不许使用明火。黄山的清洁工人可能要到悬崖上去捡垃圾，为了减少清洁工人的工作，请将纸张、胶袋捆扎后置于垃圾池中，以免被风吹落山崖。黄山风景区管理条例规定：禁止打猎，禁止猎杀一切飞禽走兽；也不准攀折花草、树木。如有违者，若被管理人员发现或被举报，轻则罚款处罚，重则追究法律责任。

二、自然景观讲解流程

步骤一：分析讲解内容。

自然景观，是指一切具有美学和科学价值，具有旅游吸引功能和游览观赏价值的自然旅游资源所构成的自然风光景象。简言之，自然景观就是大自然自身形成的自然风景，如山地景观、水体景观、动植物景观等。

步骤二：把握讲解要点。

讲解自然景观，要做到知识性、趣味性、科学性三者兼备。

（1）山水风光的形态特征，如山的雄、奇、秀、险，水的浩瀚、旷远，草原的广袤无垠，峡谷的曲折幽深，以及山水中的动植物特点等。下面是雪窦山导游词片段。

雪窦山，位于浙江奉化溪口镇西北，海拔 800 米，但"山不在高，有仙则名"。雪窦山虽无神仙驻足，但它山中有窦（洞），窦里涌泉，泉水如乳，色白如雪，故名雪窦。每逢春夏，大雨滂沱，泉水增多，泻入锦境池，形成高达近二百米的白雪瀑布，壮观无比。王安石曾作诗赞叹说："拔地万重青嶂立,悬空千丈素流分。共看玉女机丝挂,映日还成五色文。"山顶有座妙高台,旁临深谷,上接云天,古松遍植,妙不可言。山上还有始建唐代的雪窦寺,受几代皇帝敕谕加封,高僧辈出,为"天下禅宗十刹"之一。

(2)自然景点的内涵特征,包括山水形成的地质地理条件,蕴藏在景观中的神话传说、奇闻逸趣等。下面是长白山导游词片段。

长白山形成约200万年,因其主峰多白色浮石与积雪而得名,同时又是世界著名的休眠火山,主峰海拔2 691米。巍巍长白山不仅具有丰富的自然资源,而且具有世界第一流的自然景观,自然景观主要是由山地垂直景观和火山地貌景观所构成。长白山地势高峻,地形复杂,又濒临太平洋,在东亚季风控制下,形成了独特的自然环境。随着高度的递增,气候、土壤、生物发生着明显的变化,从山下到山上呈现出四个温带、寒带类型的景观带。

(3)自然景观的独特价值,如是否被列入世界遗产名录、属于哪一级自然保护区等。下面是山海关导游词片段。

游览山海关主要是参观东门镇远楼,也就是"天下第一关"。这座城门高约13米,分为上下两层,造型美观大方,雄壮威严。登上城楼,一边是碧波荡漾的大海,一边是蜿蜒连绵的万里长城,令人豪气顿生。楼西面上层檐下,悬有"天下第一关"匾额,是明代书法家萧显所写,笔画道劲雄厚,与城楼规制浑然一体。在山海关城楼附近,还建有长城博物馆,展出与山海关、长城有关的人文历史、军事活动情况和文物等。

三、自然景观观赏方法

(一)动态观赏和静态观赏

读文章或写文章,常讲到动态描写,那是指飞的云、流的水、人之举手投足等。旅游中我们也尽可以观赏这些自然景观变化的动态美,如花开花飞,鸟鸣水畅。另外,还有一种动态,那就是物不动而人动的动态,如坐在车上、船上、飞机上,望窗外、看岸边、俯大地,所有不动的大山、树木、建筑都会随着乘坐的旅游工具的动而动了起来,物换星移,哪怕是以步代车,也是移步换景,变化不断。

旅游中,选择一景观,停留在某一时空凝神观照,这便是相对于动态的静态观赏。

静态观赏要借助于观赏者的审美心理,静中有动。如坐着看山,山虽不动,但阳光投影,风吹草动,实则在"动";而心里想着山,其实这也是"动"。所谓"相看两不厌,唯有敬亭山""停车坐爱枫林晚,霜叶红于二月花",这种"不厌""红于花"都是静观而心动使然的。也就是说,静只是观赏者暂时的视角时空相对静止罢了,没有绝对的静。

(二)观赏距离

距离的不同,美感的效果不一样。如看泰山,远远望去,会生出高大巍峨壮美之感;若是近看,则难得到。再如蝴蝶,远看,只看到白的或花花的一点,未必美丽;若是近看,则能清楚看出它美丽的花纹、玲珑的肢体。所以,旅游观赏景观时,远看衣帽近看人,根据景观的特点和自己的美的需求,选取不同的距离方位,才能获得"横看成岭侧成峰,远近高低各不同"的美的效果。

不过,就美的自身来说,无论距离远近,都会有美的效应。作家梁衡在《追寻那遥远的美丽》中说:内心世界的审美和自然世界许多相通:遥远的东西是美的,因长距离留下想象的空间,如悠悠的远山,沉沉的夜空;朦胧的东西是美的,因它舍去了事物的粗糙的外表,抽象出了一个美的轮廓,如月光下的竹,灯影中的美人;短暂的东西是美的,因它截取最美的一瞬,如盛

2

开的鲜花,偶然的相遇;逝去的东西是美的,因为它留给永不在的惆怅,永远的回味,如童年的欢乐,如初恋的心跳。

这些文字虽然讲文学,讲心理,其实同旅游时审美是一致的。

总之,距离本身能美化一切。无论心理距离,还是时空距离,在旅游观赏中都有十分重要的作用。

(三) 观赏时机

观赏美景要掌握好时机,即掌握好季节、时间和气象的变化。清明踏青、重阳登高,春看兰花、夏赏荷花、秋赏红叶、冬观蜡梅等都是自然万物的时令变化规律造成的观景赏美活动。变幻莫测的气候景观是欣赏自然美景的一个重要内容。

举例

在泰山之巅观日出,在峨眉山顶观看佛光,在庐山小天池欣赏瀑布云,在蓬莱阁观赏海市蜃楼,这些都是因时间的流逝、光照的转换造成的美景,而观赏这些自然美景,就必须把握住稍纵即逝的观赏时机。

(四) 观赏节奏

观景赏美是为了让旅游者愉悦身心、获得享受,如果观赏速度太快,不仅使旅游者精疲力尽达不到观赏目的,还会损害他们的身心健康,甚至会影响旅游活动的顺利进行,因此导游要注意调节观赏节奏。

有张有弛,劳逸结合。导游要根据旅游团成员的实际情况安排有弹性的活动日程,努力使旅游审美活动既丰富多彩又张弛有致,让旅游者在轻松自然的活动中获得最大限度的美的享受。

有急有缓,快慢相宜。在审美活动中,导游要视具体情况把握好游览速度和导游讲解的节奏,哪儿该快、哪儿该慢、哪儿多讲、哪儿少讲甚至不讲,必须做到心中有数;对年轻人讲得快一点、走得快一点、活动多一点;对老年人则相反。如果旅游者的年龄相差悬殊、体质差异大,既要注意让年轻人的充沛精力有发挥的余地,又不使年老体弱者疲惫不堪。总之,观赏节奏要因人、因时、因地随时调整。

(五) 移情观赏

修辞学中有种通感的辞格,它是借人物感官相通移就感受的说法。而移情,不仅仅是生理感受之移,而且是情感之移,犹如我们常说的"情景交融",它是种审美原理。

"移情说"认为"你聚精会神地观察外物,便浑然忘记自己的存在,不久,你就和外物混同在一起了……你看到蔚蓝天空中的一只鸟,你自己也就变成了一只飞鸟"。杜甫的"感时花溅泪,恨别鸟惊心"就是典型的移情。花岂能流泪,鸟又怎知惊心?不过观赏者将自己心中的悲伤愁苦移到花、鸟身上罢了。

我们自己平时也有这种不自觉的体验,看见一个人会想起另外一个人,甚至和这个人握手交谈而把他当作心中想的那个人;看到已故老人的遗物,会自然想起遗物的主人等,这都是移情的心理。

旅游中的移情,常用三个步骤:

首先是入景。就是观赏景物时首先得全身心投入到景区之中。近代学者王国维在谈到诗歌创作时说:"诗人对宇宙人生须入乎其内,又须出乎其外……入乎其内,故有生气;出乎其外,故有穷致。"旅游的实践也完全相同于这诗歌的创造,观赏景观,若不入乎其内,看不出其美;若不出其外,移情寄兴,则不能脱俗、高致。

其次是择景。自然景观丰富多样,美不胜收。旅游者要得到最大的乐趣满足,必须依自己的审美心理、审美体验、选择与自己契合接近的景物,切不可随大流,盲目从众;否则,不仅得不到想得的,反而会生出厌倦、后悔。

最后是融景。像读书一样,汲取资讯、解读资讯,便是消融资讯。在凝神观赏择取过的景物中,暂时逃开日常的自我,抛开直接的功利,充分展开想象,将自己情感借助景物幻出第二个自我,创出第二个景致,进入到"神于物游,情于景协""故国神游"的境界。

移情观赏是旅游景观尤其是自然景观观赏的最高境界,导游可针对合适群体加以引导。

四、自然景观讲解示例

以黄山旅游风景区为例,黄山美景如图 2-24、图 2-25 所示。

步骤一:致欢迎词。

欢迎你们来到美丽如画的黄山风景区,我们现在已经到达黄山风景区的南大门汤口镇。出发之前,先由我为大家对黄山作一个简单介绍。

图 2-24　黄山日出

图 2-25　黄山云雾

2

　　黄山,位于中国安徽省南部,南北长约 40 千米,东西宽约 30 千米,属中国南岭山脉的一部分,全山面积约 1 200 平方千米。黄山山系中段,是黄山的精华部分,也就是我们要游览的黄山风景区,其面积约 154 平方千米。

　　接着,我给大家介绍一下黄山名称的历史由来。黄山在中国唐代以前叫黟山,黟就是黑黑的样子,因为山上岩石多而呈青黑,所以,古人就给它起名黟山。传说中华民族的先祖轩辕黄帝在完成中原统一大业、开创中华文明之后,来到这里采药炼丹,在温泉里洗澡,因而得道成仙。唐朝著名的皇帝唐明皇,在天宝六年(747 年)下了一道诏书,将黟山改名黄山,意思是,这座山是黄帝的山。从那以后,黄山这个名字就一直到现在。

　　朋友们,你们不远千里,甚至万里到这里,不就要亲眼看一看黄山的美吗?不就是要感受一次人生的快乐吗?"黄山归来不看岳",是的,黄山是绝美的,可说是天下奇山,能够登临它,亲眼欣赏它,确实是人生的一大乐事。

　　黄山的美呢,首先就美在它的奇峰。处处竞秀,峰峰称奇,各有特色,各具神韵。黄山奇峰到底有多少,还没有一个确切数字。历史上先后命名的有 36 大峰、36 小峰,近年又有 10 座名峰入选《黄山志》。这 80 多座山峰的高度绝大多数都在海拔千米以上,其中莲花峰最高(1 864米),光明顶次之(1 841 米),天都峰排行老三(1 829.5 米),这三大峰和风姿独秀的始信峰(1 683 米),是黄山的四峰,哪怕登上这四座奇峰中的其中一个,也算不虚此行了。

　　步骤二:山上讲解。

　　北海景区是黄山地质公园内最负盛名的风景集萃景区。景区内的许多景点都是令游人如痴如醉的名胜景观。景区内景点可达 26 处,主要有西海大峡谷、狮子峰、始信峰、贡阳山、丹霞峰、仙桃峰、石笋峰、光明顶、清凉台、飞来石、黑虎松、麒麟松、凤凰松、连理松等;可观景点 100多处,主要有笔架峰、上升峰、笔峰、石鼓峰、猴子观海、仙人晒靴、仙女打琴、天狗望月、武松打虎、丞相观棋、西海大峡谷中诸多景点等。

　　北海群峰荟萃,石门峰、贡阳山,都属海拔 1 800 米以上的高峰,形如屏障,隔开南北。东海门又名石门峰,在光明顶与棋石峰之间;西海门位于西海大峡谷东侧;西海大峡谷神秘莫测,峡谷西侧群峰峻峭,下临深壑,怪石奇松,云雾缥缈,气象万千;云门、石床、九龙诸峰,都在远眺之中;松林峰郁郁葱葱,松涛阵阵;丹霞峰赭色的峰壁上落照霞光,色彩斑斓。景区四周,炼丹、石门、贡阳、奇石诸峰,高大雄伟,唯海拔 1 690 米的狮子峰,却头东尾西地横卧在景区之中。始信峰虽不如天都、莲花峰高,也不在 36 大峰之列,但雄踞险壑,竖立如削,三面临壑,悬崖万丈;峰顶拳拳之地,近览远眺,面面受奇,古有"黄山之雄甲宇内,幽秀灵奇聚后海"之句,至此"始信黄山天下奇"。

　　步骤三:沿途讲解。

　　各位团友,游览完玉屏楼景区后,我们从玉屏楼往下走,没走几步便到了文殊洞。进洞后再顺着螺旋梯道向下走,就到了"蓬莱三岛"。你们看,这三座高低不齐的石峰很像传说中的海上三座仙岛,若在有云海的时候看,就更像了。

　　哦,眼前就是"一线天"了。这是一道峡谷,又深又窄,长约 50 米,两侧壁高 25 米,最宽处仅 2.2 米,最窄处不足半米,一个人还要侧身才能通过。从谷底抬头看天空,果然只能看到一线蓝天。

　　过完一线天,走过渡仙桥,穿过卧松涧,我们来到了蒲团石跟前。下方的岩壁上刻有"别有天""观止"等赞语。这里的右边是个大山谷,左边是个险峻的山崖,眼前的这座高峰就是著名的天都峰了。

天都峰海拔1 810米,是黄山的最险峰,民谚说:"不到天都峰,白跑一场空。"你们看,这陡峭的天梯左右,各有一块直立的石头,一个像是古装的仕女,另一个像是下拜的童子,这组巧石,像是神话里的"童子拜观音"。

登完约一千米险峻的天梯,我们来到天上玉屏,只见前面的石屏风上刻有"天上玉屏"四个字。大家朝我手指的方向看,先前看到的"松鼠跳天都"如今变成了两个犁尖在耕云犁雾。再往前就是有名的"鲫鱼背"了。

鲫鱼背是登天都峰的一段最险峭的石矼,长约20米,宽1米左右,两边是万丈深渊。若在茫茫的云海中走在上面,真像踩在一条露出水面的鲫鱼背上,跟着它在大海中游动呢。

过了鲫鱼背,连穿三个石洞,便登上天都峰顶。登天都峰确实很险,但是来到黄山不登天都峰又怎能领略到"无限风光在险峰"呢?

唐代诗僧岛云是有记载的最早登上天都峰的人,他留下了一首《登天都峰》的诗:"盘空千万仞,险若上丹梯。迥入天都里,回看鸟道低。"写出了天都峰的高峻和山道的奇险,也流露出他登上天都峰之后兴奋激动的心情。我看诸位现在也都很兴奋,似乎充满了"山登绝顶我为峰"的豪情。

步骤四:下山讲解。

现在,我们从天都新道下山,一直到半山寺。

朋友们,你们看天都峰的山腰上有块岩石像什么? 像只大公鸡,头昂向天门坎,正掀动翅膀在打鸣呢,这就是"金鸡叫天门",那崖壁上还有"空中闻鸡"四字。

从半山寺来到立马桥,我们站在桥头北望,可以看到青鸾峰千仞峭壁上的巨型摩崖石刻:"立马空东海,登高望太平"。每字边长6米,其中"平"字一竖长达9.4米,为唐式遵将军于1939年题写,由6名徽州石工悬系在千尺的峭壁上,用了大半年时间才镌刻成功。书法气势非凡,磅礴壮观,而且寓意深刻,不仅是对黄山胜景的高度艺术概括,更显示了在国家危难之时,扬我中华的豪迈气概。

从立马桥直下,就到了我们下山的目的地慈光阁,我们在这里稍作休息,然后继续我们下面的行程。

步骤五:致景点欢送词。

朋友们,我们的终点——黄山机场就要到了,导游我也要和各位说再见了,正像歌词所唱:说再见,再见就在眼前;道离别,离别不会太遥远! 在这里,我非常感谢大家对我工作的支持。短短的一天,大家给我留下了非常深刻的印象,谢谢大家带给我的快乐! 如果一路上有什么不足之处,还请大家多多谅解;希望大家能再次来我们黄山,欣赏我们的黄山美景,到时我再来给你们做导游,最后祝愿朋友们一路平安,合家欢乐,身体健康,万事顺意! 谢谢大家!

五、游客生病的处理和预防

(一)处理办法和步骤

旅途中,游客或会因旅途劳累、气候变化、水土不服或饮食起居不当等导致发生感冒、发烧、晕车、晕船、中暑等不适,这些属于一般疾病。一般疾病可以通过自身机体的调节、饮食的调节或服用药物逐渐消除。具体处理方法如下。

1. 晕车晕船

可以把晕车、晕船的游客安排在车、船中部平稳的位置,出发前提醒他们不要吃得过饱,上车后束紧腰带以减少内脏震荡,或在出发前半小时服用防晕药物。导游切记不能擅自给游客

事故及处理

用药。

2. 中暑

旅行团中如果有医生,请医生急救;若无医生,按下面步骤进行。

(1)立即将患者抬到通风阴凉处,使其仰卧并解开衣扣,松开或脱去衣服。

(2)用浸入冷水的毛巾敷患者的头部,并用凉毛巾给患者擦身或扇风,以便帮助病人快速降温。

(3)病情较重者,除用以上办法外,还可以用冰块敷其头部、腋下和腹股沟等处。

(4)对于虚脱昏迷的病人,可按压或针刺人中、十宣、水沟等穴位,并及时送医院抢救。

3. 淋雨

雨水中有很多细菌,如果过长时间淋雨,雨水中的细菌就会侵蚀到皮肤,可能引起红斑、丘疹,严重的可能出现水疱,甚至肿胀。如果游客在景区活动时,突然下雨,为了游客的身体健康,避免遭受雨淋而产生游客生病感冒的问题,导游要立即采取措施,迅速把游客带到景区或景点附近的商场或建筑物内避雨;也可赶紧与旅游车司机取得联系,让他尽快来接游客上车;如果观光游览刚开始,雨又下个不停,导游则可动员游客购买雨具或一次性雨衣,使得旅游活动照常进行。同时,导游也要学会一些在雨中讲解景点的本领,使游客在雨中也能得到美的享受。到了用餐时间导游员可与餐厅协商,给游客准备一些姜茶。晚上睡觉前一定要提醒游客洗个热水澡等等。露天旅游时,如果遇到雷雨天气,还应提醒游客注意避雷,不要在大树下、空旷的田野里停留。

4. 食物中毒

游客因食用变质或不干净的食物,常会发生食物中毒,其特点是潜伏期短,发病快,常集体发病,若抢救不及时,会有生命危险。一旦发现游客出现上吐下泻、腹痛等食物中毒症状,导游首先应立即让游客停止食用可疑食物,同时拨打120。在急救车到来之前,可采取以下自救措施。

(1)催吐:对中毒不久而无明显呕吐者,可以饮用5 000~8 000毫升的温清水,饮用后立即实行扣喉的催吐方法。催吐时要尽量避免逆行性呛咳,而且要尽量避免误吸;要尽量多催吐几次,使胃肠道内的呕吐物排出时尽量呈无色无味澄清状,以减少毒素的吸收。经过大量温水催吐后,呕吐物已变为较澄清液体时,可适量饮用牛奶以保护胃黏膜。如在呕吐物中发现血性液体,则提示可能出现了消化道或咽部出血,应暂时停止催吐。

(2)导泻:发生中毒后,如果游客进食时间已经超过2小时,但精神状态较好,此时可以选择导泻的方法,即服用泻药,促使受污染的食物尽快排出体外。泻药的种类和用量要根据患者的年龄不同而有所区别。

(3)保留食物样本:由于确定中毒物质对于治疗来说至关重要,因此在发生食物中毒后,要保留导致中毒的食物样本,以提供给医院进行检测如果身边没有食物样本,也可保留患者的呕吐物和排泄物,以方便医生确诊和救治。

(4)处理事故的同时也应及时将情况报告旅行社,并追究餐厅的责任。

(二)预防措施

(1)熟悉接待计划,了解团队成员基本状况,严格执行在旅游定点餐厅就餐的规定。

(2)根据每日行程,提醒游客选择合适的衣服。

(3)做好天气预报工作,提醒游客增减衣服、带雨具等;气候干燥的季节,提醒游客多喝水、多吃水果等。

（4）由于环境水土发生改变，提醒游客注意饮食差异。

（5）游客活动安排注意劳逸结合，快慢相宜，以防个别游客体力不支。

（6）提醒游客注意饮食卫生，如不要购买小摊小贩的东西、不喝生水和不洁的水等。

（7）用餐时，若发现食物、饮料不卫生，或有异味变质的情况，导游应立即要求更换，并要求餐厅负责人出面道歉，必要时向旅行社领导汇报。

（8）注意"察言观色"，如有游客不适，应及时了解情况，并采取相应措施。

六、游客购物要求的处理

（一）游客要求购买东西

在购物方面，旅游者往往会提出各种各样的特殊要求，导游应本着"游客至上"的原则，不怕麻烦，不图私利，设法予以满足。

1. 要求单独外出购物

游客要求单独外出购物时，导游要予以协助，当好购物参谋，如建议其去哪家商场购物，为其安排出租车并写便条让其带上（条上写明商店名称、地址和饭店名称）等。但在旅游团快离开本地时，导游要劝阻游客单独外出购物。

2. 要求再去商店购买相中的商品

游客在某家商店相中某一（贵重）商品，当时犹豫不决，回饭店后又下决心购买，要求导游协助时，一般情况下只要时间许可，导游可写个便条（上写商品名称和请售货员协助之类的话）让其租车前往该商店购买，也可陪同前往。

（二）建议保存发票

旅游者在商店购买了任何物品，尤其是贵重物品，导游要建议他们保存好发票，以便后面物品出现质量方面的问题时，可以凭发票及时退换。

（三）要求购买中药材、中成药

海外游客想购买中药材、中成药时，导游应告知我国海关的规定：入境旅客出境时，携带用外汇购买的、数量合理的中药材、中成药，需向海关交验盖有国家外汇管理局统一印制的"外汇购买专用章"的发货票，超出自用合理数量范围的不准带出。

知识拓展　著名自然景观优秀导游词欣赏

1. 杭州三潭印月

步骤一：致欢迎词。

来杭州之前，您一定听说过"上有天堂，下有苏杭"这句名言吧！其实，把杭州比喻成人间天堂，在很大程度上是因为有了西湖。千百年来，西湖风景有着经久不衰的魅力，她的风姿情影，令人一见钟情，就连唐朝大诗人白居易离开杭州时还念念不忘西湖，"未能抛得杭州去，一半勾留是此湖"。诗人说他之所以舍不得离开杭州，其主要原因就是因为杭州有一个美丽迷人的西湖。"天下西湖三十六，就中最好是杭州"啊！

步骤二：介绍概况。

朋友们，这里是岳王庙（图2-26），下面就随我一起从岳庙码头乘船去游览西湖。在船未启动之前，我先来介绍一下西湖的概况：西湖位于杭州城西，三面环山，东面濒临市区，南北长约3.2千米，东西宽约2.8千米，绕湖一周近15千米。面积约5.68平方千米，包括湖中岛屿为6.3平方千米，平均水深1.55米，最深处在2.8米左右，最浅处不足1米，蓄水量在850万到870万立方米之间。苏堤和白堤将湖面分成外湖、北里湖、西里湖、岳湖和小南湖五个部分。西湖处处有胜景,历史上除有"钱塘十景""西湖十八景"之外,最著名的是南宋定名的"西湖十景":苏堤春晓、曲院风荷、平湖秋月、断桥残雪、花港观鱼、南屏晚钟、双峰插云、雷峰夕照、三潭印月(图2-27)、柳浪闻莺。如果每个景用一个字来描述,它们是:春夏秋冬花,晚云夕月柳。这点出了无论春夏秋冬,无论明暗晨昏,西湖胜景时时皆有,处处都在的特色。1985年又评出了"新西湖十景"。在以西湖为中心的60平方千米的园林风景区内,主要风景名胜有40多处,重点文物古迹有30多处。概括起来西湖风景主要以一湖、二峰、三泉、四寺、五山、六园、七洞、八墓、九溪、十景为胜。1982年11月8日,国务院将西湖列为第一批国家重点风景名胜之一。1985年,在"中国十大风景名胜"评选中,西湖被评为第三。

图 2-26　岳王庙

图 2-27　三潭印月

步骤三:景点内容讲解。

我们的船已缓缓启动了,我先把整个游湖的行程简单地介绍一下:环湖一周的景点有一山和二堤。一山指的是孤山,孤山景区的名胜古迹多达30处,沿湖所能欣赏到的有西泠桥、秋瑾墓、西泠印社、楼外楼、中山公园等。孤山之后是白堤,起自平湖秋月,终于断桥残雪,桥后还有著名的宝石流霞等景观。欣赏完沿湖景色,我们再去湖中三岛,游船最后将在苏堤靠岸。

现在船正在自西向东行驶,各位看到的是孤山一带的景色。孤山西接西泠桥,东连白堤,海拔35米,占地面积20万平方米。孤山景色在唐宋年间就已闻名,南宋理宗曾在此兴建规模宏大的西太乙宫,把大半座孤山划为御花园。清朝康熙皇帝又在此建造行宫,雍正皇帝改行宫为圣因寺,与当时的灵隐寺、净慈寺、照庆寺并称"西湖四大丛林"。或许有的朋友要问:孤山既是西湖中最大的岛屿,为什么要取名"孤山"呢?这是因为历史上此山风景特别优美,一直被称为孤家寡人皇帝所占有,所以被称为孤山。从地质学上讲,孤山是由火山喷出的流纹岩组成的,整个岛是和陆地连在一起的,所以"孤山不孤,断桥不断,长桥不长"被称为西湖三绝。

2. 澳门环岛游导游词

步骤一:致欢迎词。

各位朋友大家好,我是你们的导游小张,非常欢迎你们来到世界著名的中国澳门(图2-28)!今天我们进行的旅游项目是澳门环岛游。澳门环岛游是珠海的一项传统旅游项目,除九洲港以外,在香洲码头和湾仔码头均可参加这一旅游项目。在接下来的时间里将由我为各位提供导游讲解服务,我一定会尽力安排好各位的行程,使大家在这次旅游活动中感到开心愉快。好,下面就请大家随我一起去游览。

步骤二:景点讲解。

各位游客,现在我们的船已离开了珠海九洲港码头,向澳门方向行驶。

请大家看,船的左边有一座小岛是珠海有名的九洲岛,极目远眺,隔水相望的便是深圳和香港,从这里乘船一小时左右就可以到达深圳和香港了。请大家再看,船的右边有一条蜿蜒曲折的路,像一条绿色的飘带,这便是珠海市有名的情侣路。情侣路北边一带,高楼林立、车水马龙,这便是珠海的拱北,全国第二大口岸珠海拱北口岸就坐落在珠澳相接的地方,从这里入关,10分钟就可以抵达澳门。

下面我简单地介绍一下澳门的历史文化情况。

澳门包括澳门半岛和冰仔岛、路环岛两个岛屿。从17世纪开始填海,在1989年时澳门面积约21平方千米,现在澳门的总面积达27平方千米。

澳门坐落在中国的南海之滨。有人说她像一个烛台:"镜海红灯,永照今古"。有人说她像一朵莲花:"三面云山四面楼,帆樯出没绕濠河。海上仙山何处是,并蒂莲花开青州。"

图 2-28 澳门

澳门古称"青州",澳门的意思是可以泊船,故也有香山澳之称。

澳门有两个门:一个是山门,另一个是水门。有歌曰:"澳门!澳门!山如门,水如门,好一座中国的南大门,中国对外开放的第一门。"16世纪初,澳门还是一个小渔村,最早的小渔港在妈祖庙这一带。当时,葡萄牙人以登陆晒货为名,在此居住进行贸易。1849年鸦片战争后,葡萄牙先后占领了澳门半岛、冰仔岛、路环岛。1999年12月20日澳门回归祖国。

游客们,像彩虹一样横亘于我们面前的这座桥叫友谊大桥,它建于1994年,全长4.5千米,高30米,宽19.3米,桥的右边是澳门的中心区,也是澳门的娱乐中心、金融中心、商业中心和旅游中心。现在我们正要通过的这座桥叫澳冰大桥,它于1997年10月建成通车,全长2.5千米,高35米,宽9.3米。

屹立在我们前方的是澳门新的标志性建筑——澳门观光塔,它经过三年建设,于2001年年底竣工。澳门观光塔集观光、会议、娱乐于一体,塔高338米,是全球十大观光塔之一。

澳门的每个建筑、每个街道、拐角都有南粤情怀、西葡风情。人们说,澳门是专为徒步浏览者设计的城市,到处都有很多"小城故事"。2005年澳门城市古街被列入世界文化遗产。

人们对澳门风情总结了八条,大家看贴切不贴切:

烧香观音庙,悠然见教堂。妈阁紫烟里,天主十字长。三巴传西学,松塔照东航。建筑留文脉,陶然博物馆。

步骤三:结束语。

各位游客,我今天的讲解到此结束,希望我的讲解能让大家进一步了解澳门,不详尽的地方也请大家海涵,谢谢各位的光临。好了,现在请大家带好随身物品,准备下船了,最后请大家注意安全,祝大家返程平安,谢谢。

思考题

1. 导游讲解有助于游客更充分地了解景区,在讲解词撰写中需要注意哪些问题?
2. 不少导游在讲解人文景点时,喜欢谈论一些迷信鬼怪故事,你对此如何看待?
3. 在引导游客在自然景点观赏时,需要注意些什么?

项目三　地陪导游服务

○ **素养目标**

1. 培养洞察力与判断力，提高应急处理能力。

2. 培养以人为本的精神。

○ **能力目标**

1. 能灵活运用相关知识合理安排地陪导游服务的流程。

2. 能说出各种类型游客的特征，做好个性化服务。

3. 能及时处理游客意见和建议，预防及处理旅游事故。

地陪又称地方陪同导游或者地接，是受当地接待旅行社委派或聘用，代表当地接待旅行社执行组团社接待计划，提供当地导游服务的人员。 地陪是旅游计划的具体执行者，对确保旅游计划的顺利落实起着关键作用。 地陪的服务程序是指从地陪接到旅行社下达的旅游团接待任务起，到旅游团离开本地并完成善后工作为止的工作程序。

任务一 团队一日游地陪导游服务

本任务选择浙江杭州为一日游旅游目的地和案例地,结合相关参与人员的意见,制订以下一日游的地陪活动计划。

【案例】

杭州一日游带团计划书

1. 旅游项目安排

旅游行程:

早上 7:00 在杭州市区接游客,然后游览西湖三潭印月(含上岛费)、岳王庙、虎跑、龙井问茶。中餐后赴千年古刹——灵隐寺、飞来峰(灵隐寺香火券自理)祈福,游览黄龙吐翠景区,适时结束旅程送团。

购物安排:

自愿购物,绝不强迫。

2. 跟团游服务项目介绍

(1) 空调旅游车。

(2) 景点首道门票。

(3) 旅行社责任险。

(4) 优秀导游(王××)服务。

(5) 儿童只含车位费,门票餐费均自理。

(6) 餐费自理。

3. 预订须知

至少提前一天预订,市区内提供免费上门接。

4. 温馨提示

(1) 购票前请仔细阅读本行程内容,行程内的时间安排仅供参考,若受交通、气候、当地接待容量等因素影响,我社将根据实际情况调整游览行程,但不减少景点,届时敬请各位游客谅解。

(2) 出门在外,安全第一!请您不要在行车途中随意走动,保管好您的随身物品;请您关照好自己随行的老人和儿童;请您不要自行参加行程以外的具有一定危险的活动(如游泳、攀岩等);请您不要食用无证摊贩等出售的食品。

(3) 您请在购票时留下您的联系方式,如有特殊情况,便于我们能及时和您联系,我们将妥善保管您的个人信息,不作他用。

(4) 杭州市区上门接,根据客人住宿位置不同,早上接客的时间也不同。

思考与讨论:

一日游,似乎时间太短,内容不多,不值一说,但一日游地陪往往肩负讲解重任,你能否从旅游的本质特点出发,分析下怎么做好地陪讲解工作。

点评：

　　一日游是旅游产品的"小品""精品"。它虽然时间短，来去不足 24 小时，但它却是"麻雀虽小，五脏俱全"，也含接送，也有讲解等，而且更紧凑，计划更周密。所以讲解时切忌泛泛介绍，停留在表面，而要做到"人无我有、人有我精"的介绍，适当拓展、延伸、比较。例如，到了虎跑寺，可补上弘一法师在此出家剃度的内容。游览灵隐寺，坐到寺前的冷泉亭小憩，望着身边的飞来峰，品评亭联，说点相关传闻逸事，更是既可消乏，也多了点文化味，会有一日胜过十日游之效。

一、服务准备

（一）对旅游目的地概况总体了解

　　作为地陪人员，应不同于景点讲解员只负责对具体景点的介绍，而要对目的地有所了解并向游客概括性地介绍，尤其是对旅游城市或地区自然、历史、文化、民俗等方面，给游客留下一个对旅游目的地的总体印象。

举例

　　杭州风景优美，素有"人间天堂"之称。美丽西湖依城而栖，苍翠群山抱城而居，京杭运河穿城而过，汹涌钱江划城而出。三面云山一面城，江河湖山共交融；春夏秋冬各有景色，阴晴雨雪别有情致。唐代大诗人白居易说："江南忆，最忆是杭州。"公元 13 世纪，意大利旅行家马可·波罗在游记中赞叹杭州为"世界上最美丽华贵之城"。邓小平同志也曾经说："像杭州这样的风景旅游城市在世界上可是不多的，要把杭州的旅游业好好发展起来。"经过连续几年的综合保护，西湖更加璀璨夺目，再现了 300 年前"一湖映双塔、湖中镶三岛、三堤凌碧波"的风貌。2004 年 5 月 1 日建成开放的杭州西溪国家湿地公园成为全国首个国家湿地公园。作为国务院命名的全国四大重点风景旅游城市之一，旅游业是杭州的比较优势和核心竞争力所在，是杭州最具独特性、差异性的优势产业之一。

（二）对游客的进一步了解

　　地陪导游会面对不同地区、不同职业的游客，在带团前应做好对游客的针对性了解，具体信息可以问旅行社计调人员或者该团队的销售人员，以便更好地在就餐、讲解等方面做好个性化服务，在欢迎词中可以有所体现。

举例

　　有位导游在接待医生团时的欢迎词是这样的："各位早上好！我叫张×，是××旅行社的导游。十分荣幸能为各位服务。各位大都是医生吧？在我看来医生是社会最好的职业。我一出生，就对医生有特别的感情，因为我是难产儿，多亏了医生我才得以'死里逃生'。今天的旅游节目是这样为大家安排的，首先游览西湖、灵隐寺，然后去参观一家中医院。如果还有时间我想请大家增加一个特别节目，就是为我诊断一下，为什么我老是容易感冒。谢谢！"

（三）各景点游览事项提前了解

　　地陪应提前明确景点游客接待量，在某一景点某一时间段游客量过大，排队时间较长的情况下，征求游客书面同意后，可根据具体情况灵活调整行程顺序。

二、迎接服务

迎接服务是地陪和旅游者的初次接触，这一阶段的工作直接影响着以后接待工作的顺利进行。因此，地陪应使旅游团在迎接地点得到及时、热情、友好的接待，了解在当地参观游览活动的概况。

（一）旅游团抵达前的工作安排

1. 确认旅游团所乘交通工具抵达的准确时间

地陪从旅行社出发之前，要利用相关的手机 APP 或者与机场（车站、码头）的问讯处联系，问清旅游团所乘的飞机（火车、轮船）到达的准确时间（一般情况下应在飞机抵达的预定时间前两小时，火车、轮船预定到达时间前一小时询问）。

2. 与旅游车司机联络

地陪要提前一天与为该团在本地提供交通服务的司机联系，告知司机该团活动基本日程和具体接团时间和地点，并确保其提前半小时抵达机场（车站、码头）。

3. 再次核实旅游团抵达的准确时间

地陪提前抵达机场（车站、码头）后，要再次核实该旅游团所乘航班（车次、船次）抵达的准确时间。

4. 持接站标志迎候旅游团

旅游团所乘交通工具抵达后，地陪应持接站牌，上面一般书写领队或者全陪的姓名，站在机场、火车站的出口处醒目的位置迎接旅游团。若接小型旅游团或无领队、全陪的旅游团时要写上旅游团队负责人的姓名。

（二）旅游团抵达后的服务

1. 认找旅游团

旅游团出站后，地陪应尽快找到自己的旅游团。地陪站在明显的位置上，举起接站牌以便领队、全陪（或旅游团队）前来联系。同时，地陪也可以从出站旅游者的民族特征、衣着、人数、组团社的社旗等来分析、判断或上前委婉询问，主动认找自己的旅游团。

如该团有领队或全陪时，地陪应及时与领队、全陪接洽，问清该团的客源地组团社的名称、领队及全陪姓名等，并与领队、全陪互换名片，互致问候。

如该团无领队和全陪，应与该团成员逐一核对国别（或地区）及团员姓名等，以上情况无任何出入时才能确定是自己应接的旅游团。

2. 核实实到人数

地陪接到旅游团后，应及时向领队、全陪核实人数，在无领队（全陪）时应认真对照名单清点人数。如出现与计划不符的情况，要及时通知当地旅行社。

3. 集中清点行李

在核实实到人数之后，地陪和司机应协助本团旅游者将行李集中放在指定位置，提醒旅游者检查行李是否完好无损，然后与领队、全陪、游客共同清点行李。

4. 集合登车

（1）地陪提醒旅游者带齐随身物品，引导旅游者前往乘车处，并给客人必要的帮助。客人上车时，地陪站在车门旁，搀扶或协助老弱客人上车。

（2）客人坐稳后，检查一下行李架上的物品是否放稳。禁止儿童坐在第一排。

（3）用目测或点头（切忌手指）的方法礼貌地清点人数，客人到齐坐稳后请司机开车。

（三）转移途中的服务

从机场（车站、码头）到下榻饭店的过程叫转移。在转移过程中的工作是给旅游者留下良好第一印象的重要环节，导游不能掉以轻心。

旅游团初到旅游地，人地两生，难免拘谨，真挚热情的欢迎词能够缓解这种氛围。一般要在游客已经在旅游车上入座、即将出发前往下榻地或旅游景点时向游客致欢迎词。致欢迎词时，地陪应采取面向旅游者的站立姿势，位置应选在车厢前部靠近司机、使全体旅游者都能看到的地方。此时，游客可能会出现两种状态：其一是游客刚刚抵达旅游地，精神比较亢奋，希望马上了解旅游地的情况；其二是游客经过长途旅行，身体比较疲惫，希望能够在车行途中稍事休息。无论是哪一种情况，游客虽然对导游存在一定的新鲜感，但都不会将导游作为主要的欣赏对象。因此，导游致欢迎词时间不能太长，话不宜多说，点到为止，只要能够让游客体会到自己的欢迎之情就可以了。一般来说，致欢迎词的时间要控制在五分钟左右。

欢迎词的内容应视旅游团的性质及其成员的文化水平、年龄、职业及居住地区等情况而有所不同，用词要恰当，给客人亲切、热情、可信之感。一般应包括以下内容。

（1）代表所在接待社、本人及司机欢迎客人光临本地。

（2）介绍自己的姓名及所属单位，以及个人的联系方式（手机号码、微信号等）。

（3）介绍司机和车牌号码。

（4）表示提供服务的诚挚愿望。

（5）预祝旅游愉快、顺利。

举例

各位游客朋友，大家好！欢迎各位来到风景秀美、气候宜人、美食成堆、美女如云、帅哥成林（因游客年龄自由添加）的历史文化名城长沙，俗话说得好："百年修得同船渡，千年修得共枕眠"，现在流行的说法就是"百年修得同车行"，我们大家今天在同一辆车里可是百年才修来的缘分呐，小×真是深感荣幸啊，中国还有句话说要"活到老学到老"，那来到了长沙呢，首先我们也要学习一下"三个代表"啊。第一，我谨代表长沙人民对各位远道而来的客人表示热烈的欢迎；第二，我谨代表××旅游公司全体员工欢迎大家参加本次快乐之旅，欢迎，欢迎，热烈欢迎；第三，我做个简单的介绍，我呢，是来自×旅游公司的一名导游员，也是大家这次长沙之行的地陪导游，我的名字是周×，大家可以叫我小周或者周导，只要让我知道你们是在叫我就可以了啊。接下来呢，我要为大家隆重地介绍一下在我们本次旅游中占有绝对重要位置的人，那就是为我们保驾护航的司机师傅×师傅，我们业内有这样的说法，司机到了吉林是急着开，到了蒙古是猛开，到了上海是胡开，那有没有人能想到来了我们长沙是怎么开啊？还是我来揭开谜底吧，我们长沙的师傅呢，比较特殊，他们是在"黑白两道"都能开，为什么这样说呢？那就要说到我们长沙的气候了，"春有百花秋有月，夏有凉风冬有雪"，这就是我们长沙的气候特征，四季分明，春、夏、秋三季的道路一般是黑色的，到了冬季一下雪，道路就变成白色了，所以我们的师傅"黑白两道"都混得很熟的，所以大家对我们这几天的行车安全尽可以放心。

三、漏接事故

漏接是指旅游团抵达机场、车站，没有导游迎接的现象。这会造成旅游团原地滞留、活动受阻、影响行程等一系列麻烦。

（一）漏接的预防

1. 认真审阅接待计划

导游接站前，一定要详细审阅接待计划，问清是否有计划外通知。

2. 做到三核实

导游接站前要与机场、车站联系，最好与上一站接待旅行社联系，做好计划时间、时刻表时间、问询时间三核实，还要核实确切的接站地点。

3. 提前到达接站地

导游提前半小时到达接站地点。

4. 醒目位置，举牌接团

导游要站在醒目位置，举接站牌迎接旅游团。

（二）漏接的处理

1. 认真对待

得知旅游团已抵达，导游必须立即赶去与旅游团会合，实事求是地说明情况，诚恳地赔礼道歉，以求旅游者谅解。如果是外来因素造成的漏接，地陪要认真解释，消除误解。

2. 提供高质量的服务

导游应更加热情周到地为旅游者服务，更精彩地进行导游讲解，高质量地完成旅游接待任务，尽快消除旅游者因漏接造成的不愉快。

3. 支付必要费用

当旅游者因等不到导游而乘坐出租车前往下榻的饭店时，导游应主动支付相应的费用。

四、就餐服务

用餐前，地陪应提前确认团队计划是否含餐，并与游客确认用餐时间。后引导旅游者进餐厅入座，介绍餐厅的有关设施、菜肴特色、酒水的类别等；领队、地陪、全陪协商用餐后的出发时间。

用餐过程中，地陪一般要到餐厅巡视一两次，等到客人上菜有序正常后方可离开，解答旅游者在用餐中提出的问题，监督、检查餐厅是否按标准提供服务并解决出现的问题，如果遇到上菜过慢，要与酒店沟通，敦促加快上菜速度。

用餐后，地陪应按实际用餐人数、标准、饮用酒水数量，与餐厅签字结账或现金结算。在此过程中要注意一般导游和司机不与客人同桌就餐，而是与领队、全陪、司机共进司陪餐。

举例

2023年5月1日，某旅行社组织旅游者前往昆明旅游。一天，导游带领大家去本地一家旅游定点饭店用午餐，用餐结束后继续游览，当游览活动进行到一半时，有人出现不良反应，几十分钟后，恶心、呕吐的人越来越多。导游立即让司机开车将旅游团成员送到医院，对出现不良反应的旅游者进行紧急治疗。经医院抢救后，有症状的旅游者全部脱离危险。经查，导致这次事故的主要原因是午餐食物中毒引起。饭店经理得到消息后，及时赶到医院探望旅游者，并垫付了部分医疗费。旅游团向旅游行政管理部门提出由于中毒事件导致没有完成全部行程，组团的旅行社也退还部分旅游费并赔偿旅客损失。

分析：本案是一起因饭店食品引发食物中毒造成旅游者人身损害的案例。本案中造成食物中毒的医疗费用应由饭店承担，如果旅行社先行负担，则可以向饭店追偿，旅行社还应退还部分旅游费用。事件发生后,造成食物中毒的饭店作出赔偿,旅行社也退还了部分旅游费。

在旅游过程中,旅游者享有保持其身心健康的权利,旅行社及其他接待单位应该避免发生可能危害旅游者身心健康的事情。旅游者在用餐、购物、游览、住宿等过程中,身体都有可能受到危害,这些危害一方面来源于旅游者自身,如旅游者违反交通法规,或不听从导游劝告进入警示区;另一方面则是旅行社及其他接待单位的行为所致,如食物中毒。经营餐饮活动的饭店有提供符合国家卫生规定的卫生条件和卫生服务的义务,尤其是一些旅游定点饭店,由于涉及各地的旅游者,因此在卫生方面的要求应该更严格一些。相反,饭店如果有造成旅游者身体损害的行为,则要承担赔偿责任。根据《中华人民共和国食品卫生法》第48条规定:"违反本法规定,造成食物中毒事故或者其他食源性疾患的,或者因其他违反本法行为给他人造成损害的,应当依法承担民事赔偿责任。"所以,饭店的赔偿是符合法律规定的。

举例

小李带一个两日游的团到北京旅游。第一天中午用完餐后,客人提出晚餐要品尝北京烤鸭。于是,小李及时给原定的餐厅打电话取消了预订,并在风味餐厅预订了晚餐。当客人到了餐厅后,小李告诉客人,品尝风味烤鸭的用餐标准比客人协议上的用餐标准每人要高出20元,这时有些客人觉得贵不想再吃烤鸭了,要求退餐。小李非常着急,因为如果客人真的取消这顿餐的话,饭店会要求他们赔偿的。最后,小李费了半个多小时才说服了游客,勉强吃了这顿烤鸭。但是游客很不满,小李也感觉很窝火,真是费力不讨好啊!

分析:在本案例中,导游小李忽视了一个细节,在旅游者换餐前,没有和旅游者提前讲明餐费差价自理,结果出现麻烦。在带团过程中,旅游者提出换餐时,一定要注意告诉游客,多出来的餐费自理,游客同意后,然后再订餐,否则就会引起不必要的纠纷。

导游带团过程中经常遇到游客提出换餐的要求,针对这种情况导游应该根据不同的情况作出不同的处理。但总的处理原则是:积极协助,差价自理。

(1)首先要看是否有充足的时间换餐,如果旅游团在用餐前三个小时提出换餐要求,地陪应尽量与餐厅联系,但需事先向旅游者讲清楚,如能换妥,差价由旅游者自负。

(2)如果是在接近用餐时间或到餐厅后提出换餐要求,应视情况而定,若该餐厅有该项服务,地陪应协助解决;如果情况复杂,餐厅又没有此项服务,一般不应接受此类要求,但应向旅游者做好解释工作。

(3)若旅游者仍坚持换餐,地陪可建议其到其他餐厅自己点菜或单独用餐,费用自理并告知原餐费不退。

五、车上讲解

(1)介绍游玩目的地,车上安全提示,途中正常行驶2个小时停车一次(如有临时需要,请提前告知),和客人核对行程单。

(2)介绍出发地到目的地的车程及景点。

(3)提醒注意事项(目的地的情况,购物,推荐自费,人身安全)。

(4)讲解的时间以约为全程时间的40%为宜。

(5)组织活动。可以先判断每个人的心理和状态再决定是否组织活动。

车上讲解

六、游览服务

（一）导游和游客之间核对行程计划

旅游团抵达后，地陪应把旅行社有关部门已经安排好的活动日程与领队、全陪一起核对、商定，征求他们的意见。这样做，一则表明对领队、全陪、旅游者的尊重；二则旅游者也有权审核活动计划，并提出修改意见；同时，可利用商谈机会了解旅游者的兴趣、要求。所以说，核对、商定日程是做好接待工作的重要环节，也是地陪和领队、全陪之间合作的序曲。日程一经商定，须及时通知每一位旅游者各方面都应遵守。

1. 核实、商定日程的时间、地点和对象

商定日程的时间宜在旅游团抵达的当天，最好是在游览开始前进行。对一般观光旅游团，甚至可在首次沿途导游过程中，在宣布本地游览项目时用最短的时间确定日程安排；也可在旅游团进入饭店，待一切安排完毕后再进行；对重点团、学术团、专业团、考察团，则应较慎重地在旅游团到达饭店后进行。

商谈日程的地点可因地制宜，一般在饭店的大堂，有时也可在旅游车上，如果是重点团、记者团、专业团、考察团，必要时可租用饭店会议室。商谈日程的对象，可视旅游团的性质而定，对一般旅游团可与领队商谈，也可由领队请团内有名望的人参加，如旅游团没有领队，可与全团成员一起商谈；对于重点团、专业团、记者团，除领队外，还应请团内其他有关负责人参加。

2. 商谈日程的原则

商谈日程时，必须遵循的原则有：宾客至上、服务至上的原则；主随客便的原则；合理而可能的原则；平等协商的原则。日程安排既要符合大多数旅游者的意愿，又不宜对已定的日程安排作大的变动，因为变动过大，可能会涉及其他部门的工作安排。

在核对、商定日程时，对游客提出的不同情况应采取相应的措施。如果对方提出修改意见或增加新的游览任务，地陪应及时向旅行社有关部门反映，对合理且可能的要求应尽力予以满足；对无法满足的要求，要做详细解释、耐心说服工作；如需增收费用，地陪应事先向领队或旅游者说明，并按规定的标准收取；如果对方提出的要求与原日程不符且涉及接待规格，作为地陪一般应婉言拒绝，并说明我方不便单方面违反合同。有领队提出时，地陪必须请示旅行社有关领导，根据领导指示而定。

举例

小张担任一东南亚旅游团的地陪。旅游团到了饭店后，小张就和领队商谈日程安排。在商谈过程中，小张发现领队手中计划表上的游览点与自己接待任务书上所确定的游览景点不一致，领队的计划表上多了两个景点，且坚持要按他手上的景点来安排行程。为了让领队和游客没有意见，小张答应了。在游览结束后，领队和游客较满意。但小张回旅行社报账时却被经理狠狠批评了一顿，并责令他赔偿这两个景点的门票费用。

旅行社所下达任务单上游览景点与游客手中计划书上景点不符这种情况的出现，基本上有两种原因：一是双方在洽谈过程中发生误会；二是对方旅行社为掩盖其克扣游客费用而采取的一种"瞒天过海"的手段。导游碰到这类问题时，必须弄清真相，不然会给旅行社带来损失，或导致游客有意见。本案例中，导游小张就是因自作主张随意答应了游客的要求，结果导致旅行社利益受损，吃力不讨好。

导游碰到这类问题,处理的步骤是:首先,应及时与旅行社联系,请旅行社负责人指示应按哪份计划实施接待,如确认按我方旅行社计划单上所规定景点游览,则除了重点游览、讲解规定景点外,应尽量能让游客看到没有安排的那些景点,并作必要的指点、讲解;其次,如果游客愿意自费游览不能安排的景点,在收取费用后,应予满足。

(二)地陪与全陪、司机关系的处理

地陪、全陪和司机是一个服务整体,三人要在导游服务过程中及时商量工作的进展、细节,以及处理可能出现的问题。一个旅游团队对于旅游好坏的感受,很大程度上取决于这个服务集体的合作情况。

在这三人中地陪要占主导地位,全陪和司机应全力进行配合。但实际情况往往并不是这样,尤其对新导游来讲,有时候全陪依仗组团社的名义对地陪服务的各个方面指指点点,不愿意配合地陪的工作,而司机有时也因为赚不到钱发牢骚,甚至与游客或导游发生争执。这些问题都需要地陪从中协调,从而努力创造一个相对和谐的合作气氛。新导游在谈话技巧和为人处世方面可能还不够成熟,但只要向对方表现出足够的诚意和耐心,相信无理取闹的人还是非常少的。作为地陪来讲,对全陪要主动争取配合,及时沟通信息;对司机要做到互相尊重、互相谅解。

七、后续服务

步骤一:送别。

在去机场(车站、码头)途中,地陪应向全体旅游者致欢送词。致欢送词可以加深与旅游者之间的感情,致欢迎词时语气应该真挚、富有感情。欢送词的内容一般应包括:回顾旅游活动,感谢大家的合作;表达友谊和惜别之情;诚恳征求旅游者对接待工作的意见和建议,若旅游活动中有不顺利或旅游服务中有不尽如人意之处,导游可借此机会再次向旅游者赔礼道歉;期待与旅游者的再次相逢;表达美好的祝愿。

举例

重庆一位导游员在送别一个日本东京汉诗研究团队时所致的欢送词是:"两天来,由于各位的盛情和通力合作,我们在重庆的游览就要圆满结束了。在此,谨向各位表示深深的谢意!重庆和东京相距虽远,但我们两个国家却只不过是一水之隔。我们两国是一衣带水的友好邻邦。我唯一的遗憾是不能按照你们日本古老的风俗,给你们一束彩色的纸带,一头在你们手里,另一头在我们手里,船开了,纸带一分两半,但却留下不尽的思念。虽然没有这种有形的纸带,但却有一条无形的彩带,那就是友谊的纽带。虽然看不见,摸不着,我却感受得到它已经存在两千多年了。当年唐代诗人李白从这里去三峡的时候,有感于亲友不能登舟随行,写下了'仍怜故乡水,万里送行舟'的诗句。我也不能登舟随各位远行,就让我的故乡水——长江水,送各位去三峡,经武汉、上海,回东京好了。中国有句古话说:'物唯求新,人唯求旧',东西是新的好,朋友还是老的好。这次我们是新知,下次各位有机会再来重庆,我们就是故交了。祝各位万事如意,健康幸福,一路顺风!谢谢大家!"

步骤二:填写游客意见反馈表。

地陪在送走团队之际,可以在车上或其他合适时机,按照公司规定邀请部分游客填写意见书或意见反馈表,并且把该意见书带回到所委派旅行社,作为自身工作水平考核的凭证,当然

同时也作为旅行社提高服务质量的一手材料。

步骤三：公司报账。

地陪应按照旅行社的要求，填写清楚有关接待和财务结算表，连同保留的各种单据、接待计划、活动日程表等按规定上交有关人员存档，并到财务部门结清账目。

步骤四：总结工作。

下团后，地陪要写"陪同小结"。"陪同小结"的内容主要包括旅游团基本情况，协作部门及其接待情况，旅游者的表现、反应与意见，工作经验与教训以及工作建议等。

地陪在填写"陪同小结"时，要实事求是地汇报接团情况，有关意见和建议，要力求引用原话，并注明旅游者的身份。旅游中若发生突发情况，要整理成文字材料向接待社和组团社汇报。

知识拓展　马鞍山赋

浩浩长江，滔滔奔涌；巍巍天门，訇訇开崩。江至此而结穴，山因之而断分。卧钟山之南，据庐州之东，立铜都之北，位扬子之滨。长江三大角，江东第一城。掀开历史篇章，拂去岁月风尘：年轻古老，浑厚文明；一江分两岸，三县拱一城。

和县猿人，距今数万年岁月；烟墩墓葬，远古五千载尘封。两千年前，始皇南巡，牛渚惊醒，渚因帝而声起；三百年后，霸王东望，马鞍幻变，地缘山而得名。

临江采石，扼守要冲，自古多战，双方必争。三国孙策打败樊能，南宋若水架桥江心；虞允文智胜完颜亮，曾国藩力战太平军。几十次大小战役，数千年功过烟云。沉沉史册，卷卷汗青。

狼烟既息，文明犹存。广济寺千年古刹，太白楼八面迎风。诗仙青山留仙骨，草圣画魂伴诗魂。赤乌井，捉月台，褒禅山，陋室铭。三国朱然墓，东汉霸王亭。昭明苦读遗慈竹，伯牙钟村遇子期。李清照乌江千古存绝唱，伍子胥昭关七日白发生。

物华天宝，人杰地灵。南山深藏极品矿石，马钢锻出稀世车轮。星马汽车，泰尔重工。博望刃模闯天下，含城陶瓷举国闻。江心洲稻黄棉白，大公圩鱼跳虾惊。濮塘茶园香万里，和县棚菜绿无垠。刚烈太白酒，柔韧采石矴。当涂老民歌，洪滨丝棉画，杜师雄生出"杜撰"，《千字文》名扬古今。

九峰滴翠，一湖耀金。翠螺山高矗云际，采石矶直插江中。三台阁清风和畅，万竹坞绿意柔情。香樟梧桐遮天蔽日，桂花蜡梅沁心入脾。城区东进南扩，道路纵贯横通。长江大桥凌空飞架，城际轻轨蜿蜒龙行。歌声与钢花齐飞，绿水共青山一色。刚柔并济，黑白辉映。先进桂冠顶顶，人民笑口盈盈。好山好水好人气，宜业宜居宜逍游。谢宣州喻之"山水都"，国务院命为"文明城"。

惊今叹今，壮哉美哉。昔日几十户小村庄，而今百万人大都城。人才辈出，百业同兴。"聚山纳川，一马当先"。上下和谐，老少欢欣。几十载天地翻覆，数年后斗牛气冲。喜逢佳期，时序秋日，岁在壬辰，歌以咏之。

（吴多清）

任务二　团队三日游地陪导游服务

本任务以历史上李白在安徽的游踪为蓝本，结合相关地区新兴旅游活动和项目，征求相关参与人员的意见，制订以下三日游的地陪活动计划。

【案例】

李白安徽游踪三日游带团计划书

1. 组团基本情况

(1) 组团社名称及团号：上海××国际旅行社，JNG2011××××。

(2) 旅行人数：30人（男10，女18人，儿童2人）。

(3) 旅行日期：2023年3月17日至2023年3月19日。

(4) 全陪导游：王××，地陪导游：周××。

(5) 司机：张师傅，车型：37座金龙。

(6) 用房数：大床间2间，标准间7间。

2. 旅游行程安排及住宿、餐饮

第一天：在南京南站接站，乘车前往马鞍山，游览著名国家5A级风景名胜区采石矶，中午在"采石第一楼"用餐，下午参观中国最大的私人古床博物馆——德化堂古床博物馆，后赴当涂县大青山拜谒李白墓园，凭吊一代诗仙李白。

住宿在甄山生态园丽景温泉酒店，提供两正餐。

第二天：前往著名四大佛教名山之一的九华山参观，李白曾描绘"妙有分二气，灵山开九华"，参访"百岁宫""化城寺""天台"等景点。

住宿在九华山大酒店，提供一早餐、两正餐。

第三天：早餐后车赴宣城，游敬亭山、桃花潭等景点，下午结束旅程，送至黄山机场。

提供一早餐、一正餐。

3. 备注

如出现单男单女，将由我社安排三人间，若酒店无三人间则补房差。

接待标准及结算价格：

(1) 住宿：四星级酒店（大床间160元/天，标准间180元/天）。

(2) 交通：37座空调旅游车。

(3) 门票：采石矶45元、李白墓10元、九华山120元、敬亭山免费（小孩身高不到1.2米免费，1.2～1.4米半价，有记者证、70岁以上老年证可免部分景点门票）。

(4) 用餐：二早餐、五正餐（15元/人/早餐，30元/人/中餐、晚餐）。

(5) 导服：导游综合服务（200元/天）。

(6) 保险：旅游人身意外伤害保险。

负责人：张××；计调：叶××；时间：2023年3月15日。

思考与讨论：

(1) 相对于一日游，担任三日游的地陪也算"出门在外"了，地陪自身应注意点什么呢？

(2) 旅游的第一站是马鞍山，一般人对它的了解是"全国十大钢铁基地之一"，除此之外，它还有哪些旅游资源呢？

点评：

(1) 三日游比起长途游时日程算是很短，但毕竟要在外过夜，也要辗转几地，所以，地陪不应掉以轻心,应视作长途旅游,做好心理、物质的充分准备,尤其是对游客,要提醒他们,不可马虎,也要做到"晴带雨伞,饱带干粮"的预警准备。

（2）马鞍山市是安徽省东部一座有影响的滨江城市,与南京比邻,两城中心城区相距不过50多公里,交通便捷。马鞍山市很年轻,建市不过半个多世纪,但它历史悠久,城区发掘的烟墩墓葬,证明四千年前这里就有了人类活动。三国时的东吴大将朱然的墓葬也在这里。其所辖和县、含山县,发掘的"和县猿人头盖骨"和"凌家滩遗址"等国家重点考古项目,更进一步佐证这座城市虽年轻却又非常古老。建市之初,马鞍山的确是主打钢铁产业,而现在却是电子、化工、物流等产业综合发展,各项经济指标均居安徽前列,已融入长江经济带。马鞍山虽然习惯被视作是工业城市,其实她又是一座文化城市,城区环境优美,是全国文明城市。李白生前多次来这里游览,并留下了许多脍炙人口诗篇,著名的"天门中断楚江开,碧水东流至此回"就是写这里的大江胜景的,他的仙骨也埋葬在这里,他跳江捉月的传说也发生在这里。长江三矶之首的采石矶位于城区西南,这里有太白祠,有当代草圣林散之的坟冢和众多墨宝。每年桂花盛开的时候,为了纪念李白,这里的人们老少齐上阵,吟诗作画,载歌载舞,举办李白国际诗歌节。

一、服务准备

步骤一：熟悉接待计划。

地陪在拿到接待计划后,应认真阅读接待计划,熟悉、研究接待计划,分析计划中包含的主要信息如下。

（1）阅读计划书,掌握组团社基本情况。熟知团队性质是单位团队还是散客拼团、全陪姓名及电话号码等信息,这些信息的掌握有利于接团时候的确认,有利于后续工作的开展。

（2）与全陪联系,了解团队构成的情况。具体包括团队的人数、性别、职业、宗教信仰,尤其是重点客人的信息情况等。

（3）熟悉接待规格与服务范围。包括熟悉主要参观游览任务,准备途中讲解和咨询解答的内容;了解各站安排的文娱节目、风味餐、额外游览任务的收费情况。

（4）进一步落实接待事宜。与司机联系,落实旅游车辆、旅游团抵离各站所乘的交通工具及票证;与入住酒店联系,落实住房、落实用餐。

（5）如果信息不明,应及时咨询。不熟悉情况时,应及时向计调部询问或咨询相关人员。

步骤二：导游词准备。

地陪在接团之前肯定要准备好导游词,与游客的第一次见面,导游词究竟该如何表达呢?导游词要主题鲜明,体现特色,其内容更要结合宾客实际。例如,针对小周接的这个团队,就应做好李白文化知识的准备,要将李白与安徽的渊源等体现在导游词中。通过查阅网络、书籍等资料,结合自己语言表达,写出合适的导游词。

步骤三：接团物品准备。

（1）证件。如导游证、接待计划、名片等物品。

（2）物品。如接站牌、结算单据、导游旗、扩音器、导游图、导游日志、游客意见表、对讲机等。其中,接站牌和扩音器对导游是非常重要的。

接站牌的制作在设计上要注意:明确无误体现接团单位与被接对象信息;反映所接团队的名称、编号、全陪或领队姓名、接待社的名称,要求在视觉上清晰醒目。如图 3-1 所示接站牌设计。

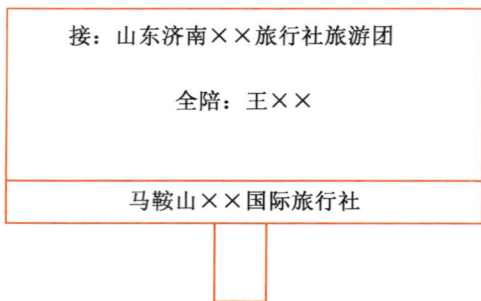

```
┌─────────────────────────────────────┐
│        接：山东济南××旅行社旅游团        │
│                                     │
│          全陪：王××                   │
│  ┌───────────────────────────────┐  │
│  │        马鞍山××国际旅行社        │  │
│  └───────────────────────────────┘  │
└─────────────────────────────────────┘
```

图 3-1 接站牌

（3）个人旅游用品。工作包、生活用品、保健卫生用品、防护用品、必备现金、通信联络设备等。

二、迎接服务

步骤一：接站服务。

一般地陪和司机商量后，应提前 30 分钟到达车站或机场。对于一些特殊游客群体，旅行社要有特殊的接站安排。

例如，上述旅游团是来自全国各地的李白文化学者、政府官员等，其知识层次、文化水平等规格高，旅行社一般最好由总经理亲自前往机场迎接，若总经理实在忙于事务抽不出时间，一般也应委托副总或资深的导游前往。

步骤二：确认团队信息。

（1）飞机（火车、轮船）抵达后，地陪应及时联系全陪，拿着接站牌在醒目位置尽快找到旅游团。

（2）找到旅游团后，为防止错接，地陪应及时与领队、全陪接洽，核实该团队相关信息，如客源地、组团社或交团社的名称、领队及全陪姓名、旅游团人数等；如该团无领队和全陪，应与该团成员逐一核对团员、客源地及团员姓名等，确保不出现接错团队的情况。

（3）确认无误后，清点行李，并协助行李摆放；上车后，应协助客人就座，再次清点人数，游客到齐坐稳后请司机开车；特别注意第一排禁止儿童单独入座，以免刹车时发生意外事故。

（4）如因故出现人数增加或减少等与计划不符的情况，要及时联系旅行社计调部门，明确原因。

步骤三：致欢迎词。

欢迎词内容应视旅游团性质及其成员文化水平、职业、年龄等情况而有所不同；但一般内容包括：

（1）问候和欢迎语，代表旅行社及本人欢迎各位游客。

（2）介绍语，介绍自己及公司、司机等。

（3）希望提供服务的诚挚愿望。

（4）祝愿语，预祝旅游愉快顺利。

以下是迎接上述旅游团的欢迎词。

来自祖国各地的各位李白文化研究学者、领导们，大家上午好，欢迎你们来到全国文明城市马鞍山观光游览。我姓周，是××旅行社的导游，大家叫我"周导"好了，我希望能像我的称谓一样能为大家提供"周到"的服务。这位是我们的司机刘师傅，今明两天就由刘师傅和我为大家提供服务,我们感到非常荣幸! 大家在马鞍山可以把两颗心交给我们:一颗心——"放心"交给刘师傅,他的车技相当娴熟,大家尽可能放心坐他的车;另一颗心——"开心"就交给"周导"我! 一路上大家有什么问题,有什么要求就尽量提出,我们将尽力满足。最后,希望大家在马鞍山能玩得开心,吃得满意,住得舒适! 谢谢各位!

步骤四:沿途讲解。

游客初来一地感到好奇、新鲜,什么都想问,什么都想知道,地陪应把握时机,选择游客最感兴趣、最急于了解的事物进行介绍,以满足游客的好奇心和求知欲。所以,地陪必须做好首次沿途导游,首次沿途导游是显示导游知识、导游技能和工作能力的大好机会,精彩成功的首次沿途导游会使游客产生信任感和满足感,从而在他们的心目中树立起导游的良好的第一印象。

举例

西安导游在去秦始皇兵马俑参观的途中导游:❶车至灞桥,朗诵"灞柳含烟满面春,年年攀折为行人"的诗句,介绍古人在灞亭设宴惜别送行的亲朋必折柳相送的习俗;❷车过华清池,可讲解白居易的《长恨歌》,介绍唐明皇和杨贵妃的故事;❸车过渭河大桥,可讲解杜甫的《兵车行》,讲一讲唐代著名的东渭桥、西渭桥和中渭桥,介绍渭河流域也是中华民族的发源地之一;❹车过咸阳,讲解王维的《渭城曲》。

三、空接事故

对于以上团队,按计划游客应乘 D246 从山东出发至南京,应于 10 月 25 日 16:20 抵达南京市,地陪小周提前 20 分钟到南京南高铁站迎接。假如动车准时到达,但小周未接到客人。面对如此情况,应如何处理这一空接事故?

导致上一事故可能是因为旅游团在上一站误了飞机、火车,或上一站旅行社改变了旅游团的行程或改换了交通工具,但没有及时通知本站地陪社;或者通知了本站地陪社,但没有及时通知导游;或者因为旅游者(主要是散客)生病、急事,临时取消旅游计划,但没有及时通知旅行社,造成空接。处理方法如下。

(1)小周应再次核实该旅行团抵达的日期和车次有无变化,并询问车站工作人员,确定本次列车确已到站,在出站口已没有出站的乘客。

(2)与司机配合,在站内尽可能的范围内寻找至少 20 分钟。

(3)若确定找不到应接的旅行团,小周应立即与本社有关部门电话联系,报告迎接情况。

(4)若是旅行团换乘其他车次,或旅行团推迟到达,推迟时间不长,可留在车站继续等候。

(5)若推迟时间较长,应按本社有关部门的安排,重新落实接团事宜。

(6)若属其他原因,并确认迎接无望时,经本社有关部门同意,小周方可离开车站,并及时与计调等沟通变更住房、餐饮、车辆和交通信息。

四、入住服务

步骤一:办理入住手续。

地陪带领游客抵达宾馆前,告知司机和游客宾馆位置,周边环境。抵达后,提醒游客拿下所有的行李,应把客人集中到大厅,然后由领队或全陪收取客人身份证办理入住登记手续,再将房卡交全陪或领队分发到游客手中,并登记好房间号,把自己的房号告诉游客以便有问题及

入住服务

时沟通。

步骤二：关照提醒客人。

（1）地陪在办理好入住手续后，需和领队或全陪巡视客人房间，关照客人或通过电话联系询问客人入住情况，如有设施不符合标准、卫生状况差等问题时，要协助解决；提醒客人房间有偿消费的情况，不需要使用的物品，不要拆封；提醒客人如有陌生人敲门，请不要随意开门；提醒客人自由活动时间，最好结伴出行，并携带酒店前台名片。

（2）地陪要将协商后的团队叫早时间通知饭店前台工作人员和游客，以便于设置叫早时间。

（3）地陪应该提前抵达餐厅，在餐厅的门口迎候客人，问候"早上好""昨晚休息如何"之类，并注意清点人数，对未到客人及时表示关注。

步骤三：退房结账。

旅游团离开饭店之前，地陪提醒客人清查行李、证照和贵重物品，将收齐的房卡交给工作人员办理退房手续；若客人损坏客房的设施设备，或客房产生费用时，应协助前台人员做好记录，告知游客按有关规定交费。督促协助宾馆查房，取回押金单，与前台工作人员结算好全团房费，保留发票。

举例 贵重物品丢失谁负责

孙先生和家人参加由上海某旅行社组织的张家界五日游。入住酒店的第二日，孙先生结束一日游程后随团返回酒店，当打开自己的旅行箱想再拿点现金留次日备用时，这才发现，早上离开酒店时，疏忽大意忘记把旅行箱上锁了。而放在旅行箱里的 5 000 元钱也不见了，他翻遍了家人的旅行箱以及各自的小挎包，都没有找到。孙先生只好向导游求助，并向酒店报告了情况。该酒店保安及当地派出所也介入派人侦查，但最终没有结果。孙先生返沪后，立即向旅行社要求如数赔偿损失。

本例中，由于警方介入并无结果，而且孙先生也提供不出财物丢失的证据，旅行社也无法对他进行赔偿。但消费者权益保障委员会认为，旅行社导游没有尽到安全提醒义务，对于游客造成的损失，应作相应的补偿。最后经多次协调，该旅行社给予孙先生 200 元作为财物损失的补偿。孙先生表示接受。

导游在旅游过程中应进行适时的安全提醒，并且用合适方式记录下来，以便事后能证明自己尽到了安全提醒义务。在带领旅游团队进入宾馆时应当告知注意事项，尤其是关于人身及财产安全。

五、游览服务

出行游览服务是导游服务工作的中心环节，是游客期望的旅游活动的核心部分，作为地陪导游人员，应该努力使得旅游团出行游览安全、顺利，使游客详细了解旅游目的地的特色、历史人文及感兴趣的问题。

步骤一：地陪与全陪或领队核对游览计划。

如果领队或全陪手中的计划与地陪的接待计划有部分出入，地陪应及时报告旅行社查明原因，分清责任。倘若责任在我方，地陪应实事求是地说明情况，并致歉。倘若非我方责任，地陪也不应指责对方，必要时可请领队做解释工作。

步骤二：确认时间、地点等要素。

在参观前，地陪告知游客团队游览时间，并进行合理安排，尽量在计划时间内使旅游者充分地游览、观赏。但要注意留有自由活动的时间，让游客去理解、感受旅游的乐趣，做到劳逸结合。此外，下车前要讲清旅行车颜色、车号、停放地点、开车时间和集合地点等。

步骤三：清点人数。

无论是进入景区还是游览的过程中，尤其是自由活动结束时，地陪都要清点人数，确认无误。在清点人数时，应注意文明礼貌（切忌指点客人），发现游客未到时应向全陪或领队问明情况，设法及时找到。

步骤四：做好预报和提醒工作。

地陪要提前向游客预报当日天气和游览景点的地形、行走路线、时间等情况，必要时提醒游客带好雨伞、衣服等。在游览服务过程中，还要时刻提醒游客注意人身和财产安全。例如，漂流和海滨游玩不应携带手机、相机等电子设备；登山等户外活动要注意易碎物品的碰撞和保管。

步骤五：地陪和全陪游览中配合。

在参观游览服务中，地陪和全陪有着不同的职责，要分工协作，相互配合，共同带领游客参观游览。如果地陪或者景区讲解员负责景点的讲解，全陪就要紧跟团队，走在队伍最后，注意客人的动向并照顾后面的游客，发现客人走漏等问题时及时与地陪沟通处理。

步骤六：讲解注意事项。

地陪在导游讲解时，要尽量寻找游客感兴趣的话题，要做到心中有数，先讲什么，后讲什么，中间穿插什么典故或趣闻都要预先准备好；讲究讲解方法和技巧，并观察旅游者反应，灵活调整语速；要注意导和游相结合，适当集中和分解相结合，做到劳逸结合等。

就餐服务

六、就餐服务

俗话说"民以食为天"，就餐是在旅游活动中考量游客满意度的重要标准之一，作为地陪一定要安排好就餐任务。

步骤一：提前联系餐厅、核对标准。

地陪要按照接待社的计划，提前落实本团当天用餐，对午、晚餐的用餐地点、时间、人数、就餐标准逐一与餐厅核实确认，避免上错菜，产生不必要的麻烦。地陪在安排客人就餐时，尤其要格外留意一些如素食者、宗教信徒、糖尿病患者等的特殊饮食要求，提前向餐厅服务人员予以说明，有针对性地开展个性化服务。在团队即将到达餐厅用餐时，应电话告知餐厅做好接待准备。

步骤二：餐前服务。

引导游客进餐厅入座，介绍餐厅设施及其菜肴特色，向游客说明餐标是否含酒水，待饭菜上约4～5道后方可离开自行用餐。

步骤三：安排工作人员用餐。

向领队和全陪讲清司机和陪同人员的用餐地点，商量用餐后全团的出发时间。此外，导游和司机等工作人员应尽量在游客结束就餐前完成用餐。

步骤四：餐中服务。

用餐过程中，地陪应陪同全陪巡视旅游团用餐情况一两次，检查菜品的数量、质量，客人用餐的口味是否符合要求，并解答游客提出的问题。

步骤五：结账。

用餐后，与餐厅及时现金结账或者签字，并保管好票据。

步骤六：其他用餐注意事项。

（1）自助餐的服务。在用自助餐时，地陪强调自助餐的用餐要求，提醒游客以吃饱为标准，注意节约、卫生，不可以打包带走。

（2）风味餐的服务。计划内风味餐是指包括在团队计划内的，其费用在团款中已包括；计划外风味餐是指未包含在计划内的，是游客临时决定而又需现收费用的，计划外风味餐应先收费，后向餐厅预订。在用风味餐时，作为地陪，不是游客出面邀请不可参加；受游客邀请一起用餐时，则要处理好主宾关系，不能反客为主。

（3）行程中未含餐。行程中未含餐，在抵达目的地前两个小时征求游客意见是统一订餐还是自行解决。

举例

　　某旅行社全陪带一批客人游览华东五地，第四天抵达杭州入住××饭店（四星级），晚餐预订在酒店三楼宴会厅。地陪与全陪18:00在餐厅门口迎候大家，客人一一落座后，导游看客人的桌上凉菜已上齐，酒水也斟满，于是与客人、领队打过招呼请客人慢慢用餐后与全陪到一楼用工作餐去了。一般导游和全陪会在客人用餐中去看望几次，查看有无问题。谁知这天吃工作餐的地方同时招待会议团的大量工作人员，造成导游一直在等待用餐，而忽略了照顾客人用餐。40分钟以后，领队找全陪，全陪才意识到出了问题，随领队来到客人用餐的地方，一看傻了眼：三桌饭除凉菜外，一点菜没上，客人已经走光了。原来，因宴会人手不够，酒店竟忘记给团队餐上菜，领队找了服务员，回答是马上上菜。过了半个小时后，还不见热菜上来，客人一生气都回房间了。

　　在案例中，虽然事故的出现是饭店的责任，但长达40分钟的时间未去关照客人，导游也是有责任的。导游在工作中不能有半点疏忽，要忙而不乱，眼观六路，耳听八方，否则一出现问题，则前功尽弃。所以，游客用餐时，导游要注意多关照，及时处理出现的问题，这也是导游需要牢记的服务细节。

导游在客人用餐时要巡视用餐情况，做好以下几个方面的工作：

❶ 当客人全部就座后，提示餐厅提供服务。

❷ 导游要告知客人用餐标准、所含酒水与否以及自理范围，不可含糊其辞、大包大揽。

❸ 导游要告知领队、司机、全陪用餐地点及餐后的出发时间。

❹ 用餐过程中，导游要巡视旅游团用餐情况，解答游客在用餐中提出的问题，监督、检查餐厅是否按标准提供服务并解决出现的问题。

❺ 当菜全部上齐后，地陪应合理掌握时间，留给客人充裕的饭后放松时间，然后按照约定时间集合上车。

七、娱乐服务

（一）介绍娱乐任务

　　娱乐是旅游活动过程中的一项重要内容，地陪要实事求是地向游客介绍娱乐任务内容及其特点，尤其是那些反映当地民俗风情，具有浓郁地方文化特色的娱乐节目。参加娱乐节目，导游要注意事项如下。

（1）安排游客观看计划内的文娱节目时，地陪须陪同前往。

娱乐服务

（2）地陪要引导游客入座，介绍剧场设施、位置，解答游客问题。

（3）在大型娱乐场所，地陪应提醒游客不要走散，并注意他们的动向和周围环境，以防不测。

（4）导游绝不可以带领旅游团涉足一些格调低下甚至色情的表演场所。

（二）计划外的文娱活动

对于计划外的文娱活动，地陪要在保证可以安排落实的前提下，与全陪协商，并征求游客同意书面签字后，方可向游客收取一定的费用。

举例

游客李先生参加某旅行社组织的到坝上草原的旅游。在游览的最后一天下午，旅行社导游推荐游客参加骑马活动。李先生的坐骑突然受惊，导致李先生从马背摔下，造成手臂骨折。导游及景区工作人员联系医院对游客抢救，但李先生认为两方应承担医疗费用，在两方推诿的情况下，李先生投诉到当地旅游质监所，要求景区人士及导游赔偿药费、误工费、精神损失费。

旅游质监所暂扣了带团导游的导游证，要求其承担李先生部分医疗费、护理费及医疗期间的餐费 1 785 元，精神损失费不予受理；景区赔偿李先生 5 000 元。

分析：首先，在本案例中旅行社和导游不应擅自给游客推荐存在安全隐患的旅游活动，即使游客决意参加，也要视情况提醒游客注意。其次，游客对景区内有危险的旅游项目要有选择地参加。另外，发生事故需要赔偿的，导游应主动联系有关部门协商解决。

3

八、购物服务

购物是旅游者旅游过程中的一个重要组成部分，并且越来越成为旅游者出行的主要驱动力，面对如此重要的服务环节，地陪将其处理好至关重要。

购物服务

（一）定点商店购物

一般情况下，在旅游行程计划中都有购物的安排。导游应该严格按照计划书安排定点商店购物，并且把握好旅游者的购物心理，恰到好处地宣传、推销本地的旅游商品。但是，要注意时间的选择，大多数游客的首要目的是游览景点，所以绝不能将进店购物安排为每天的第一项活动，也不能安排连续进店或者一天进几个店；当游客太累或太饿时也不能进店等。诸如此类都要注意，否则会引起游客严重的逆反心理，游客也会拒绝这种任务式的进店。

（二）非定点商店购物

对行程中增加的非定点商店购物，一定要征求全陪和游客的同意，并且形成书面文字签字后方可开展。

（三）免税商品的购买流程

像在我国海南的免税店购物，游客可凭登机牌选购一定数量免税物品，游客结账后，会有一份四联的单据打印出来，上面有客人姓名、离岛地点、离岛时间以及所购买的物品清单，其中一张由客人保管，等行程结束到达机场过了安检后，游客寻找免税店提货点。根据提货点柜台上的航班提示信息，请提货员核对提货单据、身份证和登机牌后，取回免税店所购货品。

（四）其他购物时注意事项

（1）坚持自愿原则，不得欺骗或强迫旅游者购物。

（2）当好旅游者的购物顾问，客观如实地介绍商品情况特色。

（3）若遇到商家经营不法行为，应能够切实维护游客的合法权益。

（4）购物的时间安排要合理，一般一次购物时间控制在一个小时左右。

举例 购物退换处理

一个23人的新加坡旅游团在N市由地陪王小姐负责接待，午后参观某佛寺后，王小姐向大家介绍本地一家新开业的珍珠馆。她说："店主是我的好友，保证价廉物美。"

在珍珠馆，一位姓朱的女士对标价4 000元的珍珠发生兴趣，王小姐立即主动介绍识别真假珍珠的方法，并为其讨价还价，最终以900元成交。16:40时，旅游团游览某景点。因景点即将关门，大家匆匆摄影留念后即离去。在返回饭店途中，数名男士提出去书店购买中国地图，几位女士则希望购买中国烹调书籍，王小姐表示可以安排。

次日出发前，朱女士手持前日所购的项链，要求王小姐帮其退换，并说："一行内人认定它是残次品。"王小姐表示不可能退换。上午结束参观后，她又带全团去一家定点工艺品商店，许多人不感兴趣，只在车中坐着，王小姐恳求说："大家都帮帮忙，不买东西没关系，进店逛一圈也可以。"于是，一些游客不情愿地下车，进店。在13:30赴机场途中，数名游客又提起购书一事，王小姐说："没有时间了。"一周后，旅行社接到新加坡组团社发来的传真，申明该社今后若有团赴N市，不能由王小姐带团。

王小姐在接待该团过程中值得注意以下几个方面：

（1）不应该带旅游团到非定点商店购物，违反了有关带团购物的规定。

（2）介绍商品不实事求是，以次充好，因为导游既要推销商品，更要让游客满意。

（3）拒绝帮助游客退残次商品，游客要求退换所购商品，导游应积极协助。

（4）没有满足客人的购物要求，部分游客去书店买书的要求没有实现。

（5）强行推销，多次安排购物，影响游客在该市的游览效果。

九、后续服务

步骤一：核实、确认离站交通票据。

（1）"四核实"：计划时间、时刻表时间、票面时间、问询时间。

（2）对离境的旅游团，地陪应提醒或协助领队提前72小时确认机票。

（3）与全陪交接票据，包括返程交通票据、之前游览等需要全陪带回组团社票据或证明。

（4）与全陪和领队商定出发时间。

（5）及时归还游客或领队证件。

步骤二：离店服务。

（1）集中交运行李。地陪先将本团游客要托运的行李收齐、集中，然后与领队、全陪共同清点行李的件数（其中包括全陪托运的行李），最后与饭店行李员办好行李签字交接手续。

（2）办退房手续，协助饭店结清与游客有关的账目，注意退房时间，一般酒店规定应在中午12:00以前办理退房手续，也有协议单位合作延迟的。

（3）集合上车，清点人数，并请游客清点随身携带的物品和证件。

步骤三：欢送词。

在前往机场(车站、码头)途中，地陪应致欢送词，以总结行程感受，加深与旅游者之间的感情。欢送词内容一般包括：

(1) 回顾旅游行程，感谢大家合作。

(2) 表达友谊和惜别之情。

(3) 征求旅游者的意见和建议。

(4) 表达美好祝愿，期待再次合作等。

如在旅游行程中确实有存在诸多不尽如人意的地方，可利用最后的时间向旅游者诚挚地道歉。

下面是任务二所提到的旅游团的欢送词。

来自各地的李白文化研究的专家学者：大家好。三天的行程很快就要结束，到了和大家说再见的时候。三天时间，各位游览了李白钟情的采石矶、敬亭山等地秀丽的自然风光；在李白墓园拜谒了伟大的诗仙，感受到了李白与安徽的深厚情谊；购买了富有地方特色的商品，如采石矶茶干、宣纸等，可谓满载而归，"李白安徽游踪三日游"的行程可以画上一个圆满的句号了。在这三天里，小周我也得到了巨大的收获，你们的儒雅风范、丰富的学识，尤其是对李白的敬畏之情，无不熏陶感染我，真心感谢各位。

在这三天的行程中，我的服务肯定存在不周到地方，恳请各位给予谅解。希望你们忘记旅游中不愉快的经历，回家以后与您的家人分享更多旅游中的快乐与美好。第一天见到大家的时候，我就说相识是一种缘，通过旅游活动我们加深了彼此间的了解，我想说缘分是可以跨越时空的。大家在以后有什么旅游问题仍可以咨询我，"两山不能相遇，两人总能相逢"，我也期待着能和大家相逢在以后的旅途中。最后，衷心祝愿你们身体健康，生活快乐，在以后人生的旅途中一帆风顺！

步骤四：游客填写意见书。

近年来，随着旅游行业竞争的加剧，大多数旅行社都比较重视游客的意见，从而提高接团质量。地陪应请客人填写诸如"旅游质量反馈表""游客意见反馈单"等意见书，客观如实反映导游、司机在旅游活动中的服务表现。

步骤五：公司报账。

按旅行社的具体要求并在规定的时间内(一般在送团后的两天之内)，填写好有关接待和财务结算表格，连同保留的各种收据与发票、接团任务书、游客意见书等上交计调、导服处。

知识拓展　中国世界遗产名录

中国自 1985 年加入世界遗产公约，至 2023 年，共有 57 个项目被联合国教科文组织列入《世界遗产名录》，位居世界第一，其中世界文化遗产 35 处，世界自然遗产 14 处，世界文化和自然遗产 4 处，世界文化景观遗产 4 处。中国的世界遗产分类见表 3-1。

表 3-1　　　　　　　　　　　　　　中国的世界遗产分类

类　　别	数量	项　目　名　称
自然遗产	14	武陵源风景名胜区(1992)、九寨沟风景名胜区(1992)、黄龙风景名胜区(1992)、三江并流保护区(2003)、四川大熊猫栖息地(2006)、中国南方喀斯特(2007)、三清山世界地质公园(2008)、中国丹霞(2010)、澄江化石地(2012)、新疆天山(2013)、湖北神农架(2016)、青海可可西里(2017)、梵净山(2018)、黄(渤)海候鸟栖息地(2019)

续　表

类　别	数量	项　目　名　称
文化遗产	35	北京故宫(1987)、长城(1987)、秦始皇陵及兵马俑(1987)、莫高窟(1987)、周口店北京猿人遗址(1987)、拉萨布达拉宫建筑群(1994)、承德避暑山庄及周围寺庙(1994)、曲阜三孔(1994)、武当山古建筑群(1994)、丽江古城(1997)、平遥古城(1997)、苏州古典园林(1997)、颐和园(1998)、天坛(1998)、大足石刻(1999)、青城山和都江堰(2000)、龙门石窟(2000)、明清皇家陵寝(2000)、皖南古村落——西递、宏村(2000)、云冈石窟(2000)、高句丽王城、王陵及贵族墓葬(2004)、澳门历史城区(2005)、安阳殷墟(2006)、开平碉楼与村落(2007)、福建土楼(2008)、五台山(2009)、登封"天地之中"历史古迹(2010)、元上都遗址(2012)、大运河(2014)、丝绸之路:长安——天山廊道的路网(2014)、土司遗址(2015)、鼓浪屿:历史国际社区(2017)、良渚古城(2019)、泉州:宋元中国的世界海洋商贸中心(2021)、普洱市:普洱景迈山古茶林文化景观(2023)
文化景观遗产	4	庐山文化景观(1996)、杭州西湖文化景观(2011)、红河哈尼梯田文化景观(2013)、左江花山岩画文化景观(2016)
文化和自然双遗产	4	泰山(1987)、黄山(1990)、峨眉山——乐山大佛(1996)、武夷山(1999)

（资料来源:世界遗产委员会官网。）

任务三　地陪接待散客服务

【案例】

长沙—张家界黄龙洞—天门山—天门洞玻璃栈道二日游

1. 产品特色

包含:张家界黄龙洞＋天门山天门洞＋玻璃栈道等景点。

亮点一:没有一大堆的自费推介,还客人轻松的旅游心境!

亮点二:不进店,无包厢式购物,不花冤枉钱,少浪费时间,不带客人买劣质产品。

亮点三:不烧香,不安排宗教、寺庙行程游览。不借宗教信仰之名安排请佛、烧香等消费。

亮点四:导游讲解更专业、服务更到位。

本产品为目的地成团。

2. 行程安排和用餐、住宿

第1天:长沙—武陵源黄龙洞。

上午7:30左右在长沙火车站(8:20途经宁乡朱良桥9:20左右途经益阳汽车东站)乘空调旅游车赴张家界(全程4.5小时左右)。

下午中餐后游览国家5A级风景区黄龙洞(图3-2)(不少于1.5小时)。黄龙洞景区是张家界武陵源风景名胜中著名的溶洞景点,因享有"世界溶洞奇观""世界溶洞全能冠军""中国最美旅游溶洞"等顶级荣誉而名震全球。现已探明洞底总面积10万平方米;洞体共分四层,洞中有洞、洞中有山、山中有洞、洞中有河。经中外地质专家考察认为:黄龙洞规模之大、内容之全、景色之美,包含了溶洞学的所有内容。黄龙洞以其庞大的立体结构洞穴空间、丰富的溶洞景观、水陆兼备的游览观光线路独步天下；行程结束后回酒店休息或自由活动；住武陵源（中晚餐）。

图 3-2　黄龙洞

用餐。早餐：敬请自理　午餐：包含　晚餐：包含

住宿：武陵源的酒店。

第 2 天：天门山（图 3-3）—天门洞—玻璃栈道鬼谷栈道—长沙。

早上早餐后前往张家界天门山国家森林公园（门票通票 228 元，包含往返大索道），乘世界最长高山客运索道（长 7.5 公里），体验腾云飞翔的刺激震撼，28 分钟到达山顶；上午到凌霄台俯瞰张家界市区胜景，领略山水长卷的磅礴气势；走鬼谷栈道，在峭壁云端纵情尖叫全面挑战你的"敢"觉；远观神秘鬼谷洞，游走掉阔，体验纵横学玄妙；拜求儿洞，求子得子，求福得福；可根据自己的喜好，选择游览天界佛国天门山寺，参拜释迦牟尼佛真身舍利；乘观光汽车体验天下第一公路奇观"99 弯通天大道"的奇绝，沿途欣赏金龟驮元宝、将军峰、箭杆峰等奇绝景观；登 999 级上天梯至世界最高天然穿山溶洞"天门洞"体验自然造化的神奇和震撼冲击。天门山有着独特的喀斯特地貌，形成唯美的空中原始花园，有着诸多自然奇观和人工奇迹，被誉为美丽张家界的新传奇（不少于 3.5 小时）。

下午 3:30 左右乘车返长沙送团，回到温馨的家（全天不含餐）。

图 3-3　天门山

用餐。早餐：敬请自理　　午餐：敬请自理　　晚餐：敬请自理

住宿：不含住宿，返回温馨的家！

以上行程仅供参考，最终行程可能会根据实际情况进行微调，敬请以出团通知为准。

3. 发车信息

(1) 发车时间：早上 7 点左右。

(2) 发车地点：长沙火车站。

(3) 返回地点：长沙火车站。

4. 产品升级方案（表 3-2）

表 3-2　　　　　　　　　　　　　产品升级方案

方案名称	升级项目	说　　明	价　　格
升级豪华型酒店	住宿，可加床	入住武陵源五悦酒店、御笔峰酒店或同级酒店标准间；凤凰入住五悦酒店、凤都或同级酒店标准间	800 元起/成人 260 元起/儿童
升级豪华型酒店	住宿，可加床	入住武陵源阿波罗酒店或同级酒店标准间；凤凰入住惠华假日、万怡或同级酒店标准间	728 元起/成人 260 元起/儿童
升级舒适型酒店	住宿，可加床	入住武陵源永辉酒店、福立德或同级酒店标准间；凤凰入住星期八酒店或同级酒店标准间	700 元起/成人 260 元起/儿童

5. 费用说明

费用包含：

(1) 交通：往返旅游巴士。

(2) 住宿：行程所列酒店。

(3) 用餐：行程中团队标准用餐，3 个正餐（中式餐或自助餐或特色餐，自由活动期间用餐请自理；如因自身原因放弃用餐，则餐费不退）。

(4) 门票：行程中所含的景点首道大门票，黄龙洞门票＋天门山门票。

(5) 导服：全程陪同中文导游。

(6) 儿童价标准：❶儿童出行只含车位费，不含住宿及门票等费用儿童门票不接受预订，请至景区门口自行购买。❷儿童车票与成人同价，如您的小孩不足 0.8 米，且不需要占车位，请在选择人数时不要提交儿童人数，如身高为 0.8 米以上的儿童必须提交儿童人数。❸如您的小孩身高超过 1.2 米请直接选择成人价，景区对特定人群有门票优惠政策，参考温馨提醒。

费用不包含：

(1) 小交通：景区内用车（天门山山顶小缆车 25 元/人）。

(2) 单间房差：单间房差。

(3) 补充：因交通延阻、罢工、天气、飞机、机器故障、航班取消或更改时间等不可抗力原因所导致的额外费用，酒店内洗衣、理发、电话、传真、收费电视、饮品、烟酒等个人消费，当地参加的自费以及以上"费用包含"中不包含的其他项目。

6. 活动推荐

张家界魅力湘西晚会，参考价格 228 元/人。张家界夜间娱乐活动丰富尤其央视春晚《追爱》节目原型——"魅力湘西"（约 2 小时）大型民俗歌舞秀最具人气，门票普座 228 元/人，贵宾座 258 元/人（旅游者可以要求导游提前预约门票）客人自愿

选择或自由活动。

所有推荐项目均是建议性项目，客人应本着"自愿自费"的原则酌情参加。

（资料来源：途牛旅游网。）

思考与讨论：

依据散客的特点，在散客的接待过程中要注意什么？

点评：

地陪除了接待以单位为主体的团队之外，往往会受当地散客中心或地陪社安排，接待来自全国各地的以个体为形式的散客，他们到目的地会临时形成一个新的团队，基本接待方法同团队地陪一致，同时也存在一定程度的区别。

散客团队对于车上座位的安排、房间是否单人以及处理方法、儿童买票的优惠政策、其他符合购票优惠条件的游客信息确认等显得比团队更为重要。

一、服务准备

步骤一：具体服务准备。

（1）认真阅读接待计划，了解每个景点的购票人数及含餐人数。

（2）做好出发前的准备，提前排好游客座位号，一般按名单顺序，以家庭为单位坐在一起。

（3）联系交通工具。

步骤二：接站服务。

（1）提前到站等候。

（2）迎接游客，核对游客名单和人数。

步骤三：沿途导游服务。

对于散客人数较少的情况下，沿途导游服务可采取对话的形式进行，拉近导游与不同地区游客的距离，避免顾此失彼。

步骤四：入住饭店服务。

（1）帮助办理入住手续。要记住散客的房号，并督促行李进房间，有需要帮助其与酒店协商处理。

（2）确认日程安排。散客导游应及时与散客核对后面旅游行程，如出现不一致的地方，应及时与旅行社确认协调处理。

（3）确认机票。导游帮助散客确认返程机票，确认离开的航班号和离港时间，做好后续的旅游行程安排，避免造成误机等情况发生。

步骤五：后续工作。

应及时将同接待计划有出入的信息及散客的特殊要求反馈给散客部或计调部。

二、错接事故

所谓错接，是指导游接了不应该由他接的旅游团（者）的现象。错接是责任事故，是由于导游责任心不强、粗心大意造成的。

（一）错接的预防

（1）认真阅读接待计划，掌握旅游团的相关信息。

（2）接到旅游团后，导游要认真核实其团名、代号，核对人数，问清领队姓名等；如果是散客，要问清旅游者的姓名全称和国籍。

（3）杜绝迟到现象，警惕非法导游接走旅游团（者）。

（二）错接的处理

通常，发生错接，必然伴生漏接，即错接的导游应接的旅游团发生无人迎接的现象。发现接错旅游团（者），导游应采取如下措施。

（1）立即报告旅行社。发现错接，导游应立即报告接待社，请其寻找接待该旅游团的旅行社和导游，找到了应立即办理移交手续，并说明情况，还要因自己的不认真给人家添麻烦赔礼道歉。

（2）寻找自己的旅游团。地陪应设法寻找自己的旅游团，找到后，要向旅游者实事求是地说明情况，真诚地赔礼道歉。

（三）非法导游接走旅游团（者）的处理

若发现非法导游接走了旅游团（者），地陪应立即报告接待社，请其协助寻找；若找到非法导游，有关部门应予以严肃处理。

三、游览服务

步骤一：出发前的准备。

与司机联系集合的时间、地点，督促司机做好有关的准备工作；提前 15 分钟抵达集合地点，引导游客上车。

步骤二：沿途导游服务。

散客的沿途导游服务与旅游团队大同小异，但一定要尽量照顾到每位不同游客，一视同仁。

步骤三：现场导游讲解。

（1）如果是游客数量较少，导游可采用对话或问答形式进行讲解。

（2）如果是散客小包价旅游团，导游应陪同旅游团，边游览边讲解时回答旅游者的提问。

举例

地陪王小姐在陪同一对老年夫妇游览故宫时工作认真负责，在两个半小时内向游客详细讲解了午门、三大殿、乾清宫和珍宝馆。老人提出了一些有关故宫的问题，王小姐说："时间很紧，现在先游览，回饭店后我一定详细回答您的问题。"游客建议她休息，她都谢绝了。虽然很累，但她很高兴，认为自己出色地完成了导游讲解任务。然而，出乎她意料的是那对老年夫妇不仅不表扬她，反而写信给旅行社投诉她，领导批评了她。她很委屈，但领导了解情况后说老年游客批评得对。

分析：在案例中老年夫妇的批评很有道理：❶很显然，王小姐不了解老年游客的兴趣爱好、体力和心情，让他们作了一次疲劳的游览；❷老人表面上劝王小姐休息，实际上是他们累了，他们很想休息一会儿，可惜王小姐不理解；❸王小姐应该在现场回答他们的关于故宫的问题，也不应让老人在短时间内看那么多的东西。

接待老年散客的正确做法是：❶对游览线路，导游要提出建议，做好顾问，但由游客选择，不能勉强游客接受你的安排；❷对老年散客，一定要注意劳逸结合，他们提出要休息，就应找地方休息,有时还要建议他们休息,绝不能强拉他们去游览;❸对景点作必要的介绍后,导游讲解应以对话、讨论形式为好;❹一般情况下,要在现场回答游客提出的与景点相关的问题。

四、送站服务

步骤一:详细阅读送站计划,做好送站准备。

(1)导游必须在送站前 24 小时与散客或散客小包价旅游团确认送站时间和地点。

(2)同散客部或计调部确认与司机会合的时间、地点及车型、车号。

(3)如乘国内航班离站,应使散客提前 90 分钟到达机场;如乘国际航班离站,必须使散客提前 2 小时到达机场;如乘火车离站,应使散客提前 40 分钟到达车站。

步骤二:饭店接送散客。

(1)按照与散客约定的时间,导游必须提前 20 分钟到达散客下榻的饭店,协助散客办理离店手续。

(2)若导游到达散客下榻的饭店后,未找到要送站的游客,导游按照以下步骤进行下一步行动:

❶到饭店前台了解散客是否已离店;❷与司机共同寻找,至少 20 分钟;❸仍未找到,应向散客部或计调部报告,请计调人员协助查询,并随时保持联系;❹当确认实在无法找到散客,经计调人员或有关负责人同意后,方可停止寻找,离开饭店。

(3)若导游要送站的散客与住在其他饭店的散客合乘一辆车去机场(车站、码头)时,要严格按照约定的时间顺序抵达各饭店。

(4)若遇车运送旅游者途中遇到严重交通堵塞或其他极特殊情况,需调整原约定的时间顺序和行车路线时,导游应及时打电话向散客部或计调部报告,请计调人员将时间上的变化通知下榻饭店的散客,或请其采取其他措施。

步骤三:送站途中。

(1)在送站途中,导游应向散客征询感受、意见和建议,并代表旅行社表示感谢。

(2)到达机场(车站、码头)后,导游应提醒和帮助散客带好行李和物品,协助散客办理机场税(一般情况下,机场税由散客自付)。

(3)若航班推迟起飞,应主动为散客提供力所能及的服务和帮助。

(4)若确认航班准时起飞,导游应将散客送至隔离区入口处,与其告别,热情欢迎他们下次再来。

五、其他服务

(一)就餐服务

如果旅游计划书中明确表明哪些散客含餐,一定要妥善安排,否则由游客自行解决,如果游客提出需要获取帮助,应积极协助。

(二)住宿服务

严格按照旅游计划书中安排散客住宿,经常会出现来自不同地区游客住宿标准不同,住宿酒店就存在差异性,应妥善准确安排,如果游客提出需要获取帮助,应积极协助。

(三)交通服务

在散客登机、乘火车的过程中,若是散客,老人和小孩应优先睡下铺,以家庭为单位的游客尽量分在一起。

（四）自由活动

由于散客自由活动时间较多，导游应当好他们娱乐和购物等方面的参谋和顾问，但应引导他们去健康的娱乐场所和定点购物商店。

六、后续服务

接待任务完成后，导游应及时将接待中的有关情况反馈给散客部或计调部，或填写《接待游客登记表》。由于散客经常有临时增加旅游项目或其他变化的情况而需要导游向旅游者收取各项费用，因此，在完成接待任务后，导游应及时结清所有账目，并将有关情况反馈给散客部或计调部。如果出现散客的旅游纠纷，应及时在带团结束后处理完成。

知识拓展　大型演出介绍（印象系列）

观印象艺术发展有限公司（简称"观印象"）系三湘印象股份有限公司全资子公司，前身是由三位中国著名导演发起的北京印象创新艺术发展有限公司。观印象致力于创作、制作、投资和管理演出，旗下文化旅游演艺产品涵盖山水实景演出和情境体验剧两大类型，拥有以"印象"为代表的四大演出品牌。目前成功打造了《印象·刘三姐》《印象·丽江》《印象·大红袍》《印象·武隆》《印象·西湖》《印象·普陀》等大型山水实景演出。

印象·刘三姐

《印象·刘三姐》（图3-4）坐落于漓江河畔，180度全景视野，是中国具有代表性的融真山真水和民歌民谣于一体的山水实景演出，演出场面浩大，集艺术性、震撼性、民族性、视觉性于一身，是一次演出的革命、一次视觉的革命。作为阳朔城市名片，该项目已成为激活当地消费增长新动能的引擎，并持续放大自身辐射力和影响力，带动区域经济高质量发展。在"2018年度中国旅行口碑榜"评选活动中，由专家及网友投票，荣获中国旅行口碑榜"最具网络人气景区奖"。

图3-4　印象·刘三姐

印象·丽江

《印象·丽江》以玉龙雪山为背景，以民俗文化为载体，由500名来自10个少数民族的铿锵汉子、来自 16 个村庄的普通农民倾力出演。在海拔 3 100 米的演出,他们用原生的动作、质朴的歌声和炙热的汗水,与天地共舞,与自然同声,让生命的真实与震撼如此贴近每一个人。这就是人与自然共同上演的印象大戏,是一场荡涤灵魂的洗礼。自公演以来,已成为丽江向世界展示多元民族文化的重要窗口。

印象·大红袍

《印象·大红袍》(图 3-5)以世界文化遗产胜地武夷山为地域背景,巧妙地将自然景观、茶文化及民俗融于一体。创新推出 360 度旋转观众席,带给观众"转着看演出"的全新感受;以 15 块大屏幕矩阵联动放映的实景电影新概念,为当代电影艺术的发展开辟了崭新的思路,使观者感受人在画中、如梦似幻的卓绝幻境,难辨真伪;视觉半径 2 公里的环景剧场,绵延出万米长卷的壮阔景象,向来自世界各地的观众展示不同的武夷"山水茶"文化。多年来,《印象·大红袍》已成为福建省重要的文化名片。2021 年五一期间,单日连演 5 场,创造了国内山水实景演出行业单日演出纪录!

图 3-5　印象·大红袍

印象·武隆

《印象·武隆》以濒临消失的"号子"为主要内容,70 分钟演出中,观众置身于武隆的灵山秀水、空雾苍茫中,感知巴蜀大地上的风土人情和爱恨悲歌,更将重新体验豪迈壮阔的川江号子、婉约凄美的哭嫁歌、激扬热情的滑竿等传统川渝人民热火朝天劳动、生活的景象。

在剧场空间设计上,《印象·武隆》把舞台延伸至看台,让看台又融入舞台,实现了演员与观众的近距离互动。为凸显天坑地缝的自然风貌,《印象·武隆》主创团队创意出从峡谷外围开凿 288 米隧道贯通演出场地,让等待的观众们犹如穿越时光隧道,在恍然不觉中步行抵达另一片奇山丽水。

印象·西湖

《印象·西湖》以西湖浓厚的历史人文和秀丽的自然风光为创作源泉,深入挖掘杭州的古老民间传说、神话,将西湖人文历史的代表性元素得以重现,同时借助高科技手法再造"西湖雨",多层次反映雨中西湖和西湖之雨的自然神韵。《印象·西湖》不仅仅是文化延续,更是创意。在创作之外,《印象·西湖》被看作具有世界视野、具备时代风尚元素的杭州文化创意产业的成功范本,帮助国内外游客了解杭州浓厚的历史文化底蕴,领略到城市文化的精髓。

印象·普陀

《印象·普陀》选址舟山朱家尖原观音文化苑,目前《印象·普陀》剧场所在地已经成为朱家尖非常重要的景区之一,其间一座高114.9米的千丈崖上彩绘的一尊观音像壁画高69米,面积达2 000平方米,观众可以在此亲见这座"海上莫高窟"。

该演出完美结合了普陀的地域特性,将场景、声光与表演融为一体,是一部独特的山水实景力作。360度魔幻实景演出盛宴,佛教文化与视觉艺术的完美交融,12 000米舞台视觉长度,共同营造"行走的舞台,运动的山水"。剧场本身有一个环绕的外壳,令观众有多角度的视觉体验。前面还有八块可随意推移的挡片,使眼前有限的景观得到充分的延伸。同时,实景动漫也将作为艺术表达的新形式,将空间、时间组合在一起,观众可以在真实自然的环境下,亲临一场多重感受的魔幻仙境。

(资料来源:观印象艺术发展有限公司官网。)

思考题

1. 工作疏忽,将接站地点搞错,作为导游,你该怎么办?
2. 在三日或多日团中,游客对所去的景点不满意,你该怎么办?
3. 由于参观景点时间过长,导致游客误机,你该怎么办?

3

项目四 全陪导游服务

素养目标

1. 培养逻辑思维能力和沟通意识。

2. 做文明旅游的实践者、传播者。

能力目标

1. 掌握全陪导游行前、行中、行后的服务内容及要求。

2. 能妥善协调领队、地陪、司机等旅游接待人员之间的关系。

3. 学会正确认识并处理客户抱怨及投诉。

全陪导游服务是保证旅游团（者）的各项旅游活动按计划实施，旅行顺畅、安全的重要因素之一。 全陪作为组团社的代表，应自始至终参与旅游团（者）全旅程的活动，负责旅游团（者）移动中各环节的衔接，监督接待计划的实施，协调领队、地陪、司机等旅游接待人员的协作关系。 全陪应严格按照服务规范提供各项服务。

任务一　团队三日游全陪导游服务

本任务选择华东地区部分城市为旅游目的地,结合相关参与人员的意见,制订以下三日游的全陪活动计划,如表 4-1 所示。

【案例】

华东三日游全陪活动安排

表 4-1　　　　　华东线三日游计划书

项目	内　　容	住　宿
1	早餐后乘车赴中国魅力名镇——千灯,寻先贤遗风,览水乡美景,听昆曲悠扬,观古镇风情。赴苏州,游览与北京颐园、承德避暑山庄、苏州拙政园齐名的中国四大名园之一——留园(图 4-1),游览七里山塘,车游盘门三景,观吴门古桥。游览寒山寺,听寒山寺钟声,感受唐诗中枫桥夜泊的意境,远眺虎丘斜塔。前往素有"天堂硅谷"美誉的新加坡工业园区,游览举世瞩目国民党前主席连战携全家回大陆省亲时观光之地,目前中国最大的城市湖泊公园——金鸡湖。后赴中国第一水乡——周庄,游沈厅、张厅、双桥等,观小桥、流水、人家。晚上可自费欣赏以水文化为背景的《四季周庄》(费用自理,130 元/人),在"小桥、流水、人家"的经典环境中的演出,集中展示周庄优秀传统文化和浓郁的水乡民俗风情,展现了江南水乡人民与水和谐相处的生活画卷。晚宿水乡周庄,带给您超凡惊喜。	周庄中房宾馆或画家村宾馆或苏州万顺楼宾馆
2	早餐后乘车前往无锡,游览"太湖佳绝处、毕竟在鼋头"——鼋头渚(图 4-2),游览中国第三大淡水湖——太湖美丽风光,感受太湖的烟波浩渺(天气许可),欣赏太湖美景。赴央视影视基地——三国城、水浒城。后乘车赴古都重镇南京,游览具有中国近代史博物馆之称的总统府:参观近代史博物馆、江南名园——煦园、太平天国天王府等景点;游大明王府,乾隆行宫——瞻园,晚畅游十里秦淮河,观夫子庙夜景。	南京都市客栈
3	早餐后乘车游金陵第一湖"玄武湖"外景,游览国共南京谈判旧址——梅园新村景区和全国爱国主义教育示范基地——雨花台(内有小门票,客人自理),侵华日军南京大屠杀遇难同胞纪念馆,大诗人李白笔下"三山半落青天外,二水中分白鹭洲"的白鹭洲公园,登阅江楼,观长江大桥。游览国家 AAAA 级景区——天妃宫,祈福妈祖,天佑中华。后乘车赴黄山	如家快捷酒店
接待标准	全程入住三星级标准酒店;全程 3 早 5 正餐(八菜一汤、10 人一桌,黄山段不含中餐);全程优秀导游服务;空调旅游巴士,保证每人一个正座	
费用包含	往返机票、机建、燃油费,含五个大景点第一大门票、餐费、住宿费、旅行社责任险	
保险	航空保险及旅游意外伤害险,包含景点:七里山塘、盘门三景、寒山寺、苏州新加坡工业园区、金鸡湖、天妃宫、白鹭洲公园、雨花台	
友情提示	(1) 请客人带好有效证件登机,请妥善保管好往返机票及有效证件,若遗失或漏带,因证件原因无法登机后果自负; (2) 折扣机票一经开出不得转签、更改、退票,因航空公司方面所做的航班调整或取消,与我社无关; (3) 因人力不可抗因素造成的费用由客人自理,如遇人力不可抗逆因素造成无法游览,只负责退还本社的优惠门票; (4) 如客人调整住房城市请补足城市住房差价,若出现单男单女需补房差或入住三人间; (5) 游客因个人原因临时自愿放弃游览、用餐、住宿、门票等费用一概不退还; (6) 自理景点是行程报价内不包含项目,如时间紧张,我社有权取消该自理景点;	

4

续　表

项目	内　　容	住　宿
友情提示	(7) 若客人持军官证、导游证、学生证、老年证、记者证、残疾证，行程当中门票不退，关于自费景点无优惠，如客人凭证件进入任何一个自费景点需补缴 600 元/人给当地导游； (8) 在不减少景点的前提下，我社可根据实际情况将景点作前后调整，游客无权擅自修改行程和自费景点，若全体游客同意修改自费景点，必须补齐自费景点差价； (9) 儿童价格不占床、不含景点门票，18 周岁以下按未成年人价结算，60 周岁以上老人加收 200 元/人。 　　行程中所推荐的自费景点，如果客人不愿参加，我社导游将客人安置在景点附近的地方自由活动，待其他客人游览完之后，再回原地接客人。客人不得跟车至景区门口，如需跟车而不参加景点，须交付车费 50～100 元/人（根据里程计算）。客人也不得擅自离开与导游约定好的集合地点，如果发生导游接客人时，客人擅自离开的情况，我社有权按照客人自愿离团，脱团处理	

随车司机：江师傅　　　　电话：1395550×××
旅游车牌号：苏 A712××（45 座金龙客车）
备注：如出现单男单女由我社安排三人间，若酒店无三人间则补房差。
旅行社（章）：××国际旅行社　　计调：李×　导游：王东　时间：2023.3.16

图 4-1　留园

图 4-2　鼋头渚

思考与讨论：

　　华东地区是我国重要旅游目的地之一，文化内涵丰富，作为全陪应如何带领团队在较短时间内完成行程，让游客满意？

点评：

　　对于参加华东游线路游客，因点多面广，全陪应充分考虑时间因素，让地陪介绍景点能够详略得当，有一定取舍，在欣赏之余，可以推荐游客带些特色纪念品以加深印象，当然各城市参观之间衔接应周密有序，让游客精神、物质双丰收，不虚此行。

一、落实准备工作

步骤一：熟悉接待计划。

　　接待计划是组团旅行社委托各地陪旅行社组织落实旅游活动的契约性安排，是导游了解该旅游团基本情况和安排活动日程的主要依据。上团前,全陪要认真查阅接待计划及相关资料,了解旅游团(者)的全面情况,注意掌握其重点和特点。

(一)熟悉旅游团成员的基本情况

包括人数、性别构成、年龄组合、家庭结构、职业性质、国籍和地区、宗教信仰,特别要记住领队姓名,了解是否有特殊游客(如旅行商、记者、残疾人、儿童、高龄老年人等)。

(二)熟悉旅游团的行程计划

全陪要查阅旅游目的地资料,熟悉行程中涉及的交通、住宿、就餐、游览景区的基本位置、安排时间、主要特色等情况,不清楚的地方可询问计调部或提前与地陪联系。了解旅游目的地的基本概况,包括历史、地理、人口、风土人情等信息,可以向老导游咨询或上网查询。

(三)熟悉费用结算情况及付款方式

全陪还应提前了解各项收费情况,如客人团款是否结清、风味餐费支付标准、部分交通费用是否现场收集、游客中是否有享受门票优惠的人员等。

步骤二:物质准备。

全陪接团前进行一定的物质准备是必不可少的。全陪需要准备的必要物品有:导游证、接待计划、名片、身份证、结算单据、导游旗、扩音器《顾客满意度调查表》《团队情况评价表》《分房表》、导游图、通讯册和全陪日志。同时,还要准备必要的防护用品(伞、防晒霜、遮阳帽、润喉片),必备的现金等。

步骤三:知识准备。

全陪要根据旅游团的特点,结合各地旅游景点的辅助资料、沿途各地概括性资料,并强化自己的口语表达能力,了解旅游者本国的历史文化风俗特点,了解最新的天气预报情况及国际新闻信息。

步骤四:落实接待事宜。

全陪在接团的服务准备中,还需要对旅游团接待计划进行落实。主要是包括吃、住、行这三方面,当然还有一些接待计划中不能体现的具体事宜,都需要导游进一步落实。全陪要提前与旅游车司机联系,了解旅游车车牌、型号,确认接团的时间和地点;全陪还要提前与地陪社联系,进一步核实接待计划,并与地陪约定接团的时间和地点。

二、接团服务

如果是国内旅游团,全陪一般在旅游合同中约定的集合地点迎候旅游者并由此出发带团按计划出游,或者是全陪联络好司机带上车一起在事先约定的地点沿途迎候游客上车,并由此出发带团出游。

步骤一:提前到达接站地点。

(1)全陪应按照与客人约定的接团时间和地点碰头。

(2)全陪要携带必备的证件,如导游证、接待计划等,至少提前半小时到达接站地点和地陪一起迎候旅游团。

步骤二:抵达后,尽快认找旅游团。

接到旅游团后,全陪应作自我介绍,向领队核实旅游团队实到人数、所需房间的确定间数、餐饮的特殊要求。如与原计划有出入或变更情况,则应及时与公司计调联系,反映情况并及时调整。

4

步骤三：交接行李并致欢迎词。

全陪要协助领队、地陪与游客清点行李，代表组团社和个人向旅游团致欢迎词（全陪致欢迎词可在接站地点，也可在前往饭店的途中）。

举例　全陪欢迎词

在座的各位大家早上好！非常高兴在周末的早上见到大家，感谢大家对我们××旅行社的支持，让我有这样的一次机会与大家同行并为大家服务，我心里非常高兴。首先做一下自我介绍：我叫杨盛盛，杨门女将的杨，繁荣昌盛的盛，大家叫我小杨或盛盛都可以，怎么亲切就怎么叫。开车的师傅姓×，这次的××之行就由我和×师傅共同为大家服务。如果大家在旅途过程中有什么困难和要求的话就尽管提，不要客气，我也会尽自己最大的努力帮助大家解决，有什么不满意的或觉得我哪些地方做得不合适希望大家及时提出来，我会立即改正。大家还记得我姓什么吗？（客人说姓杨）那请大家记一下小杨的电话××××，要记住哦，有什么事可以打小杨的电话，我们到××地方大概××小时，我们的车大概是两个小时会进一次服务区休息10分钟（当然，如果两个小时对你来说时间间隔太长了，且实在忍不住了，那要提前告诉我们，师傅可以就近找个服务区）。在中途休息的时候请大家保管好自己的贵重物品，最好带在身上。我们的车已经行驶在高速公路上了，给大家提几个小的建议。首先，大家在座位上坐好之后就不要随便走动，以免车速过快给大家带来危险；其次，早上大家都起来得很早，可能没有吃早餐，那么大家等一下在吃东西的时候把吃剩下的瓜果皮壳放在一个方便袋里，下车的时候顺便把垃圾扔到垃圾箱里保持车厢卫生。咱们这台车将陪伴大家这次××之行，希望大家能保持一个好的环境，我觉得出门在外平安就是一种幸福，那么我也希望这个行程能够把大家高高兴兴地带出去，平平安安地带回来，也预祝各位玩得开心。

三、途中服务

在从旅游客源地前往旅游目的地途中，全陪导游除了致欢迎词以外，还要沿途为游客提供讲解服务，做好与游客的互动，加深与游客的感情，并要与司机商定准确的交通线路，做好交通服务。

（一）讲解服务

在乘坐大巴到饭店的途中，全陪要提供首次沿途讲解服务。讲解时全陪应该站在旅游车前端，背靠车靠，面对游客，用话筒进行讲解，保证车内游客都能清晰地听到讲解内容。全陪讲解服务的内容一般包括两个方面：旅游者和沿途景物，即旅游者对什么感兴趣以及沿途能看到什么。

（二）文娱活动

在提供必要的讲解服务的同时，全陪还要准备一些文娱活动内容，活跃车上游客气氛。譬如，在讲解完后，给游客带来一段优美的戏曲；或者与游客互动，通过做些游戏，让游客参与进来；还可以为游客播放旅游大巴上的车载影视节目，丰富游客的途中生活。

（三）交通服务

在途中服务，全陪还要时刻注意沿途交通状况，遇到突发情况要及时提醒司机。对于旅游线路不熟的司机，还要做好向导工作。在西方国家，一些市内交通服务较为常见，即导游同时兼任司机为旅游者在当地旅行游览时提供驾驶服务，这在我国尚为数不多。但在可预见的将来,市内司机兼全陪服务必将成为常见的导游服务形式之一。

(四) 全陪与地陪交接工作

飞机或火车抵达后,及时联系地陪,确认是否已到机场或车站等候位置。全陪随后尽量走在游客队伍前方,手举导游旗,后带领游客拿行李,并清点游客人数。最后在约定位置对接地陪,全陪应向游客主动介绍,然后走在队伍后面,防止客人遗漏。

四、生活服务

饭店是游客在旅游途中临时的家,旅游者首次入住酒店时,全陪应提供相应的生活照料服务。全陪应该协助领队和地陪及时办理住店登记手续,告知游客饭店基本情况和入住基本事宜,安排好游客行李入房,带领游客用好第一餐,确认叫早时间。当团队离开饭店时,应提醒游客退房相关注意事项。总之,带给游客一个省心和愉快的旅途生活,是全陪所应当竭尽全力去做的。

步骤一:协助办理入店手续。

旅游大巴抵达酒店后,全陪提醒领队将收齐的游客身份证件交予地陪办理入店登记手续,帮助游客把行李搬下车,并带领游客在酒店前厅稍作休息,协助地陪办理好入店登记手续,并向酒店前厅登记人员提供旅游团队名单。

步骤二:分配房间。

全陪和地陪一起到酒店总台领取房卡,拿到房卡后,请领队分配房间,记录下领队、地陪和旅游团成员的房号,并将自己的房号告知游客。旅行社对外公布的旅游团住宿费用是双人间费用,若单个游客不愿意与他人合住,要求住单间,全陪需要提醒他需要额外支付单间差价。提醒游客掌握饭店总服务台的电话号码和与地陪紧急联系办法;为旅游者领取印有饭店地址、电话的卡片,并分发给游客。

步骤三:退房告知注意事项。

团队退房时,全陪需事先告知团队游客退房注意事项,包括退房集中时间和地点以及房卡交还方式,检查自己的行李是否带齐,饭店账目是否已结清等等。

举例 饭店设施陈旧引发的问题

经过近六个小时的上山下山,王东的旅游团总算从黄山上安全下来了,王东也由全陪变成了全陪兼地陪。游客们拖着疲惫的身躯下了车,进了下榻的饭店——一家建造于 30 年前的饭店。该饭店占地大,环境也很幽雅,是一家地地道道的老饭店。然而游客进入客房不久,就有几位跑来抱怨:这个说客房冷气不足,那个说客房太潮湿,还有的说客房没热水,纷纷要求换房。当时是旅游旺季,王东非常清楚这个时节饭店的客房供需状况。怎么办呢?他先来到反映有问题的几间客房,发现冷气不够是因为刚进客房,冷气才打开,且温度开关没有调到位;没有热水是因为热水龙头坏了;而客房潮湿则是因为这间房紧挨山崖。王东想:水龙头坏了可以修,客房不一定要换;但潮湿房一定要换。于是,王东来到饭店销售部,销售部人员开始声称没有空余客房,但在王东一再要求下,加上王东平时也很注意和他们建立良好的关系,最后,销售部人员在请示经理后,终于让王东的游客换了客房。问题总算得以圆满解决。

案例中辛苦了几天,甚至十几天、二十几天的旅游团的行程总算接近了尾声,眼看即可顺利完成旅行社交给自己的任务,然而就在这最后一站,却生出了这样那样的麻烦事。作为导游

4

员,尤其是全陪兼地陪,在这一刻绝对松懈不得。如果你松懈了,这么多天辛辛苦苦与游客建立起来的关系就会因此受到影响,游客对整个行程的满意度也会因此打折扣。"行百里者半九十",越是工作接近尾声,导游越要振作精神,不可功亏一篑。另外,导游服务工作的顺利完成,还有待于与其他部门人员的密切配合。除去旅行社内部的不说,旅行社外部的部门,如饭店、民航、铁路、游览点等,一点也不能放松。导游和这些部门的工作人员搞好关系,与之"善交",在非常时候是很能起作用的。本案例中,王东之所以最后能解决潮湿客房的调换问题,应该说一部分原因是功在平时。

五、游客个别要求的处理

(一)要求调换房间

团队游客到一地旅游时,享受什么星级的住房在旅游协议书中有明确规定,甚至在什么城市下榻于哪家酒店都写得清清楚楚。所以,接待方旅行社向旅游团提供的客房即使符合标准,但若用同星级的其他酒店替代协议中标明的酒店,游客也会提出异议。若提供的客房低于标准,游客会更有意见,旅行社必须负责予以调换,确有困难需说明原因,并提出补偿条件。

客房内有蟑螂、臭虫、老鼠等,游客要求换房应满足其要求,必要时应调换酒店。客房内的设备尤其是房间卫生达不到清洁标准应立即打扫、消毒。游客要求调换不同朝向的同一标准客房,若酒店有空房,可适当予以满足,或请领队在内部调配;无法满足时,应作耐心解释,并向游客致歉。

(二)要求更高标准的客房

游客要住高于合同规定标准的房间,如酒店有房间可予以满足,但游客要交付退房损失费和房费差价。

(三)要求住单间

住双人间的游客要求住单人间,如酒店有空房可予以满足,但房费自理。同屋游客因闹矛盾或生活习惯不同而要求住单人间时,导游应请领队调解或在内部调配;若调解、调配不成,酒店有空房可满足其要求,但导游须事先说明房费由游客自理(一般是谁提出住单人间谁付房费)。

(四)要求购买酒店的摆设

游客看上了酒店内的某一摆设要求购买时,导游可协助其与酒店有关部门联系。

六、后续服务

当旅游行程接近尾声,所有景点都游览结束后,全陪导游陪同游客返程。能否顺利返程,并带一份美好的旅游记忆回家,这对游客非常重要,也是对全陪服务最后的接待环节所提出的要求。

后续服务

步骤一:末站服务。

末站服务是旅游者对全陪良好印象加深的最后环节,因此,在这一环节服务,全陪应该以饱满的工作热情和良好的精神状态做好末站服务工作,让游客顺利、安全地离开。

(1)提醒工作。末站服务中,全陪必须提醒游客带好自身的物品和证件。

（2）填"游客意见反馈表"。全陪要主动征求游客对全程服务的意见和建议，对全体游客在途中给予的合作表示感谢；对工作失误或硬件设施的不足向游客表示歉意。请领队或游客填写"游客意见反馈表"，并在表上签名，交组团社备案。游客意见反馈表如表 4-2 所示。

表 4-2　　　　　　　　　　　　游客意见反馈表

尊敬的游客：

感谢您参加我社组织的旅游活动，为进一步提高我社导游服务质量，提升企业良好信誉，为广大游客提供更周到的服务，请您真实填写以下意见表，以便我社及时了解情况、改进服务，谢谢合作！

旅行社质量监督电话：×××8558　×××市旅游投诉电话：×××1234

×××旅行社

团队编号				团　号			目的地		
旅游时间				出游形式		散客 □	团队 □		
领队姓名				地陪姓名					
内　容	好	较好	一般	差	内　容			是	否
游程安排					是否签订旅游合同				
用餐质量					是否有被强迫购物或自费项目				
住宿安排					是否有景点遗漏现象				
车辆车况					导游有否索要小费和私拿回扣				
领队服务					全陪、地陪导游是否讲解景点				
地陪导游服务									
司机服务					旅游过程中是否有安全提示				
总体评价					是否会再次选择本社旅游				
意见建议									
							年　　月　　日		

签名：　　　　　　　　联系方式：

（3）致欢送词。返程途中，全陪可视路途长短适当对沿途情况进行导游讲解，也可回顾几天的游程，总结在旅游活动期间游览了哪些景点等，使旅游者感到"游有所值"。临近机场（车站）全陪应致欢送词。

欢送词的内容应包括：回顾旅游活动，感谢大家的合作；表达友谊和离别之情；征求旅游者的意见和建议；对不尽如人意之处向旅游者赔礼道歉；表示美好的祝愿。

步骤二：善后工作。

全陪服务的最后一项就是善后工作，在旅游团成功返程后，全陪的导游工作仍在继续。

（1）**处理遗留问题。**送走了旅游团，并不意味着全陪就可以轻松了，还需要妥善处理旅游团的遗留问题，提供可能的延伸服务。对于旅游团遗留的重大问题，需要向旅行社请示后再作处理。

（2）**行程总结。**全陪带团走南闯北，见多识广，需要和不同地方的地陪打交道，这些都给提高全陪的导游水平提供了良好的机会。旅游团送走后，全陪要及时认真总结此次行程的经验和体会，为以后更好地提供导游服务奠定良好的基础。

（3）**填写全陪日志。**对于行程总结的经验和体会，全陪需填写全陪日志，将整个团队的接

4

待情况记录下来,如果在旅游过程中发生了较为严重的旅游事故,则需要整理成书面材料向旅行社领导汇报。

（4）办理报销手续。全陪应在旅行社规定时间内,整理好旅游过程中发生的账目票据,及早与财务部门结清账目,相关票据有旅游团费用结算单、借款凭证、旅游团队报账单等,并归还向旅行社所借导游便携式耳机、导游旗等物品。

举例　全陪提醒工作不能马虎

2023 年 5 月份,有两位游客在烟台汽车站附近的旅行社参团"蓬莱阁一日游"。在旅游过程中因乘坐的旅游车辆发生故障,改乘另一辆旅游车继续行程。换车后该游客发现自己的皮包忘记在前一辆车上,遂告知导游。导游表示包不会丢失,等到吃完饭回去的时候再去取。晚饭过后,先前的那辆旅游车回来了,该游客赶紧上车找到了自己的包,并进行检查,结果发现少了 1 000 元现金,又找到导游要求给予说法和解决。导游称,游客并没有告知在旅游车上的包内有现金,也没有提出给予特别看管。她多次提醒游客不要把贵重物品与现金放在车上,自己已尽到了提醒的义务,所以无法给予赔偿。双方为此产生纠纷,因案件涉及财物被盗属于刑事案件,游客向当地 110 报警处理。

分析:近年来,游客旅游过程中都曾发生过物品丢失、被盗事件,有在观光途中的旅游车辆上丢失财物,有入住酒店后物品被盗,还有的车停放在酒店门前被砸导致电脑、皮包被盗窃。旅行社有提醒游客保管好随身携带贵重物品的责任,对游客交代看管的贵重物品应尽保管义务。游客外出旅游一定要看管好随身携带的贵重物,该寄存的要存好,该让酒店保管的交给酒店,该让门卫看管的要看好,切莫因疏忽大意而导致财物损失,影响旅游度假休闲好心情。如游客在旅游途中发生物品被盗,应立即报警,请求警方处理。

知识拓展　火车车次的代码区别

以 C 打头的车次:城际动车组列车。车次的表示方法为 C×××× (×××× 为四位数字)次,铁路系统标准读法为"城×××× 次",C 是汉字"城"的汉语拼音第一个字母。2008 年8 月 1 日,中国第一条城际铁路——京津城际铁路正式开通运营,列车最高时速 350 千米。

以 D 打头的车次:动车组列车。车次的表示方法为 D× (× 为一位或两位或三位或四位数字)次,铁路系统标准读法为"动车× 次",D 是汉字"动"的汉语拼音第一个字母。动车组是几节自带动力的车辆加几节不带动力的车辆而编成一组列车,其中带动力的车辆叫动车,不带动力的车辆叫拖车。中国现在使用的动车组名称是"和谐号",英文名称缩写是 CRH,全称是China Railways Highspeed(中国铁路高速)。

以 G 打头的车次:高速动车组列车。车次的表示方法为 G×××× (×××× 为四位数字)次,铁路系统标准读法为"高×××× 次",G 是汉字"高"的汉语拼音第一个字母。2009 年12 月 26 日,中国第一条高速铁路——武广高速铁路正式开通运营,列车设计时速 350 千米,列车最高时速 380 千米。

以 Z 打头的车次:直达特别快速旅客列车。车次的表示方法为 Z× (× 为一位或两位数字)次,铁路系统标准读法为"直× 次",Z 是汉字"直"的汉语拼音第一个字母。直达特别快速旅客列车在运行过程中一站不停或者经停必须站但不办理客运业务。直达特别快速旅客列车的车底均采用 25T 型,均为空调列车,跨局运行。

以 T 打头的车次:特别快速旅客列车。车次的表示方法为 T× (× 为一位或两位或三位或四位数字）次，铁路系统标准读法为"特×次"，T是汉字"特"的汉语拼音第一个字母。特别快速旅客列车在运行过程中一般只经停省会城市或当地的大型城市。

以K打头的车次：快速旅客列车。车次的表示方法为K×（×为一位或两位或三位或四位数字）次，铁路系统标准读法为"快×次"，K是汉字"快"的汉语拼音第一个字母。快速旅客列车在运行过程中一般只经停地级市或重要的县级市，也有少量直达列车。快速旅客列车一般为空调列车，最高时速120千米。

以N打头的车次：管内快速旅客列车。车次的表示方法为N×（×为一位或两位或三位或四位数字）次，铁路系统标准读法为"内×次"，N是汉字"内"的汉语拼音第一个字母。全程停靠地级市类的中大站。

以L打头的车次：临时旅客快车。车次的表示方法为L×（×为两位或三位或四位数字）次，铁路系统标准读法为"临×次"，L是汉字"临"的汉语拼音第一个字母。临时旅客快车是在客流高峰日开行的列车，停靠县级市和大部分县级中大车站。临时旅客快车一般在春运、暑运、国庆长假等客流高峰日开行，跨局临客列车一般没有空调。

以Y打头的车次：临时旅游旅客列车。车次的表示方法为Y×（×为一位或两位或三位或四位数字）次，铁路系统标准读法为"游×次"，Y是汉字"游"的汉语拼音第一个字母。为旅游而开设的列车，目前只有极少量列车使用此车次。

任务二　团队五日游全陪导游服务

本任务选择海南休闲双飞五日游为旅游目的地和案例地，结合相关参与人员的意见，制订以下五日游的全陪出团计划书，如表4-3所示。

【案例】

海南五日游全陪活动安排

表4-3　　**海南休闲双飞五日游计划书**

椰风海韵、阳光、沙滩、海水、绿色、空气……让我们放飞心情，尽享假日浪漫

产品特点		
● 全程准三星级酒店	● 全程三个购物店	● 含海南政府价格调节基金

行程安排（行程中未注明自理项目均为已含）	
第一天 杭州—海口	杭州15:00集合出发去杭州机场，转乘CS7567航班赴中国最南端省会城市——海口，车览沿途椰城美景，后入住酒店。住：海口
第二天 海口—兴隆 含：早中晚餐	早餐后参观海口五公祠（约30分）；游览吉尼斯世界纪录海河最狭长的自然海滩——博鳌玉带滩（须另付费，约40分钟）；途经亚洲最高经济论坛永久会址所在地——亚洲论坛成立会址；游览"中国的亚马孙河"，乘野趣竹筏畅游万泉河——万泉河竹筏漂流（约40分钟），感受戏水的乐趣，回忆少年时的激情岁月；赴兴隆，参观中国咖啡的原产地——兴隆咖啡加工厂（约60分钟）；参观具有科研、科普、观光和植物种质保护功能的"天然氧吧"——热带南药植物园（约60分钟）。享用小鱼疗保健温泉浸泡（按酒店开放时间），彻底消除一天来的旅途劳顿，晚餐后可自费欣赏充满异国风情的红艺人表演（须另付费，约120分钟）。住：兴隆

4

续　表

行程安排(行程中未注明自理项目均为已含)	
第三天 兴隆—三亚 含:早中晚餐	早餐后游览海南最佳的看海地,欣赏高山族阿里郎和槟榔西施的精彩表演——日月湾海门世界(须另付费,约120分钟);随后游览西太平洋处女岛——分界洲岛(图4-3,含往返快艇费,约120分钟),可选择海上各种娱乐项目(须另付费);参观4A级海南原住民风情文化景区——槟榔谷(须另行付费,约120分钟),体验海南原住民文化;参观海南独有矿藏——水晶工艺加工厂(约60分钟),了解海南"琼"字的来由;游览"福如东海"大东海风景区(约40分钟,娱乐项目须另付费加时);晚餐可自费享受海鲜风味大餐后自由活动。住:三亚
第四天 三亚—海口 含:早中晚餐	早餐后途经三亚"慢行"大道——椰梦长廊情,两旁椰树婆娑,大海、沙滩近在咫尺,海风拂面,凉爽宜人;车览世界小姐大赛总决赛会场——美丽之冠;游览爱情圣地"天之涯,海之角"——天涯海角游览区(图4-4,约90分钟),感受古人的情怀,爱的力量;游览俯瞰亚龙湾全景、海南省第一座滨海山地生态观光兼生态度假型森林公园、非诚勿扰2拍摄地——亚龙湾热带天堂森林公园(须另付费,约120分钟),园内数十处新奇景观,让你流连忘返;参观亚龙湾国家旅游度假区(图4-5,约40分钟),感受沙如脂,蓝如靛,湾如虹的"东方夏威夷"的浪漫情怀;参观海味食品加工厂(时间约50分钟),免费品尝海特产品;晚餐后自由活动。住:海口
第五天 海口—杭州 含:早餐	早餐后,自主活动至送机时间,尝试做海口市民,自主安排时间(不含餐车),专车送机场,乘飞机返杭州,结束愉快游程

行程报价:5 888 元

行程推荐自费景点及项目(明明白白消费)

红艺人表演200、海鲜风味大餐180、凤凰岛出海+垂钓158、南山佛教文化苑+素斋198

南湾猴岛+索道165、南天生态大观园125、夜游三亚湾168、大小洞天+养生素斋188

成立会址+玉带滩98、体验潜水380起、槟榔谷165、热带天堂公园+热带雨林养生餐243

接待标准

1.交通:杭州—海口往返为飞机,景区及接送为空调旅游车
2.住宿:全程预备四星级酒店标准间(空调、彩电、独卫)
3.用餐:供应4早6正餐(正餐八菜一汤、十人一桌、餐标15元/人)
4.门票:以上行程所列景点门票(自理除外)
5.导游:全程优秀导游服务
6.保险:旅行社责任险

全陪导游:田甜　联系方式:138××××××××　地陪导游:王×　联系方式:×××××××××
送机场司机:张师傅　电话:1390571××××
旅游车牌号:浙A012345　(45座金龙客车)

备注:如出现单男单女由我社安排三人间,若酒店无三人间则补房费差价

旅行社(章):××中国旅行社　　　计调:王×　　　导游:田甜　　　时间:2023.4.12

图 4-3　分界洲岛

图 4-4　天涯海角游览区

图 4-5　亚龙湾国家旅游度假区

思考与讨论：

海南旅游岛是我国主要热门目的地之一，同时也经常被报道出现游客被"宰"事件，作为全陪导游，如何维护好游客权益？

点评：

首先询问游客报名参加此次团队游是不是正常价格，如果是特价游或低于常规标准，应客观告知会有补差价消费行为；其次，应及时与地陪沟通，去当地旅行社安排的正规餐厅、酒店，不去额外非法购物等场所；再次，如果出现纠纷，应以游客签订合同和《中华人民共和国旅游法》为依据,全陪积极维护游客权益。

按照以上计划安排,全陪导游田甜应有条理开展以下各项工作。

一、服务准备

做好准备工作,是全陪提供良好服务的重要前提。接待计划书是组团旅行社落实旅游团活动的主要依据,也是全陪与相关各接待部门费用结算的主要凭证。全陪要认真研究分析,做好准备工作。

步骤一:熟悉接待计划。

同全陪任务一。

步骤二:开行前说明会。

全陪在出发前几天最好能召集旅游团全体成员开行前说明会,一是把有关事项告知客人;二是通过说明会与客人认识并让客人之间相互认识和接触,这样便于以后的团队组织工作。会上主要涉及以下内容。

(1)问候介绍。感谢大家对本旅行社的信任,选择参加我们的团队,全陪自我介绍,表明工作态度。

(2)温馨提示。注意统一活动,互相关照,强化时间观念,准时准点,以免影响到整个团队的行程进度。

(3)行程说明。按行程表逐一介绍,但必须强调行程表上的游览顺序有可能因为交通等原因发生变化,同时说明哪些活动属于自费项目,客人可以选择参加,也可以不参加。

(4)通知集合时间及地点。通常要比航班起飞时间提前两小时左右(国际航班三小时左右)在机场或港口指定位置集合。

(5)提醒客人带好有关物品和证件。如身份证、儿童登机用的户口簿、部分现金、洗漱用品、拖鞋、衣物、常用药品等。尤其是针对去海边旅游的团队,应提醒客人带好泳衣、防晒霜等海边活动必备物品。

(6)人身安全。告诫客人在旅游目的地要注意安全,像少数民族聚居地,应尊重当地习俗,减少不必要冲突。对于户外有一定危险的活动,尤其是海滨登山,更应该提醒客人注意个人安全。对于身体不适者,应提前告知全陪先行休息。

(7)财物保管。提醒客人不要把财物放在旅游车上,并向客人介绍酒店保险箱如何使用以及托运行李等基本旅游知识。

(8)落实住房。可以提前根据团队构成情况把房间人员组合安排好,不用再到目的地才进行酒店分房工作。

(9)了解游客有无特殊要求。接受客人对出游的各方面疑问,进行解释说明工作,如有解释不了的可联系旅行社或会后交由相关旅行社工作人员协助解决。

步骤三:物质准备。

上团前,全陪必须携带必备的证件和有关资料,其中包括以下几种。

(1)必带的证件和单据:本人身份证、导游证、预支现金、旅游团接待计划、行程单、客人名单表、游客意见反馈单、全陪日志等。

(2)个人用品:手机等通信设备、换洗衣物、海边泳衣、常用药品等。

步骤四:与地陪导游联系。

接团前一天,全陪应同地陪取得联系,互通情况,尤其是告知团队的人数,以及关于住宿安排和就餐标准的核对。同时，了解目的地是否有其他注意事项，可以提前告诉游客，妥善安排好相关事宜。

二、接团服务

所谓接团服务，是指全陪前往机场（车站、码头）迎候旅游者，并将旅游者转移到下一旅游目的地过程中所需要做的工作。全陪接到旅游团后，要让旅游团立即得到热情友好的接待，让旅游者有宾至如归的感觉。

步骤一：欢迎团队。

全陪应提前半个小时到接站地点，与司机一起迎候旅游团。集中核实人数和行李件数，在乘车去机场的途中，向旅游团队致欢迎词，代表组团社和个人向旅游团表示诚挚的欢迎。

步骤二：乘机流程。

（1）到达机场后，全陪安排客人在一固定处集中和办理手续等，并向游客说明机场设施和乘机的注意事项。

（2）前往指定的航空公司柜台前，若客人持有"电子客票"，全陪应协助或统一为客人办理登机牌，组织行李托运。

（3）带领游客持身份证、登机牌有序地通过安检，原则上全陪应该在全部客人通过后方可能通过安检，以防遇到突发情况，全陪可以协调处理。

（4）带领团队在指定候机口待机。

步骤三：登机或登车。

登机后，全陪应及时协助空乘人员帮助游客找到座位，并协助其将行李物品放置在座位上方行李舱内。对于乘坐火车，全陪应协助游客找到自己座位，并把行李物品放好。如果是卧铺票，要提醒游客及时用火车票置换卧铺卡，协助客人找到铺位、安放行李，告诉客人自己的铺位号。

举例　飞机晚点事件处理

2023年4月13日下午3点，田甜接到游客后，驱车赶到杭州萧山国际机场，到了机场后发现此趟CS7567飞机居然晚点一个小时，这时田甜又该怎么做呢？

（1）首先，立即向机场询问处询问该机次飞机晚点的时间和原因，确认后再重新安排。

（2）联系旅行社，通知下一站接待社重新安排住宿、餐饮和旅游大巴接机事宜。

（3）对此次事故向游客致歉，并说明此次飞机晚点的原因，请求获得游客的谅解。由于飞机晚点时间不长，可以安排游客在机场等候厅等候。

知识拓展　中国东方航空公司（简称东航）旅客须知

1. 订座

旅客在订妥座位后，凭该订妥座位的客票乘机，不定期客票须订妥座位后方能使用。已经订座的旅客须在订座时约定的时限内购买客票，如未在约定的时限内购票，所订座位将会被取消。

2. 购票

旅客购买机票时须出示本人有效旅行证件（包括身份证、护照、签证等）。旅客购票时需填写"旅客购票单"。患病的旅客购票，须持有东航认可的医疗单位出具的适于乘机的证明。有关患病旅客适合乘机的详情可参见"运输条件"。

3. 客票

客票是东航与旅客之间订立航空运输合同和运输合同条件的初步证据。客票包括纸质客票和电子客票。客票为记名式，只限客票上所列姓名的旅客本人使用。客票不得转让和涂改，否则客票无效，票款不退。客票的有效期自旅客开始旅行之日起一年内运输有效。如果客票全部未使用，则从客票填开之日起一年内运输有效。特种票价的客票有效期，按该客票适用票价的有效期计算。客票须按照客票所载明的航程，从出发地点开始按顺序使用。

4. 电子客票

旅客可以到东航直属售票处、东航销售代理商和登录东航电子客票网站购买电子票。旅客在购买电子客票时须提供将会在机场办理登机手续时使用的有效旅行证件。"航空运输电子客票行程单"仅作为旅客购买电子客票的报销凭证，不作为机场办理乘机手续和安全检查的必要凭证。

5. 儿童票、婴儿票

已满两周岁、未满 12 周岁的儿童须购买儿童票。未满两周岁的婴儿不须购买婴儿票，不单独占用座位；如需要单独占用座位时，须购买儿童票，具体票价请向售票人员咨询。每名成人只能携带两名不超过 12 周岁的旅客（包括儿童和婴儿），旅客携带婴儿超过一名的，另一名婴儿须购买儿童票。

6. 客票遗失

旅客如遗失东航客票，可在该遗失客票的有效期内，持本人有效身份证件及遗失客票出票人联的复印件或传真件，前往东航直属售票处办理客票遗失登记手续。东航核实情况后，对符合补开条件的客票，于航班起飞前一个工作日内给予补开新票，并收取补开手续费。补开的客票不得退票、不得变更、不得签转。旅客也可在遗失客票有效期满 90 天以后（遗失客票若含外航航段，则在客票有效期满 150 天以后），根据退票适用条件办理退票手续，东航将收取相应的退票手续费。遗失客票被冒用、冒退，东航将不承担责任。

7. 退票

旅客在客票的有效期内没有完成部分或全部航段，可以提出退票申请。如客票上已注明"不得退票""NON REF"或"NON REFUND"，该客票不得退票。旅客退票须持本人有效旅行证件及客票（如适用）至原购票地点办理退票手续。旅客自愿退票时，东航按客票的票价及其适用条件收取退票手续费。因旅客原因在航班的经停地终止旅行，该航班未使用航段的票款不予退还。因东航原因旅客不能按原定航班或原定舱位成行，旅客可选择退票，东航免收退票手续费。旅客办理乘机手续后，因证件不符未能乘机或因违反政府、承运人相关规定被拒绝乘机等原因而要求退票，按自愿退票的规定办理，东航将收取退票手续费。

8. 乘机

为保证航班准点，东航国际航班将在起飞前两小时开始办理乘机手续，起飞前 45 分钟停止办理；国内航班将在起飞前 90 分钟开始办理乘机手续，起飞前 30 分钟停止办理。

备注：各地机场因候机区域条件不同，停止办理时间会有一定差异，为避免误机，请旅客与当地机场确认，并在规定时限内到达机场办理乘机手续。

温馨提示：

当飞机在空中发生颠簸时，请在座位上坐好，系紧安全带，在"系好安全带"指示灯熄灭之前请不要离开座位,不要使用洗手间;如正在客舱中行走,可以采取抓住行李架下方凹槽或握住厨房周围、厕所内外的把手固定身体;如果遇到严重颠簸,无法回到座位上的时候,可采取下蹲姿势拉住座位下方的行李挡杆等设备固定身体。

9. 托运行李

托运行李每件不得超过 50 千克,体积(长、宽、高)不得超过 40 厘米×60 厘米×100 厘米。国际航线应按照国家每件普通托运行李重量不超过 32 千克的特别规定。

10. 免费行李额

国内运输,旅客的免费行李额(包括托运行李和非托运行李):头等舱旅客为 40 千克,公务舱旅客为 30 千克,经济舱旅客为 20 千克。按成人票价 10% 付费的婴儿,无免费行李额。适用计重免费行李额的国际、地区运输,旅客的免费行李额(包括托运行李和非托运行李):头等舱旅客为 40 千克,公务舱旅客为 30 千克,经济舱旅客为 20 千克,按成人票价 10% 付费的婴儿为 10 千克。

11. 不得随身携带或者托运的物品

枪支、军用或警用器械(含主要零部件);爆炸物品;管制刀具;易燃、易爆物品;毒害品;腐蚀性物品;放射性物品;其他危害飞行安全的物品,如可能干扰飞机上各种仪表正常工作的强磁化物、有强烈刺激性气味的物品等;国家法律法规规定的其他禁止携带、运输的物品。

12. 不得在托运行李内夹带的物品

重要文件和资料、外交信袋、证券、货币、流通票证、贵重物品、易碎易腐物品,以及其他需要专人照管的物品,不得加入行李内托运。东航对托运行李内夹带上述物品的遗失或损坏按一般托运行李承担赔偿责任。

13. 行李包装

托运行李必须包装完善、锁扣完好、捆扎牢固,能承受一定的压力,能够在正常的操作条件下安全装卸和运输。对包装不符合要求的行李,东航可拒绝收运。

14. 行李赔偿

旅客的托运行李全部或部分损坏、丢失,赔偿金额按相关法律法规办理。

15. 航班延误时的责任

由于机务维护、航班调配、商务、机组等原因,造成航班延误或取消,东航将向旅客提供航班动态信息、安排餐食或住宿等服务。由于天气、突发事件、空中交通管制、安检以及旅客等非承运人原因,造成航班延误或取消,东航可向旅客提供航班动态信息,协助旅客安排餐食和住宿,费用由旅客自理。

三、途中服务

乘飞机(火车、轮船)时,全陪要积极争取民航、铁路和航运部门等工作人员的支持,共同做好安全保卫和生活服务工作。

如今,游客以满足享受需要为其出游的主要目的之一,因此,认真做好游客的旅行生活服务显得十分重要。在旅游途中,全陪应该细心、周到地照顾游客,提醒游客注意人身和财产的安全。在旅游车上,全陪可以向游客介绍沿途风光。为了活跃旅游团的气氛,还可以在车上开展一些文娱活动。

乘坐火车旅行,白天的行程中,全陪应该每隔 1~2 小时去巡查一次,问询客人有无需要服务和其他帮助,不能不闻不问,要充分利用这段时间和客人沟通感情;提醒客人保管好自己的物品;下车前半个小时,通知客人做下车准备,不要遗忘物品,卧铺车厢游客要向列车员换回火车票,进一步联系目的地的地陪。

举例 游客患病事件处理

在一次海南双飞五日游的旅途过程中,有两位旅游者不同程度地出现了拉肚子和中暑的情况。这时全陪田甜立即对他们进行现场处理,把为自己准备的药给拉肚子的旅游者服用,用酒精替中暑的旅游者擦身。过了一会儿,这两位旅游者感觉好多了。此刻,不少旅游者纷纷称赞导游员为游客想得真周到。两位患者也很感激田甜,但也有不少游客在背地里批评导游。

分析:本案例中旅游团队中有游客突然患病,导游田甜伸出援助之手将自己的药品给患者服用,使得游客恢复了健康,这本该是件好事。在实际导游工作当中,确实存在当游客出现一般性疾病的时候,譬如晕车,感冒等,有导游会将自身携带的药品给游客服用,甚至游客自己向导游要药。但是,按照《导游人员管理条例》规定,导游擅自给患病游客服药违反了导游操作规范。按照规定,旅游途中有人突然患病,作为导游要尽早劝他们治疗,视情况可以陪同患者去医院就医,同时要照顾患病旅游者,多给予观察和关心。特别是突患重病者,一定要及时送往医院进行抢救,导游切忌擅自给游客用药。

四、导游协调沟通

在旅游途中,全陪不仅要负责同组团社和各地陪社的联络,做好旅行各站的衔接工作,还需要协调领队、地陪、司机等方面接待人员之间的合作关系。同时,全陪还需要和游客进行良好的沟通,既表现了对游客的尊重,也可以从沟通中了解游客的需求和兴趣。

(一)核对、商定日程

核对、商定日程是旅游团抵达后的一项重要工作,是两地导游合作的开始。全陪应与地陪、领队再次核对旅游日程,如果有需要更改的旅游日程,需及时通知到每一位游客,使游客心中有数。

1. 核对、商定日程的时间和地点

如果团队抵达后直接去景点游览,核对、商定日程可选在行车途中;如果团队事先前往酒店,可选在酒店大堂、咖啡厅或全陪的房间等处。如果日程与原计划无原则性出入,由地陪向全团宣布即可;如果有明显改变,则由领队或全陪向游客宣布并说明调整的理由。

2. 核对、商定日程的常规内容

(1)核对领队、全陪、地陪各自手中的行程计划有无出入。

(2)核对参观游览的景点名称、数目和时间。

(3)核对餐饮和客房的标准。

(4)商定自由活动的时间安排。

(5)落实特殊活动及特殊要求的安排。

(6)征求领队、全陪对自费项目的意见。

(7)落实离开本地的交通工具、航班(车次)及时间。

(8)就领队或游客提出的新要求,根据情况予以回答。

导游协商行程

4

3．核对、商定日程时采取的相应措施

（1）领队或游客提出小的修改意见或要求增加新的游览项目时，地陪应及时向接待社有关部门反映，对合理又可满足的项目应尽量安排；需要加收费用的项目，由地陪事先向领队或游客讲明，按有关规定收取费用；对确有困难无法满足的要求，由地陪向领队或游客说明原因并耐心解释。

（2）领队或游客提出的要求与原日程不符且又涉及接待规格时，全陪一般应婉拒，并说明我方不便单方面执行合同；如有特殊理由，并且是由领队提出时，全陪必须与地陪协商，由地陪请示接待社有关部门。

（3）领队（或全陪）手中的接待计划与地陪的接待计划有部分出入时，地陪应及时报告接待社查明原因，分清责任。若是接待方旅行社的责任，地陪应实事求是地说明情况并赔礼道歉。

（二）导游之间的协作

导游服务集体的凝聚力是导游人员顺利带团的保障。全陪、地陪与领队之间的合作至关重要：一是因为导游员与旅游团领队之间的合作实际上是接待社和组团社之间的合作；二是因为领队是旅游团的领导、旅游者的代言人，比较了解旅游者。得不到领队的协作，导游是很难带好旅游团的。

1．旅游团队协作共事的基础

旅游企业之间、旅游企业与导游者之间签订的协议是旅游团队导游服务集体协作共事的基础。

2．全陪与领队的合作共事

尊重领队；支持领队工作；避免正面冲突；掌握主动权；争取多数旅游者的理解和支持。

（三）全陪与接待单位的协作

1．全陪与旅游接待单位协作的方法

及时协调，做好衔接工作；心思缜密、考虑问题全面周到；遇到困难，争取协作单位的帮助。

2．全陪与其他接待人员的关系

此处导游的合作者是指为同一旅游团队提供旅游服务的其他接待单位的工作人员，如旅游车司机、商店售货员、饭店服务人员等等。导游与合作者的关系应该是平等的。尊重合作者；善于向合作者学习；坚持原则、平等协商。

（四）全陪与客人的沟通工作

在旅游过程中，全陪应该力争与游客建立伙伴关系，与游客进行良好的沟通，因为只有在游客的合作下，旅游活动才能顺利地进行并达到良好的效果。导游要善于引导、说服游客，比如因客观原因变更旅游日程时，全陪要实事求是说明情况，告知变更的原因，争取全部或绝大多数游客的支持。

举例　全陪擅自变更旅游行程

2023年2月，某旅行社接待香港某旅行团。按照旅游合同约定，该旅行团在北京游览四天，2月11日游览长城、2月12日游览颐和园、2月14日参观市容后乘机离境。该旅行社导游小李未征得该旅行团的同意，擅自对旅行团日程作了变更，将游览长城的日期改为2月14日。该旅行团曾对此变更提出质疑，小李未作任何解释。2月13日，北京下了一场大雪。2月14日清晨，旅行团车到八达岭脚下，由于积雪封路无法前行，该团只得返回。翌日，该团离境返港后向旅游投诉中心投诉。

　　分析：国务院颁布实施的《导游人员管理条例》规定：导游人员应当严格按照旅行社确定的接待计划，安排旅游者的旅行、游览活动，不得擅自增加、减少旅游项目或者中止导游活动。导游小李未征得该团同意擅自改变日程属于违反合同的行为，并且此行又给游客造成一定的损失；2月14日，不能游览长城是由于天气和路况等无法预料、无法克服、无法避免的原因造成的，属于人力无法抗拒，但起因是旅行社的违约行为。依据《旅行社质量保证金赔偿试行标准》第八条一款：导游员擅自改变活动日程，减少或变更参观项目，旅行社应退还景点门票、导游服务费，并赔偿同额违约金，《导游人员管理条例》第二十二条第二款：导游人员擅自变更接待计划的，由旅游行政部门责令改正，暂扣导游证三至六个月；情节严重的，由省、自治区、直辖市人民政府旅游行政部门吊销导游证并予以公告。处理如下：

　　（1）旅行社退还长城景点门票、导游服务费。

　　（2）旅行社赔偿长城景点门票、导游服务费同额违约金。

　　（3）暂扣导游员小李导游证三个月。

举例

　　改变计划，旅行社是否应承担赔偿责任？

　　2023年1月30日至2月4日，张先生等16名游客参加某旅行社组织的"云南四飞六日游"。按日程计划应于2月3日乘飞机从西双版纳回昆明，但由于大雾和雷雨天气，当天航班被取消。旅行社为了保证2月4日准时乘上昆明到北京的航班，积极采取补救措施，拟改乘大巴返回昆明，但与游客协商未能达成一致。游客坚持按原约定乘飞机赴昆明，以致滞留西双版纳四天，直到2月8日旅行社买到机票后才返程。游客投诉该旅行社，要求其承担违约责任，支付滞留期间的食宿费及误工费等。

　　分析：《旅行社条例》第三十三条规定：旅行社及其委派的导游人员和领队人员不得非因不可抗力改变合同约定的内容。而此案例中，确是因为发生了不可抗力，才导致导游人员改变原定交通工具。另外，根据民法典（合同编）规定："因不可抗力不能履约的，根据不可抗力的影响，部分或全部免除责任，但法律另有规定的除外。当事人延迟履行后发生不可抗力的，不能免除责任。"所谓不可抗力是指不能预见、不能避免并且不能克服的客观情况，航空公司因有雷雨天气原因，为了飞行安全取消西双版纳至昆明的航班，属不可抗力，旅行社为了保证后面的行程顺利进行，采取了补救措施，拟改乘大巴返昆明。因此，旅行社不应承担赔偿责任，只退机票与车票之间的差价。而游客坚持按原定计划乘飞机返昆明，双方未达成一致，以致滞留昆明四天，由此所造成的额外费用应由游客承担。

　　旅游质监部门在查明事实的基础上，依据《旅行社质量保证金赔偿试行标准》第十六条规定，处理如下：

　　（1）旅行社无过错，不承担赔偿责任。

　　（2）游客承担滞留期间所发生的一切费用。

　　本案中，张先生等16名游客没有采取适当措施致使损失扩大，根据《旅行社条例》第三十五条规定，旅行社违反旅游合同，造成旅游者合法权益受到损害的，应当采取必要的补救措施，并及时报告旅游行政管理部门。由于天气原因造成航班取消，责任不在旅行社方面，而旅行社也采取了补救措施，但张先生等16名游客不予接受致使损失扩大。因此，导致损失扩大的一切费用应这16名游客自行承担，旅行社不负赔偿责任。

五、离站服务

在旅游团离开各地之前,全陪应进行如下工作。

（1）提前提醒地陪落实离站的交通票据及离站的准确时间,尽量减少游客自由活动时间,以免影响离站。

（2）协助领队和地陪办理离站事宜,向游客讲清航空、铁路、水路有关托运或携带行李的规定,超重部分应按章程交纳行李超重费;帮助有困难的游客捆扎托运行李;协助领队、地陪清点旅游团行李。

离站服务

（3）妥善保管票证,到达机场（车站、码头）后,应与地陪交接交通票据、行李托运单,交接时一定要点清、核准并妥善保存,以便到达下站后顺利出站;与地陪按规定办好财务手续,并妥善保管好财务单据。

六、各站衔接工作

当旅游团抵达旅游目的地后,全陪应走在团队前列带领游客出站,同时需要做以下工作。

（1）及时联系地陪,如一时未联系上,让客人集中在一处,不要随意走动,全陪主动寻找地陪。

各站服务介绍

（2）见到地陪,向游客介绍地陪,由地陪引导上旅游车。

（3）上车后与领队、地陪再次核实旅游团人数、行李件数。

（4）如客人中有未到者,及时联系并等待,同时要安抚好其他客人情绪。

举例　客人提出离团单独活动

"海南双飞五日游"的行程进展得很顺利,就在到达海南的第二天,团中有一名游客提出要求自己单独活动,全陪田甜应该答应这名游客的要求吗?

分析：

参加团队的游客,大部分时间是集体活动。出于种种原因要求自由活动或单独活动,导游应根据不同情况,按合理而可能的原则妥善处理,并认真回答游客的咨询,提出建议,尽量满足他们的要求。

（1）一般情况下允许游客自由活动。当旅游团中有的游客已多次来本地游览过某一景点,因而不希望随团活动时,如果其要求不影响整个旅游活动,可以满足并提供必要的协助。如提醒其戴上饭店的店徽,写一便条交游客（写上前往目的地的名称、地址及下榻饭店的名称和电话）,帮助找出租车,提醒游客晚饭的用餐时间和用餐地点等。

到某一游览点后,若有个别游客因个人爱好,希望自己游览或摄影,希望不按规定的线路游览时,若环境许可（游人不太多,秩序不乱）,可满足其要求。导游要提醒其集合的时间和地点及旅游车的车号,必要时留下字条,写上集合时间、地点和车号以及饭店名称和电话号码,以备不时之需。

晚上如无活动安排,游客要求自由活动时,导游应建议不要走得太远,不要去秩序乱的场所,不要太晚回饭店等。

（2）需劝阻游客自由活动的情况。当游客向导游提出要求单独自由活动时,下述情况不宜让游客单独活动：

❶ 旅游团计划去另一地游览,或旅游团即将离开本地时,若有人要求留在本地活动,由于牵涉面太大,为不影响旅游团活动计划的顺利进行,导游要劝其随团活动。

4

❷ 地方治安混乱、有危险时，导游要劝阻游客外出活动，更不要单独活动，如不宜让游客单独骑自行车去人生地不熟、车水马龙的街头游玩，但必须实事求是地说明情况。

❸ 游河（湖）时，游客提出希望划小船或在非游泳区游泳的要求，导游不能答应，更不能置旅游团于不顾而陪少数人去划船、游泳。

❹ 游客要求去不对外开放的地区、机构参观游览，导游不得答应此类要求。

总之，出现以上情况时，导游要向游客耐心解释、说明原因，以免发生误会。

知识拓展　心有多大，舞台就有多大——导游可借鉴的各种艺术形式

旅游车是一个舞台，这是展示导游才艺、学识最好的地方，心有多大，舞台就有多大。谁说导游就不是一门艺术？心有多大，舞台就有多大——导游可借鉴的各种艺术形式。

一、歌曲

导游唱歌不是什么新鲜事，如果仅仅是单纯地唱歌的话，只能算一种才艺展示，而并非一种应用，我这里举出几种应用形式，给大家开拓一下思路。

（一）改词

把歌词改了，往旅游活动中套，例如这一首《浪花一朵朵》。

原词：

　　我要你陪着我

　　看着那海龟水中游

　　慢慢地爬在沙滩上

　　数着浪花一朵朵

　　你不要害怕

　　你不会寂寞

　　我会一直陪在你的左右

　　让你乐悠悠

　　日子一天一天过

　　我们会慢慢长大

　　我不管你懂不懂我在唱什么

　　我知道有一天

　　你一定会爱上我

　　因为我觉得我真的很不错

　　时光匆匆匆匆流走

　　也也也不会回头

　　美女变成老太婆

　　哎呀那那那个时候

　　我我我我也也

　　已经是个糟老头

　　我们一起手牵手

　　啦啦啦～～啦啦啦～～啦啦啦～～

修改：

　　我要你们随着我

体验这某地 N 日游

悠闲地坐在大巴上

数着高楼一座座

你不要害怕

你不会寂寞

我会一直陪在你的左右

让你乐悠悠

时间分分秒秒过

我们快乐又潇洒

出游的感觉真的很不错

也许过了几天

我们一定会爱上这里

这里有我们的友谊和快乐

我们这里也要走走

那里也要溜溜

偶尔也要出趟国

人生高高兴兴工作

快快乐乐生活

我们一起手牵手

啦啦啦～～啦啦啦～～啦啦啦～～

我们结伴一起游

这样改歌词并不困难,随时可以根据实际情况作出调整,比如送团时候唱,就可以改成"你们曾经随着我"什么的。对歌词的修改会让客人觉得眼前一亮并且注意听下去,而且这样的歌词可以先入为主的给游客灌输一种快乐理念,在不知不觉中已经为自己赢得了一个非常良好的工作氛围。游客也会觉得你是一个用心的导游,而且多才多艺。

下面是修改过的《心情不错》。

这个团总的说来感觉挺好的

吃得不错,住得不错,景区也不错

看看时间总不愿意和大家说再见

因为要告别快乐的你们总有点舍不得

人的一生有太多的分分合合

你们的参与大大地丰富了我的生活

祝愿大家以后的日子都快快乐乐

再想起旅游的时候

还能记得小刘我!

（二）跑调

看到这个大家可能会有点奇怪,跑调难道也是一种导游技巧吗? 我有切身体会,其实不是我想跑,我是不由自主地跑,改词我会,可是让我把改的词唱出来就比较费劲了。有一次去大连出全陪,临走的时候当地地陪唱了一首歌,唱得很有味道,游客也非让我唱一首,于是我鬼哭狼嚎地来了一次说唱,结果掌声要比地陪热烈得多。差到了一定的程度,其实也是一个特点,而且可以更好地起到调节气氛的作用。我当时就博得了游客的同情——这厮唱得这么差,还敢出来,勇气可嘉,而且在我们面前自曝其短,可见没把我们当外人,心理距离也拉近了。

跑调的技巧大家还要熟练掌握,像我这样的天才自不必说,天生唱歌就字正腔圆的,要多加练习才行。这也是一门非常复杂的技术,你不但要跑,而且还要让大家不知道你要跑到哪里,就算知道了也追不上。

注意:这个技巧要慎用,必须是你在其他方面已经赢得了游客的认可之后才可以用这个办法,否则人家会认为你是个草包,什么都不会。

二、相声

相声中很多技巧都可以用在导游中。

(一)贯口

带团的过程中来一段《报菜名》,肯定掌声不断,这个形式好就好在,它迫使游客不得不鼓掌,不得不叫好,其实要背下来很容易,下下工夫没什么难的,这是一个投资小、收效快的学习项目,建议大家都可以尝试一下。先把这段"莽撞人"的台词给大家贴上。

后汉三国,有一位莽撞人。自从桃园三结义以来,大哥,姓刘名备字玄德,家住大树楼桑;二弟,姓关名羽字云长,家住山西蒲州解梁县;三弟姓张名飞字翼德,家住涿州范阳郡;后续四弟,姓赵名云字子龙,家住真定府常山县,百战百胜,后称为常胜将军。只皆因,长坂坡前,一场鏖战,那赵云,单枪匹马,闯入曹营,砍倒大纛两杆,夺槊三条,马落陷坑,堪堪废命。曹孟德在山头之上见一穿白小将,白盔白甲白旗号,坐骑白龙马,手使亮银枪,实乃一员勇将,心想:我若收服此将,何愁大事不成! 心中就有爱将之意。暗中有徐庶保护赵云,徐庶进得曹营,一语未发。今日一见赵将军马落陷坑,堪堪废命,口尊:"丞相莫非有爱将之意?"曹操言道:"正是。"徐庶言道:"何不收留此将!"曹操急忙传令:"令出山摇动,三军听分明,我要活赵云,不要死子龙。倘有一兵一将伤损赵将军之性命! 八十三万人马,五十一员战将,与他一人抵命。"众将闻听,不敢前进,只有后退。赵云,一仗怀揣幼主;二仗常胜将军之特勇,杀了个七进七出,这才闯出重围。曹操一见这样勇将,焉能放走? 在后面紧紧追赶! 追至在当阳桥前,张飞赶到,高叫:"四弟不必惊慌,某家在此,料也无妨!"让过赵云的人马。曹操赶到,不见赵云,只见一黑脸大汉,立于桥上。曹操忙问夏侯惇:"这黑脸大汉,他是何人?"夏侯惇言道:"他乃张飞,一'莽撞人'。"曹操闻听,呀! 大吃一惊,想当初关公在白马坡斩颜良之时,曾对某家言道,他有一结拜三弟,姓张名飞,字翼德,在百万军中,能取上将之首级,如探囊取物,反掌观纹一般。今日一见,果然英勇。曹操道:"撤去某家青罗伞盖,观一观那莽撞人的武艺如何。"青罗伞盖撤下,只见张飞:豹头环眼,面如润铁,黑中透亮,亮中透黑,海下扎里扎煞一部黑钢髯,犹如钢针,恰似铁线。头戴镇铁盔,二龙斗宝,朱缨飘洒,上嵌八宝——云,罗,伞,盖,花,罐,鱼,长。身披锁子大叶连环甲,内衬皂罗袍,足蹬虎头战靴,跨下马——万里烟云兽,手使丈八蛇矛,站在桥头之上,咬牙切齿,捶胸愤恨,大骂:"曹操听真,吠! 今有你家张三爷在此,尔或攻或战,或进或退,或争或斗;不攻不战,不进不退,不争不斗,尔乃匹夫之辈!"大喊一声,曹兵吓退;大喊二声,顺水横流;大喊三声,把当阳桥喝断。后人有诗赞之曰:"长坂坡前救赵云,吓退曹操百万军。姓张名飞字翼德,万古流芳莽撞人!"莽撞人——张飞! 你比得了吗?

(二)捧逗

你在来了一段贯口之后,很容易把话题牵扯到相声上,这时候就可以和游客互动起来,请一位前排的游客和你配合,给你捧哏,你在讲解的时候,让他捧,什么"是啊""嗯""没听说过""我呀?""怎么回事?""嘿! 有点意思"……随便什么,很容易调动起大家的积极性,也很容易给自己营造一个和谐的讲解气氛,这样讲解就不是无意义的重复、背诵了,而真正做到了讲演并重!

也许你会认为这样过于随便,或者游客的插话会打断讲解的思路,但我觉得这都不是大问题,虽然这个方法不适合新人使用,但是对于一些老导游,这点问题很容易克服,我们就是要给游客营造一个轻松的环境,让他们时刻保持兴致,才会真正玩得开心。当然,他们开心对你肯定不是坏事!

三、地方曲艺

导游是地方形象大使,如果想要担负起这个称号,就应该主动学习当地的地方曲艺。首先,多才多艺自然是好事,而且身为导游,在带团过程中传播、发扬地方文化更是意义重大。北京的导游来一段单口相声,唱一段京剧,或者来两句京韵大鼓;天津导游唱段板子;东北的来几句二人转。有能力的学习学习京剧的谭派艺术,东北大鼓什么的。说回来这也和相声有关系,说学逗唱中的学,他们能学我们就不能啊?就学几句,还是给外行唱,没准一不留神就被人当成艺术家了。多学会几样能耐,做导游也可以牛起来!最重要的是艺多不压身,你会得多,自然而然的就会自信。慢慢会形成一个良性循环,以后导游不干了,当主持人,当演员,逼急了当艺术家去。

四、数来宝

数来宝特别灵活,几乎是演唱者现编现唱,都是即兴发挥,这一点很值得我们学习。刚开始我很不服气,就连我这么聪明的人都做不到出口成章还合辙押韵,那些旧社会要饭的怎么能做到呢?其实这并不难,基本上都有一些"套词"在此基础上稍微改改就可以了,我们也可以效仿这个方法,准备一两套准备词,根据客人不同,行程不同加以调整,出口成章也容易。

先来几句人家专业的:

　　竹板儿打,我(这)抬头看,

　　这个大掌柜的卖切面。

　　这个切面铺啊,耍大刀,这生日满月用得着。

　　要说面,咱们净说面,

　　和出来,一个蛋;

　　擀出来,一大片;

　　切出来,一条线;

　　下到这个锅里团团转。

　　捞到碗里莲花瓣,

　　又好吃,又好看。

　　一个人儿吃半斤,

　　仨人儿吃斤半。

我们很容易根据这个自己写词,例如:

　　竹板儿打,我上车来,

　　各位宾朋坐成排。

　　你坐好,听我讲,

　　我打起板子不用想。

还有很多很多,我所学有限,只是给大家提个醒,做导游也要讲拿来主义,向各种艺术形式吸取营养,来丰富我们的技巧,还是那句话,心有多大,舞台就有多大,我之所以喜欢导游工作,

4

就是因为它给了我足够的发挥空间。把导游技巧当作一种艺术,把导游工作当作一种事业,其乐无穷!

（资料来源:文立刀,导游栖息地论坛。）

思考题

1. 在接到出团任务时,你将重点关注任务中的哪些信息? 为什么?
2. 在游览过程中,游客要求改变旅游线路,你该怎么办?

项目五　出境领队服务

○ **素养目标**

1. 树立国家利益至上观念，维护国家利益和民族尊严。

2. 尊重不同文化之间的差异，避免刻板印象和偏见。

○ **能力目标**

1. 掌握出境领队工作程序和要点。

2. 能与接待社和地陪导游共同实施旅游接待计划，协助处理旅游行程中的突发事件、纠纷及其他问题。

3. 能向旅游者说明旅游目的地法律法规、风土人情及风俗习惯等，引导文明旅游。

出境旅游领队（简称"领队"），是指符合法定执业条件、接受组团社委派，全权代表组团社带领旅游团队出境旅游，监督境外接待旅行社和地陪导游等执行旅游计划，并为旅游者提供出入境等全程陪同服务的旅行社工作人员。领队作为组团社的代表，应当协同境外接待旅行社完成旅游计划安排、监督旅游计划执行情况，并协调处理旅游过程中相关事务。领队工作流程如图 5-1 所示。

出团准备工作 ⇨ 出入境服务 ⇨ 境外随团服务 ⇨ 回国后续工作

图 5-1　领队工作流程图

任务一　出团准备工作

出境领队接到带团通知并接受任务,是整个带团工作开始的标志。"凡事预则立,不预则废",做好充分的准备工作,有计划、有步骤地开展服务工作,是旅游过程顺利进行的必要保障。

【案例】

南非 8 日旅游计划书

第 1 天

上海 ✈ 香港(飞行时间约为 3 小时)✈ 约翰内斯堡(飞行时间约为 13 小时)

参考航班:KA891 1820/2105 转机 CX749 2345/0635+1　15:30

上海浦东国际机场 T2 航站楼国际出发大厅 23 号口集合搭乘国际班机飞往香港转机前往南非约翰内斯堡。

用餐。早餐:敬请自理;午餐:敬请自理;晚餐:敬请自理。

住宿:飞机上。

第 2 天

约翰内斯堡 ✈ 开普敦

参考航班:内陆航班待定

抵达约翰内斯堡后转机飞往世界十大海滨城市之一的开普敦。

抵达后享用中式午餐。午餐后搭乘 360 度旋转吊车登上桌山(图 5-2)(约 1.5 小时)(如因天气原因,此项节目将被取消,由信号山取代),于山顶可俯瞰城市全景。

图 5-2　桌山

之后前往位于开普敦北部约 35 千米的南非不容错过的十大海滩之一的默克白色海滩(南非当地语:牛奶灌木海滩)。随后入住海边酒店休息。是日晚餐自理,你也可以自费约 60 美元/人前往开普敦唯一的旋转餐厅享用一顿别致的西式晚餐,同时可俯瞰开普敦迷人的城市夜景。

晚餐后入住酒店休息。

用餐。早餐:酒店自助;午餐:中式鲍鱼片午餐;晚餐:敬请自理。

住宿：开普敦海滨之塔酒店（Strand Tower Hotel）或同级。

购物店信息（如因游客购物造成时间延长,延长时间不计入旅行社的客观安排停留时间）：开普敦 GIFT HOUSE 工艺品店,主营工艺品,停留时间90分钟。

第3天

开普敦

早餐后开始开普半岛之旅,欣赏开普半岛多处胜景,途经著名的高级住宅区克里夫顿湾,此处可欣赏到矗立于海上的十二使徒岩。之后抵达豪特湾（图5-3）,搭乘游艇出海前往海豹岛（图5-4）（约30分钟）,观赏成千上万的海豹群集嬉戏于海中的自然奇观。

午餐享用中式原只龙虾餐,你也可以自费约45美元/人前往西式海景餐厅享用一顿别具情调,风味独特的西式原只龙虾餐。

图5-3　豪特湾

图5-4　海豹岛

午餐后前往非洲大陆最西南端闻名遐迩的天之涯、海之角——好望角（图5-5）自然生态保护区（约1小时）,登上238米高的开普角顶灯塔。继而前往游览鸵鸟园（图5-6）（约15分钟）,观看非洲鸵鸟,接着前往企鹅生态保护区（约30分钟）游览,观赏成群活泼又逗趣的企鹅。

图5-5　好望角

图5-6　鸵鸟园

　　晚餐后入住酒店休息。

　　用餐。早餐：酒店自助；午餐：中式原只龙虾餐；晚餐：中式鸵鸟肉晚餐。

　　住宿：开普敦海滨之塔酒店（Strand Tower Hotel）或同级。

　　第4天

　　开普敦✈约翰内斯堡（飞行时间约为2小时）　参考航班：内陆航班待定

　　早餐后前往开普敦地区最美丽的小镇，也是南非第二古老的城镇斯泰伦博斯（Stellenbosch）。抵达后参观著名的斯皮尔酒庄（图5-7）展开浪漫的酒乡之旅。

　　午餐后参观教堂广场、欧洲风味的街道，沿街各种风格的欧式民居每一幢都是一件精美的艺术品，构成了一道美丽的人文风景线。斯泰伦伯斯大学是南非最古老的大学之一，没有围墙的校园散落在小城的东北部，游人可以在其中随便穿行，悠闲的游人和匆匆赶往教室的学生构成了一幅有趣的图景。

图 5-7　斯皮尔酒庄

　　随后前往著名的法国小镇参观，这是一座安静的法国风格的小镇，据说带来葡萄种植及酿酒技术的是这里最早的法国移民，也是他们赋予了这座城镇浪漫的气质，从此给这片小镇涂上了浓重的法国色彩，也使这座风景秀美的小城日后美酒飘香，成为南半球的普罗旺斯。

　　随后送往机场乘机飞往约翰内斯堡。晚餐后入住酒店休息。

　　用餐。早餐：西式自助；午餐：中式午餐；晚餐：中式晚餐。

　　住宿：帕克托尼亚酒店（Parktonian hotel）或同级。

　　第5天

　　约翰内斯堡🚌太阳城🚌约翰内斯堡（巴士单程约2.5小时）

　　抵达后导游接机，随后驱车前往南半球最大的娱乐度假村——太阳城（图5-8）（约2小时）观光：王宫饭店（不入内）、失落城，以及地震桥（图5-9），感受地震来临时的轰鸣等。城内各种自费娱乐设施多不胜数：高尔夫球场、人工浪浴场、豪华娱乐城、迷城皇宫、人工湖和热带雨林等。你可在城内尽情享用各项设施。

图 5-8　太阳城

图 5-9　地震桥

图 5-10　比邻斯堡动物保护区

　　下午乘坐旅游巴士进入位于太阳城附近的比邻斯堡动物保护区(图 5-10)(约 2 小时)(南非四大野生动物园之一),寻找和观赏野生动物的生活形态。

　　随后返回约翰内斯堡。夜宿约翰内斯堡。

　　用餐。早餐:西式自助;午餐:中式午餐;晚餐:中式晚餐。

　　住宿:帕克托尼亚酒店(Parktonian hotel)或同级。

　　第 6 天

　　约翰内斯堡🚌比勒陀利亚🚌约翰内斯堡(巴士单程约 1 小时)

　　早餐后前往外观 2010 年世界杯比赛场地,南非的"鸟巢"——足球城(图 5-11),随后参观约翰内斯堡啤酒博物馆,博物馆的展览别具匠心,参观者在参观过程中可以亲自品尝原始方法酿制的啤酒(门票包含免费消费两杯啤酒),走进仿真的早期的南非酒馆,近距离观察现代的啤酒酿造装置,在亲身体验中感受啤酒文化。

　　随后市区观光,参观约翰内斯堡的城市建筑包括摩天大楼、第一国家银行等。

　　午餐后驱车前往比勒陀利亚,参观先民博物馆(图 5-12)(入内,约 1 小时)、国会大厦、联合广场、市政厅等。

图 5-11　足球城

图 5-12　先民博物馆

随后驱车返回约翰内斯堡前往钻石宝石精品店(1.5～2 小时),将有专人为你介绍钻石的打磨工艺,令你增长见闻。南非出产的钻石,不论在数量上,还是质量上均执世界之牛耳,而约翰内斯堡更是受到上帝的眷顾,是世界闻名的黄金和钻石产地之一。这里的钻石质量越好,性价比越高,极具投资及收藏价值。相信在专业人员一丝不苟的服务下,你一定能选购到自己心仪的尊贵无比的南非钻。

晚餐后入住酒店休息。备注:啤酒博物馆逢周一和周日不开放,属赠送项目不退费!

用餐。早餐:西式自助;午餐:中式午餐;晚餐:中式晚餐。

住宿:帕克托尼亚酒店(Parktonian hotel)或同级。

购物店信息(如因游客购物造成时间延长,延长时间不计入旅行社的客观安排停留时间):钻石工厂,主营:钻石,停留时间 120 分钟。

第 7 天

约翰内斯堡➡香港(飞行时间约为 13 小时)　参考航班:CX748 1235/0705＋1

早餐后送往约堡机场经香港转机返回上海。

用餐。早餐:酒店;自助午餐:敬请自理;晚餐:敬请自理。

住宿:飞机上。

第 8 天

香港➡上海(飞行时间约为 3 小时)　参考航班:KA864 0925/1150

经香港转机抵达上海,结束愉快的旅程。

用餐。早餐:敬请自理;午餐:敬请自理;晚餐:敬请自理。

住宿:温暖的家。

以上行程仅供参考,最终行程以出团通知为准。

思考与讨论:

随着中国公民出国人数不断增加,面对不同文化与文明,也出现过种种不文明行为,作为出境领队,应如何做好对游客的宣传引导工作?

点评:

作为专业出境领队,有义务和责任在出发前和旅游途中,不断提醒和告知游客出国注意事

5

项，并对国外不同的文化习俗和生活习惯加以解释说明，让游客入乡随俗，摒弃不良行为，切实牢记"出国旅游文明指南"，维护好国人形象，使旅行舒心顺利。

一、资料准备

（一）熟悉旅游行程计划

旅游行程计划是旅游过程的指导性和关键性文件，主要包括旅游线路、旅游时间、游览景点、交通工具的安排、食宿安排及标准、购物娱乐安排及自费项目、旅游注意事项及紧急联络方式等。

出境领队对旅行社下发的旅游行程计划要认真阅读，详细掌握每日行程的具体安排，尤其要注意以下几点。

（1）掌握旅游团的详细行程计划，包括旅游团抵离各地的时间及所乘的交通工具。

（2）熟悉并记住旅游行程计划中所开展的全部参观游览项目，并提前向有经验的前辈了解参观游览的相关注意事项（如去往境外教堂或佛寺参观之前有关旅游者着装方面的禁忌和要求）。

（3）熟悉并记住旅游行程中应下榻的各地酒店的名称，并可提前查询住宿饭店的位置、周边环境等相关信息。

（4）了解旅游团行程中的用餐、娱乐、购物等安排。

（5）了解旅游中的小费问题及其他收费项目安排。

（二）熟悉旅游团队成员信息

旅游团队成员是出境领队的服务对象，在出团之前要仔细对旅游团队构成情况进行分析，方便在今后的带团过程中对游客提供有针对性的服务。

熟悉旅游团队成员信息主要包括：记住旅游团的团名团号和人数；熟悉旅游团成员的姓名、性别、年龄（尤其关注年龄小的和年龄大的游客）、职业、宗教信仰、饮食禁忌、生活习惯等；了解团队中较有影响的成员，需要特殊照顾的对象等。

除了一般信息的熟悉掌握之外，出境领队还要做更为细致的工作。

1. 制作"团队资料一览表"

将团员名单、性别、出生年月、护照号码、有效期、签发地、签证号码等分项列出。出境领队在出团前制作好"团队资料一览表"，可以极大地方便自己接下来的带团工作，如在以下环节：在飞机上填写出入境卡片、在出入海关时填写申报单、在境外入住酒店登记、遇到突发状况时（如游客护照丢失，补办相关旅行证件）等。

2. 制作"团队成员信息归类一览表"

将旅游团队成员按类别进行分类，如哪些是夫妻；哪些是老人、小孩；散客拼团的旅游团中哪些是一起报名的；哪些游客将会在旅游期间过生日；哪些是少数民族或不同宗教信仰的游客等，这些归类信息制作成表格，可以极大地帮助出境领队为游客提供有针对性的服务，体现领队细致化和人性化服务的一面。

（三）充实旅游过程中所需资料

对即将要抵达的国家（地区）旅游资料的准备是出境领队的工作基础，很多旅游者的旅游知识和旅游经验都非常丰富，作为专业的出境领队一定要不断学习和充实自己，才能胜任工作。

（1）所去旅游国家（地区）的历史、地理、宗教、美食、风物特产等。

（2）气候、时差、出入海关规则、外币兑换等知识。

（3）热点话题、国内外大事件等。

（4）旅途活跃气氛的笑话、故事、游戏、表演等。

二、物品准备

（一）工作物品准备

1. 证件

（1）**导游证**。根据 2017 年 3 月 1 日中华人民共和国国务院令第 676 号修改公布的《旅行社条例》，以及 2016 年 12 月 12 日国家旅游局令第 42 号修改公布的《旅行社条例实施细则》，明确了领队管理由资格准入制改为备案管理制，旅游主管部门不再对领队从业进行行政审批。

在备案管理制下，与出境社签订劳动合同并通过"全国旅游监管服务平台"完成换发电子导游证（图 5-13）的导游，可登录自己的平台账号上传本人的学历证书、语言等级证书及劳动合同的扫描件；出境社登录"全国旅游监管服务平台"使用"领队备案管理"功能，将符合条件的导游备案为领队。

（2）**护照和签证、港澳通行证、台湾通行证**。护照是国家主管机关发给本国公民出国或在国外居留的证件，用以证明其国籍和身份。护照一般分为外交护照、公务护照和普通护照三种（图 5-14）。我国规定，外交护照、公务护照由外事部门颁发，普通护照由公安部门颁发。普通护照主要颁发给出国定居、探亲、访友、继承财产、留学、就业、旅游等因私出国的中国公民。因此，中国公民出境旅游，通常使用的是普通护照。普通护照的有效期为：护照持有人未满 16 周岁 5 年，16 周岁以上的 10 年。普通护照的登记项目包括：护照持有人的姓名、性别、出生日期、出生地、护照的签发日期、有效期、签发地点和签发机关。

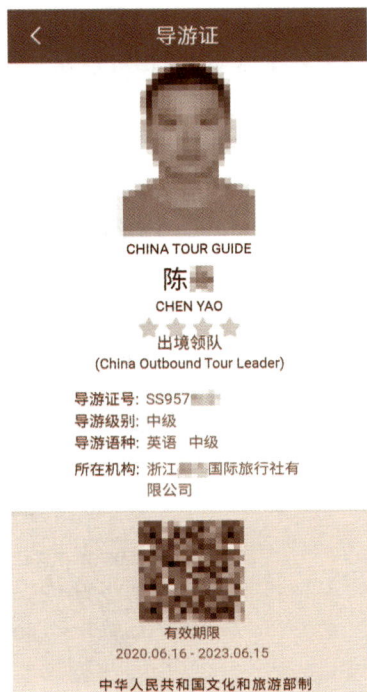

图 5-13　电子导游证

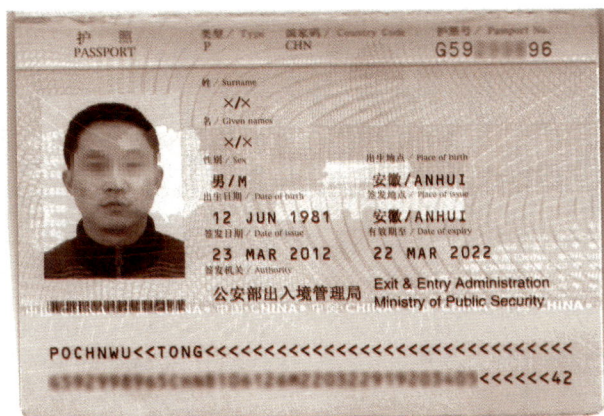

图 5-14　普通护照

　　出境领队在出团前要重点检查游客护照上的姓名、护照号码、签发地、签发日期、有效期、有否本人签名等信息。

　　签证是一国主管机关在本国或外国公民所持的护照或其他旅行证件上签注、盖印,表示准其出入本国国境或过境的手续,例如,南非的签证示例如图 5-15 所示。签证分为外交签证、礼遇签证、公务签证、普通签证等。旅游签证属于普通签证,在中国为"L"字签证,发给来中国旅游、探亲或因其他私人事务入境的人员。目前,旅游签证可以签注在游客自己的护照上,我们称之为个人签证,也可以是团体签证(又称另纸签证),即只有一张有签证效用的纸质证明,使馆签发时会将其附在全团某一位团员的护照上(通常是领队的护照上),而其他团员的护照上面没有任何签证的标记。

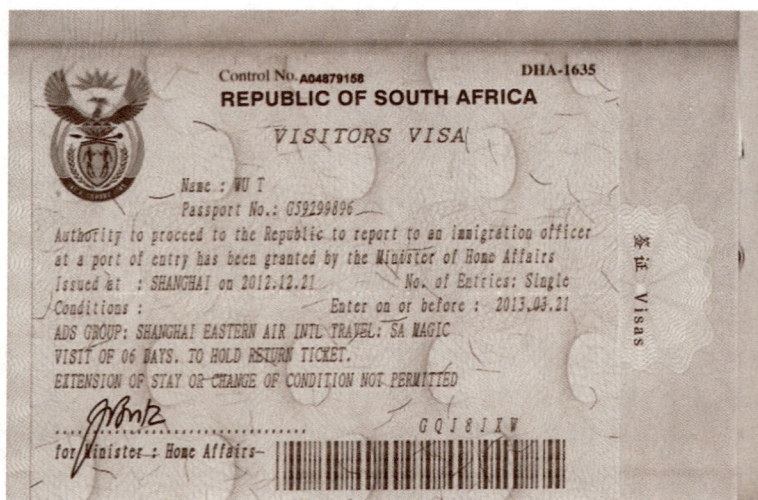

图 5-15　南非的签证示例

　　出境领队在出团前要重点检查游客签证上的签发日期、截止日期、签证号码等信息。

　　往来港澳通行证(图 5-16)是中国内地居民因私往来香港或澳门特别行政区旅游、探亲、从事商务、培训、就业等非公务活动的旅行证件,向户口所在地的市、县公安出入境管理部门提出申请。其登记项目有:姓名、性别、出生日期、出生地、有效期、签发日期、签发地点和签发机关,有效期为 5 年。

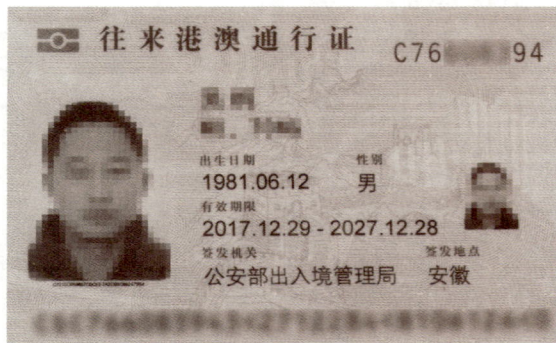

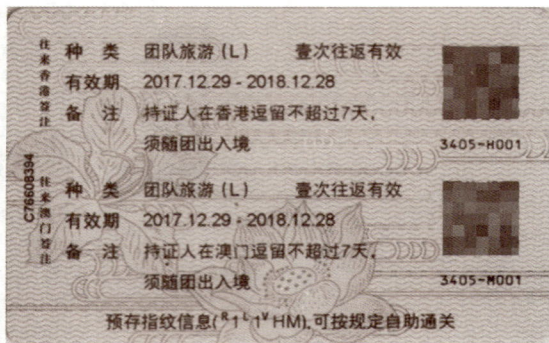

图 5-16　往来港澳通行证示例

出境领队在出团前要重点检查游客往来港澳通行证上的姓名、有效期、签发地、签发日期等信息。

大陆居民往来台湾通行证如图 5-17 所示是由中华人民共和国公安部出入境管理局签发给中国大陆居民往来台湾省的旅行证件。其登记项目有:持有人姓名、性别、出生日期、身份证号码、有效期、签发地点、签发日期和签发机关,有效期为 10 年。大陆居民赴台旅游均使用此种证件。

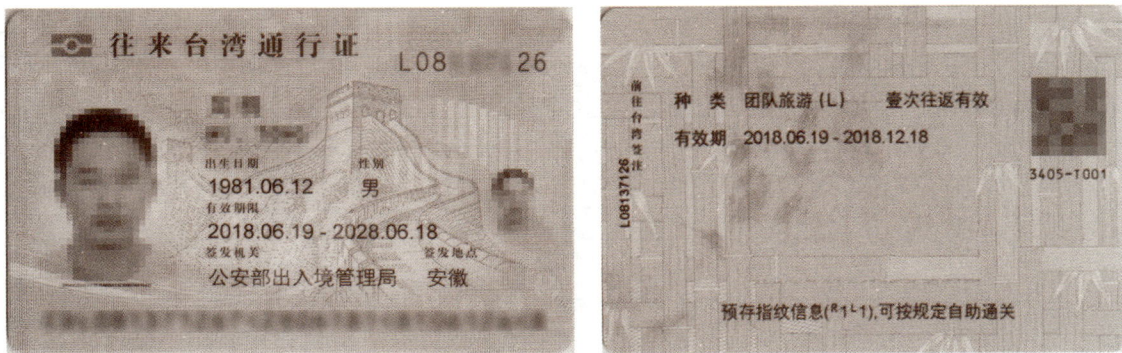

图 5-17 大陆居民往来台湾通行证示例

以上各种证件都由领队妥善保管,一直到机场办理登记手续之前才发放给游客。全团护照及通行证封面右上侧均贴上不干胶贴签,上面写上编号和姓名,方便清点发放证件,编号应与团队名单表上的顺序一致。在出行前将证件的复印件多复印几份并分开存放。

2. 登机牌

领队要重点检查登机牌上的乘机人姓名、乘机日期、航班号。并妥善保管好全团的登机牌或者让客人自行保管好。值得一提的是,上面所提到的护照姓名应当与签证、登机牌上面的姓名完全一致,检查时应把这三样放在一起进行鉴别。

3. 旅游行程及相关说明文件

出境旅游行程计划是出境旅游团队的最根本性文件,一定要提前熟悉并带在身边。要确认领队手中的行程计划与游客手中的完全一致,并将境外接待社对组团社的团队日程安排的最后一份传真复印件带在身边,这对抵达目的地国家办理入境手续时帮助很大。

另外,领队还要记得带好旅游中相关收费项目的文字性材料及旅行社对其他事项的承诺声明(如遇到不可抗力造成的损失说明、对退团收取费用的说明等)。

4. 中国公民出国旅游团队名单表

如果旅游团队办理的是团队签证或者旅游团去往的是免签证的国家或地区,按照《中国公民出国旅游管理办法》的规定,旅游团队出境必须持有"中国公民出国旅游团队名单表"(图 5-18,以下简称"名单表")。一式四联,分为:边防检查站出境验收联、边防检查站入境验收联、旅游行政管理部门留存联、组团社留存联。领队人员带团出境时,须携带"名单表"第一至三联,在口岸出境时,将"名单表"第一、第二联交边防检查站核查,边防检查站在"名单表"上加注实际出境人数并加盖验讫章后,留存"名单表"第一联;"名单表"第二、三联由领队人员保管,在团队入境时交边防检查站核查,边防检查站在"名单表"上加注实际入境人数并加盖验讫章后,留存"名单表"第二联,第三联由组团社在规定时间内交发放"名单表"的旅游行政管理部门核对留存。

中国公民出国旅游团队名单表

组团社序号：　　　　团队编号：　　　年份：
领队 姓 名：　　　　领队证号：　　　编号：

序号	姓名		性别	出生日期	出生地	护照号码	发证机关及日期	
	中文	汉语拼音						
领队								第一联 边防检查站出境验收
1								
2								
3								
4								
5								
6								
7								
8								
9								
10								
11								
12								
13								
14								
15								
16								
17								
18								
19								
20								

年　　月　　日由　　　　口岸出境	总人数：　　　（男　人.女　人.）
年　　月　　日由　　　　口岸入境	

授权人签字	旅游行政管理部门	边防检查站
组团社盖章	审验章	加注（实际出境　人）　　出境验讫章

旅游线路：
组团社名称：　　　　　联络人员姓名及电话：
接待社名称：　　　　　联络人员姓名及电话：

图 5-18　中国公民出国旅游团队名单表

5. 旅行社社旗、扩音器、分房名单表

在机场、景点等地招呼、聚拢游客,让游客有醒目的标志性识别领队的方法之一就是高举旅行社的社旗。出团前,领队应向旅行社领取社旗,上团时记得随身携带。

为了辅助领队服务过程中的讲解工作,准备一台扩音器显得十分有必要。

分房名单表是领队出团前事先要准备好的,打印出来之后在开行前说明会的时候可以征求游客的意见,进行适时调整。

6. 发放给游客的物品

（1）行李标签。为了统一标识并方便旅游团队成员在机场认找自己的托运行李,旅行社常常会为旅游团队特制统一的行李卡或行李标贴,领队在出行前应记得带上。

（2）**旅游标志和纪念品**。一般情况下,在旅游过程中为了使全团旅游者有统一的识别标志,旅行社经常会在出团前让领队带上发给游客的旅游标志物,如旅游帽、旅游徽记等。同时,为了表达对游客参团的谢意,让游客在游程结束后留下旅行社的纪念物,旅行社会向游客发放一些小的旅游纪念品,如多国插头转换器、旅行包等。

（二）个人物品准备

1. 个人生活用品

（1）**服装**。出境领队的穿着是领队精神面貌的体现。领队在准备穿着服装时,可以根据出差的天数,事先将衣服搭配准备好。一般来说,在出境旅游行程中,如果旅游行程中有观看演出(如歌剧、音乐会等),领队应该准备一套正式的服装。在一般的参观游览活动中,领队应根据工作环境的变化准备好合适的衣服,一般多为休闲类服装。有的领队在外工作非常辛苦,没有时间洗衣服,换洗的衣服也没有准备充分,这样的情况要尽量避免,尽量做到衣服及时更换,以良好的精神面貌呈现给游客。

（2）**洗漱用品、拖鞋等物品**。国外的很多饭店为了追求环保节能,通常没有为客人准备一次性易耗品,如牙刷、牙膏、拖鞋、洗发液、沐浴液等,这些基本的生活用品领队要提前通知游客准备好或者代为准备。

（3）**通信联络工具**。手机是领队工作和生活的必备物品,可以极大的方便领队与旅行社、游客及服务集体之间的信息传递,同时也可以及时和家人取得联系、维系情感。在出境工作之前,领队要及时开通国际漫游,并将自己的手机随时保持开机状态。在带好手机的同时不要忘记带好手机的充电器及备用电池,要避免因手机没电无法联络情况的发生。

另外,要牢记一些重要电话号码,如旅游目的地国家(地区)的报警电话和旅游帮助电话、中国驻外大使馆的电话等。

2. 旅游书籍和地图

在出团前,领队可以准备一本实用的旅游资料书,在长途飞行的飞机上或者在酒店的房间里随时可以拿出来翻阅并学习,遇到游客的提问,也可以及时查阅。

领队需要对不同国家(地区)的地理方位进行提前了解,对于旅游团队所经过的国家间的城市的位置关系,同样要有所了解。领队在出行前要借助地图熟悉了解即将要去的旅游目的地国家(地区)及抵达城市的具体位置信息,在旅游过程中,也要将地图带在身边,不断强化自己对于方位的认知。

3. 小礼物

领队在出行之前,最好带上一些有中国特色或者本土特点的小礼物,以备不时之需。比如送给当地司机、到当地居民家中做客时赠送给主人、在境外获得别人帮助时等。适当的赠送一些小礼物能很好地表达心意,融洽人际关系。

4. 小额外币

在出境旅游过程中,很多场合都要付小费,领队要准备一些小额的外币放在身边,在行李员帮助搬行李时、在高速公路休息站上厕所时、在餐厅吃饭时都有可能会用到这些小额外币。

5. 常备药物

领队要保持健康的体魄,在境外如果感到身体不适,可以立刻服用自身携带的常备药物,缓解病症,以免影响带团工作。不要期望在国外药店购买,一是旅程往往时间安排很紧凑,没有时间;二是国外药店出售的药品往往和国内药品的药效不同,且有的药品要求出具医生处方,因此,在旅游过程中特意到药店购买并不简单。

5

到不同的国家,领队要提前了解其特点并有针对性地准备相应的药物。但感冒药、肠胃药、消炎药、外用的创可贴等都应列在自己应当准备的常备药物的清单内。

三、召开行前说明会

行前说明会通常会在旅游团队正式出发前一周左右的时间召开。通常由领队主持,是领队和旅游团队成员的第一次见面,也是建立游客对领队信心的关键,虽然只是短短的说明会,但对接下来的旅游行程的合作愉快与否影响很大,领队一定要加以重视并好好把握,给游客留下好的第一印象,行前说明会流程如表5-1所示。

出团前,组团社应召开出团行前说明会。根据2023年3月29日实施的《出境旅游领队服务规范》,领队应主持或参加行前说明会,提供以下服务:

(1)给付旅游者相关旅游资料;

(2)向旅游者讲解旅游行程单内容;

(3)宣讲文明旅游注意事项;

(4)提示告知安全注意事项,确认旅游者在国内的紧急联系人、联系方式等;

(5)介绍旅游目的地与出发地的时差、当地气候、风俗禁忌、汇率及兑汇途径等相关情况;

(6)说明旅游证件的重要性和证件遗失的后果,提醒旅游者妥善保管旅游证件。

表 5-1　　　　　　　　　　　　行前说明会流程

Step 1	领队提前10分钟到达会场,做好会场的准备工作
Step 2	将领队的姓名、联系方式、旅游团的团名、出发日期、航班、集合时间、地点写在白板上
Step 3	分发资料和物品:旅游行程单、行李标贴、旅游标识、旅游纪念品等
Step 4	详细介绍行程(仔细、清楚地介绍和说明),尤其是行程有变更的情况要着重说明:如航班变动或住宿酒店变动等; 宣布旅游团的住宿名单,及时调整,最终确定分房名单表
Step 5	综合说明: 介绍旅游目的地气候、风俗、禁忌、做好安全提醒; 游客个人物品准备、小费、出入境注意事项等问题; 请游客记下领队的手机号码,并告知领队自己的手机号码; 对境外旅游过程中的不文明行为进行点评,强调文明礼貌
Step 6	预祝旅游愉快,强调团结配合的重要性

知识拓展　赴欧洲旅游领知

欢迎各位贵宾参加我公司自组发团或联合发团的各条欧洲旅游线路!为了您此次欧洲旅行安全顺利地完成,请务必在出行前认真阅读以下内容,并积极配合我公司的工作。

出行前,请务必了解此次的行程、导游姓名、联系方式、航班、集合时间和地点。

一、行李

(1)免费托运行李一件限重20千克。超重行李需自付超重费用。如需携带小刀、指甲钳或液体状、膏体状等物品(如面霜、牙膏),请放在托运行李中。托运行李上请清楚注明本人的中英文姓名、地址、联系方式等,以便遗失后寻回。随身携带行李限一件,且尺寸不超过56 cm × 23 cm × 36 cm。

（2）请将护照、机票、现金等贵重或易碎物品或随身要取用物品放在随身行李内。按照相关规定，严禁携带易燃易爆等危险品，以及目的地国家严禁入境物品上机。由于航空公司对于行李赔付的金额很低，且行李如果由航空公司搬运导致损坏但是不影响使用的，航空公司将不予赔付，所以我公司建议您请勿携带贵重的托运行李箱。

二、海关及出入境

（1）欧洲海关出入境注意事项：18岁以上成年人可携带200支香烟或50支雪茄或250克烟丝，及1公升烈酒或2.25公升葡萄酒或3公升啤酒，其他日用品、旅行用电器及个人物品出入境时不必缴税。请勿携带假冒名牌商品出境，如被查获，将被没收并处以300欧元以上的罚款，请注意！请遵守各国法律，严禁携带各国的违禁物品，否则后果自负。

（2）从2005年7月1日开始，我国恢复进出境旅客填写申报制度，海关将按购物发票认定物品价值。所有进出我国的旅客，除按规定享受免检及随成人旅行的16周岁以下旅客外，其他旅客必须填写《中华人民共和国海关进（出）境旅客行李物品申报单》。海关规定每人可以携带现金人民币20 000元或美元5 000元出境，超过部分要申报。摄像机、长镜头相机出关时应向海关申报，入境时原物带回；如游客从境外或港澳台地区带回总价值超过人民币5 000元的额外商品，海关要按规定进行征税。其他需要申报的物品详见《中华人民共和国海关出境旅客行李物品申报单》。

三、时差

欧洲国家与中国的时差，一般在夏令时比中国晚6小时，冬令时比中国晚7小时。欧盟国家的夏令时是从每年3月的最后一个星期日到10月的最后一个星期六，其余时间为冬令时。

四、气候与衣着

欧洲大陆天气（表5-2）一般多变，早晚温差较大，夏秋两季为雨季。因此必须随身携带折叠雨伞或雨衣。在衣着准备上，可参考中国内地气候，以保暖、舒适、方便为原则。内衣裤要多带，夏季时也要带长袖衬衫、夹克衫，以防冷暖变化；冬季或者行程中需要上雪山的活动请游客带好滑雪衫、毛衣、大衣等防寒衣物。鞋子以平底轻便为准。登山请选择适宜的着装，如防滑旅游鞋，女士请不要穿裙子、高跟鞋等。

表 5-2　　　　　欧洲各国气候参考（摄氏度）

国　家	1月至3月	4月至6月	7月至9月	10月至12月
法　国	-1～9	10～19	18～25	-1～10
比利时	-5～7	8～18	19～28	-2～10
卢森堡	-5～7	10～17	18～20	-2～10
荷　兰	-5～5	5～15	15～21	-5～11
德　国	-5～8	5～20	16～21	-5～14
意大利	-1～16	20～29	27～32	7～14
奥地利	-3～6	8～17	17～22	-2～11
瑞　士	-4～7	8～20	17～22	-2～11

上述仅为参考气候，具体可查询互联网。

五、电压

欧洲与中国略有不同；插头为双圆孔插头，且酒店无备用的转换插头，请在国内购买好转换插头。欧洲主要国家电压及插头一览表见表5-3。

表5-3　　　　　　　欧洲主要国家电压及插头一览表

国家/地区	电压（V）	插头
英国、马尔代夫	230	英联邦插头
列支敦士登、瑞士	230	瑞士插头
罗马尼亚、爱尔兰、奥地利、比利时、塞尔维亚、德国、法国、芬兰、西班牙、荷兰、匈牙利	230	德法两用插头
意大利	230	意大利插头
葡萄牙、波兰、葡萄牙、瑞典、丹麦、冰岛、挪威、卢森堡、俄罗斯、希腊	220	德法两用插头

六、酒店

（1）请服从领队或导游统一分房。原则上首先安排夫妻或一家人同住,拼房为同性两人一间。由于出行前我公司已经对团队分房情况作了统一安排,无法为您临时安排单间,请见谅。由于文化差异,有些欧洲酒店的双人房标准间,为方便家庭游客会设置一双一单两张大小不同的床,这点需游客予以理解,并与同住一室的团友自行协调。

（2）入住酒店时请首先查看房内物品,如发现缺少、损坏等情况请及时与导游或领队联系,以便其协助您代为沟通。

（3）欧洲酒店一般来说,规模和房间比同等级的美国、东南亚房间要小,但设备较齐全。出于环保考虑,欧洲部分酒店没有空调设备,请予以理解。

（4）欧洲酒店建筑时间相对比较久远,各国酒店设施存在差异。用水高峰时段酒店热水供应可能存在问题,入住酒店后请尽可能避开高峰、错时淋浴。

（5）在酒店浴室内淋浴时请特别注意水温调节,以免烫伤,并采取相应防滑措施等,注意人身安全。淋浴时请拉好浴帘和关好门,避免水浸湿室内地毯等,否则酒店可能要求200欧元以上的赔偿。

（6）酒店内一般设有收费电视、电话、房间内有偿饮料及小食品等,请询问清楚后使用,以免结账时发生误会。如使用以上收费项目,请于退房时在酒店前台结算,费用自理。

（7）在欧洲由于环保因素,任何酒店内均不备有牙刷、牙膏、拖鞋、木梳及洗发水、肥皂、浴衣,请自备,毛巾等也建议自带。

（8）欧洲酒店内的冷水一般可以直接饮用（视国家而定,请具体询问后选择饮用）,但热水不可直接饮用。如需要饮用热水,则需自带电热水壶加热饮用。由于各国水质软硬不同,请各位游客视自身情况慎重选择,以免因水土不服引起腹泻等疾病。

（9）房内请勿吸烟。欧洲法律规定不允许在封闭的环境内吸烟,若发生此情况,可能被相关部门罚款。

（10）退房时一定要仔细检查避免遗忘物品,房间钥匙交到酒店前台。在酒店若要行李员帮忙拿行李,通常要额外支付小费1～2欧元/件。酒店内的物品均为有价物品,请勿随意带走或损坏。

（11）请勿穿睡衣、拖鞋在酒店电梯和公共场所走动。

七、膳食

（1）早餐通常在酒店内用西式团队早餐,欧洲人习惯吃简单的早餐,且对浪费食物极为反感,所以酒店提供的欧陆式团体早餐较为简单:通常只有面包、咖啡、茶、果汁。这并非是种族歧视,请您入乡随俗予以理解。

(2) 正餐通常在当地中餐厅用团队餐。乘机、转机期间用餐自理。整个行程中,可能会因为客观原因无法安排中餐,如发生此类情况,领队或导游将退餐费。如果您为素食者或有特殊饮食习惯,请在出行前告知领队或导游,我公司将尽可能为您安排。

八、交通

(1) 乘坐交通工具,请看清机场、码头、车站名称及出发时间。国际段往返大交通为飞机,团队所用国际机票不能退改或签转。由于为国际航班,按照国际惯例团队应提前3小时于机场指定地点集合,请游客(尤其是上海以外地区)务必准时抵达。

(2) 航班经停或转机时,请务必反复确认登机口和登机时间,并请提前30分钟抵达登机口。国际航班登机口可能临时变更,请留心机场广播或领队提示。如因游客自身原因,导致未能登机的,一切损失自理。

(3) 请严格遵守团队出发当日的集中时间、境外行程安排中及返回的各个集合时间。为保证大部分游客的利益,避免极少部分游客因迟到而影响全团游客行程安排。如有少部分游客未按照指定抵达集合地,经该团其他全部游客签名,领队或导游将根据事先约定时间准时出发。因此产生的该部分游客的损失(如出租车前往下一目的地的费用或前往目的地的机票等一切相关费用)由迟到的游客自行承担。

(4) 飞机上的座位一般是以游客英文名字第一个字母排定,旅行社无法决定机上座位顺序,如需要调整座位请待登机后再进行内部协调。在飞行过程中请务必自行保管好登机牌、护照等。

(5) 欧洲内陆段行程的主要交通工具是旅游巴士(配专业司机),往往全程只使用一部车,所以请一定要注意维护车内卫生。旅游车内任何时候均禁止吸烟,不允许吃冰淇淋和带果皮的水果。

(6) 欧洲对司机的作息有法律方面的保障,要求司机的工作时间为每天10小时,驾车时间不得超过8小时,每天必须保证9小时的休息时间,因此要求司机额外加班往往遭到拒绝。另,欧洲法律规定,巴士司机每连续驾驶车辆2小时,需休息20分钟,再连续驾驶车辆2小时,需休息40分钟,依此类推,请游客予以理解配合。

(7) 由于环保因素,欧洲司机停车时车内不开空调,请游客予以理解配合。

(8) 乘坐旅游巴士,在车辆行驶过程中请勿在车厢内擅自站立、行走等,严禁做出任何危险性动作。

(9) 由于欧洲历史悠久,古迹保护较好,因此城市内新旧杂陈,街道较窄,当地人都严格遵守交通规则,车速较快,行人过马路时,一定要注意信号灯,绿灯走,红灯停,注意安全。

九、小费和自费

(1) 随团有外籍专职司机和中文导游,在国外有付小费的惯例,请每位客人每天准备8欧元,支付天数＝旅游天数,以鼓励他们为您服务。

(2) 团队游客一般不需要支付床头小费,如有其他特殊服务必须支付相应费用和小费(比如:行李搬运、洗衣、收费电视、长途电话、非团队的自行用餐等)。小费数目不必太大。一般情况下,游客可按明码标价的5%～15%作为参考。除了零钱凑整,小费不能用零钱。用2欧分,5欧分这样的零钱付小费,会被视为特别不礼貌的行为。欧洲各国各地,付小费的规矩不尽相同,最好入乡随俗。

(3) 自费活动:自费项目是推荐性项目,客人应本着"自愿自费"的原则酌情参加,导游组织自费活动将不会带有任何强迫因素。如参加人数不足 20 人,则费用将作相应调整。

所有自费项目均在境外旅途中,按团员意思及情况由导游协助安排,所产生的收费,请客人自付。

客人在选择参加自费前请慎重考虑,自费项目预定后将不能取消。

十、语言

大多数的欧洲国家,都有一种或几种官方语言,其中英语、法语是最常使用的语言。比如,瑞士的官方语言就有四种,分别是德语、法语、意大利语和罗曼什语。

十一、货币

欧洲现钞于 2002 年 1 月 1 日正式流通,目前欧元区总共包括 19 个国家,它们分别是:德国、法国、荷兰、比利时、卢森堡、奥地利、意大利、芬兰、爱尔兰、西班牙、葡萄牙、希腊、塞浦路斯、马耳他、斯洛文尼亚、斯洛伐克、爱沙尼亚、拉脱维亚、立陶宛。

十二、购物指南

法国:葡萄酒、香水、化妆品、时装、珠宝、世界顶级品牌奢侈品;

比利时:花边布、钻石、洋娃娃、巧克力;

荷兰:钻石、木鞋、瓷器、花卉;

卢森堡:木雕品;

德国:琥珀、瓷器、刀具、木雕品、钟;

圣马力诺:邮票;

意大利:皮装、皮鞋、玻璃器皿;

奥地利:施华洛世奇水晶、巧克力、希茜公主纪念邮票及明信片;

瑞士:钟表、军刀、音乐盒。

消费购物注意:

(1)游客消费购物慎重辨别,请看清物品,若无意购买请勿讨价还价,以免发生争执。

(2)购买小物品时避免使用大额现金,找零钱请当面看清真伪钞。

(3)购买大件物品时,如需邮递回国,需承担物品在海关进口所产生的报关费、进口税、保管费等相关费用,请慎重考虑。

(4)购买物品后,请务必索要相关票据。

(5)团队出游购物时间安排有限,请理性购物,注意时间,以免影响整团行程。

十三、退税事宜

作为居住在欧盟以外的游客,您有权申请退还您在欧洲购买且带离欧盟商品的增值税/消费税。由于各商店退税程序和退税率不同,最好向您购买商品的商店询问清楚,并索取相关票据。

购物退税三步骤:

(1)在有 Tax Free Shopping(退税购物)标志(图 5-19)的商店购物,并索要您的退税支票(Refund Cheque)。

图 5-19   退税购物标志

（2）盖章：出境时，出示您购买的商品、收据和护照，以便取得退税支票上的海关章。

（3）获得退税。

退税提示：

（1）欧洲购物退税是游客的个人权利，领队或导游只能协助您检查退税表格，但是对此并不承担任何责任。如果遇到海关罢工、工会开会或其他各种无法预知的情况，未能获得海关敲章等，最终导致游客无法成功退税的，我公司不承担任何责任，敬请见谅。

（2）在法国巴黎春天或者老佛爷百货公司购物，可以在相应商店内设的退税窗口选择以信用卡做担保（商店会收取一定金额的手续费），当场获得所退现金税款。但是，选择此类退税方法的游客必须在欧盟机场出关时将盖有退税章及海关确认章的退税表格回执寄送回退税公司。特别注意，无论何种情况，若退税公司未收到盖章的退税表格（哪怕是因为邮寄遗失），退税公司都有权从您的信用卡中扣除此笔税款。所以，我公司建议慎重选择退税方式，尽量选择在机场盖章后现场现金退税（无需信用卡作担保）。

（3）如果您由于某种原因，退税单虽然已经得到海关盖章，但是没有来得及在欧洲海关领取到税金，请不要着急。请保留好您的退税单，乘坐飞机飞回国内，在北京、上海、广州、香港的指定退税点，您一样可以领取到您的税金。

十四、安全小贴士及意外事故的处理意见

（1）当您加入旅行团准备或已经开始旅行时，旅行社已经为您安排好一切服务，所以请您不要提出改变行程等设想。游客因个人原因中途临时更改、取消预定食宿，恕不退款。

（2）如行程中发生航班延误、行李延误、突发疾病需要治疗等非旅行社可控制因素可能引起的相关费用旅行社不承担责任。我公司建议游客出行前了解出境旅游意外保险所承保的相关内容，并自行增购与身份、身体状况相符的保险。

（3）集体活动是最安全的旅行方式，在外旅行，请不要擅自离团活动。如安排自由参观和自由购物，请务必牢记集合时间及地点。若欲离团上洗手间或其他事宜，也应向领队、导游或团友们打个招呼。请记住领队或导游的电话号码，如遇紧急状况请及时同他们取得联系，寻求帮助。

（4）由于办理的是团队旅游签证，下机抵达旅游目的地后，请将护照交给领队或导游保管，以方便领队确认团队的往返机位及登记酒店入住。

（5）为避免不必要的事情发生，请在旅途中严格遵守团队纪律，一切服从领队或导游安排，并请相互帮忙，尊重他人，切勿触犯众怒或在言语或行为上诋毁和侮辱其他人员。

（6）出发前请仔细核对出发时间，并告知家人出游计划，保持通讯畅通，以便随时联系。

（7）行李托运时，请特别注意不要帮陌生人托带行李。

（8）旅行期间，游客随身携带的物品、放在旅行车车位上或酒店内的行李物品、钱财票证等贵重物品，由游客自己负责妥善保管。如有遗失、盗窃和被抢等，应及时报告当地警察局，并以与相应的机构（如航空公司、酒店、保险公司等）所订立的安全赔偿条款及所在国的法律为解决的依据。我公司将积极协助游客办理相关手续，但无另加之赔偿责任。

（9）现金请游客随身携带。酒店保险箱内存放现金也曾发生过现金被盗的意外情况。请游客不要随身携带大量现金。欧洲不提倡现金交易，现金遗失我公司一概不负责任。建议游客用国际信用卡（如是新办信用卡，出境前请与相关发卡行确认是否新卡已办理开卡手续）。

（10）出外旅游请尽量不要携带贵重物品。如携带贵重物品或在境外购买的贵重物品请务必自己妥善保管好。

（11）境外期间发生意外时，切勿贸然自行解决，请以自身安全为首要考虑，及时联系所投保的意外险保险公司寻求相关协助，并告知领队或导游。如需入院检查请保留好检查结果及相关单据。如有当地警方介入，请索取并保留相关事故证明。

（12）在国外奔波劳累，极易生病，为慎重起见，应避免饮用生水。游客品尝当地美食，请根据自身肠胃情况而定，切勿暴饮暴食，并力求睡眠充足，以保持身体健康。无论是否有慢性疾病，务必从国内携带个人常用药品，患病者应请医生开具病历单（以英文书写）以确保在国外发病时，可获得妥善治疗。

（13）由于各地沙滩、海水情况各不相同，我公司不建议游客参加游泳活动。如游客自行决定下海游泳，需视体力、技能情况量力而行，我公司建议您租用或购买救生衣，禁止单独游泳、禁止酒后游泳、禁止在警戒范围外游泳。在室内游泳池游泳时，切忌跳水，游泳后勿食水果等。

（14）请各位游客（特别是中老年人或有特殊病症者）认真考虑自身身体状况后，有选择地游览景点。参加自选项目，应量力而行，以当时的身体健康实际状况为前提，在选择参加如潜水、登山等危险项目时应特别慎重。如旅游活动中身体不适，请立即告知领队或导游，并停止相关活动。游览期间因游客身体原因产生的一切后果与责任，旅行社概不承担。

（15）未成年人参加旅游活动，需由法定监护人负责未成年人在旅游过程中的安全问题。

十五、盗窃和遗失的防范

（1）护照及机票：为了预防遗失护照时能立刻申请补发，请另外备妥两张照片和护照复印件（护照复印件我公司会代为准备）。团队旅行中，领队或导游有义务帮助游客保管护照和机票。

（2）现金、旅行支票、信用卡请随身携带，切勿放在行李箱内。现金方面建议：外出付款时尽可能只掏出少部分的钱，其他现金请妥为安放。旅行支票方面，应将补发所需的申请书副本另外放置，请将使用过的支票号码仔细记下，并在持有者签名处预先签名，否则无法补发。至于信用卡，建议将信用卡号码及有效期限记录下来，以便遗失时得以补发。欧洲信用卡诈骗案时有发生，建议游客不要在不知名的欧洲商店内随意刷卡，以防止信用卡信息被不法分子盗用引起财产损失。

（3）机场、饭店大厅、观光重要景点和游人聚集处，是扒窃、抢夺和调包的最佳场所，宜随时留意身边的物品。

（4）托运行李：托运的行李常有无法预料的事情发生，特别提示游客切勿在托运行李中放置现金及贵重物品。领取托运行李时请仔细检查，如发生行李遗失或破损立即通知领队，让领队协助办理相关手续。

（5）在团队旅游中，以下地点要特别加以注意，易发生偷盗事件：

❶ 入住酒店，在大堂登记领取房卡时，一定要看紧自己的随身行李。

❷ 特别注意：欧洲曾发生窃贼装扮成酒店修理工进入游客房间假借修理房间设施为名进行盗窃，请游客务必注意在酒店休息时，不要轻易打开房门让陌生人进入房间。

❸ 在餐馆或酒店的餐厅内用餐时，要特别注意自己的随身皮包，不要随意放在桌上或者斜挂在椅子上等。

❹ 在游玩时，不要单独行动。

❺ 现金与信用卡随身携带，不要把贵重物品放在旅游大巴上。

❻ 不要随意和陌生人攀谈，不要让陌生人接近您。特别注意那些假借问路及乞讨靠近您身边的所有人（包括妇女及儿童）。

领队的工作特点就是经常出差在外,"或者在上团,或者在准备上团",所以要养成习惯,每一次上团前做好充分的准备工作。踏出国门,标志着整个旅行的前奏结束,美好旅程的乐章开始正式上演。领队的出入境服务阶段要经过中国和外国的海关检查、卫生检疫检查、边防出入境检查、登机安全检查等十多个关口,出入境服务中领队要对所要经过的关口、需要办理的手续十分熟悉,带领游客顺利完成出入境中所有繁复的工作。

任务二　出入境服务

一、中国出境服务

步骤一:集结旅游团队成员。

领队至少应当比规定时间早 15 分钟到达集合地点。到达集合地点后,领队应将组团社的社旗直立竖起,方便游客认找,注意保持手机畅通,以便游客联系。

领队与游客会合后,拿出全团名单表,为已经到达的游客签到。在临近规定的集合时间时,如果还有个别游客没有赶到,要尽快与之联系,关注游客方位,预估抵达时间。通常超过一小时后,仍有游客未到达的,将未到游客的护照、机票交与送机人员处理。

等全团游客到齐后,领队应召集大家集中在某一区域,并发表一个简短的讲话。告知大家接下来要办理登记手续、海关申报手续、边防检查手续等,并希望得到全体团员的配合。

步骤二:办理登机手续。

按照《出境旅游领队服务规范》,领队应协助旅游者办理登机牌等公共交通工具登乘凭证,在带团办理乘机手续时对游客进行相应的服务。

(1)告知游客航空公司的有关规定。领队要提前熟悉航空公司对乘机旅客行李的规定,并告知游客。在办理乘机手续前,对一些可能出现的问题要再次提醒游客。如水果刀、指甲剪等不能放在随身行李中,贵重物品应随身携带而不要放在托运行李中等。

(2)办理乘机手续。

❶ 集体办理乘机手续。

一般情况下,旅游团队是到航空公司值机柜台的"团队"专用柜台办理乘机手续。领队将全团游客的护照机票交给值机柜台工作人员核验,并将所有即将托运的行李(提醒游客系上统一的行李牌)按序排放逐一清点。办理完乘机手续后,领队要认真清点航空公司值机柜台工作人员交还的物品:护照、机票、登机牌、行李票。

❷ 单独办理乘机手续。并非所有航空公司都要求旅游团队统一办理乘机手续。在这种情况下,领队带领全团游客到航空公司值机柜台前,告知游客办理乘机手续的注意事项,并在一旁协助游客进行办理。

步骤三:过边防检查。

边防检查站隶属中华人民共和国公安部,对出境人员身份及证件、签证等进行检查,通过此项检查可以允许出境。

(1)填写《边防检查出境登记卡》。所有出境人员都要填写公安部出入境管理局印制的《边防检查出境登记卡》,领队可以指导游客进行填写,如图 5-20 所示。

(2)接受边防出境检查。按照边防检查柜台前现场指挥的要求,领队可带领游客排队按顺序接受边防出境检查。游客需要准备出示：护照（含有效签证）、机票、登机牌以及《边防检查出境登记卡》。边检人员对护照签证查验完毕后，将《边防检查出境登记卡》留下，在护照上加盖出入境验讫章后将护照、机票、登机牌交还游客，边检手续完成。

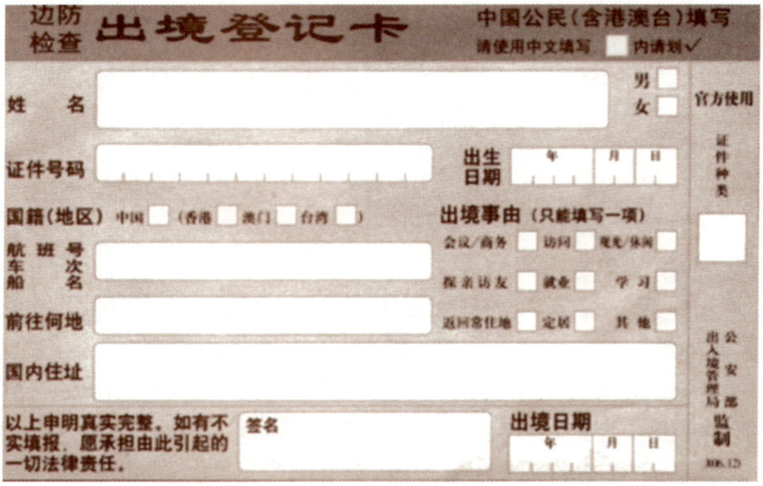
边防检查 出境登记卡
中国公民（含港澳台）填写
请使用中文填写 □内请划✓
姓名　男□ 女□
官方使用
证件号码
出生日期 年 月 日
证件种类
国籍（地区） 中国□（香港□ 澳门□ 台湾□）
出境事由（只能填写一项）
航班号/车次/船名
会议/商务□ 访问□ 观光/休闲□
探亲访友□ 就业□ 学习□
前往何地
返回常住地□ 定居□ 其他□
国内住址
以上申明真实完整。如有不实填报，愿承担由此引起的一切法律责任。
签名
出境日期 年 月 日
公安部出入境管理局监制

图 5-20 边防检查出境登记卡

如果团队办理的是团队签证或到免签国家旅游，领队应出示“中国公民出国旅游团队名单表”及领队证、团队签证。所有的游客必须按照名单表上面的顺序排队，逐一通过边防检查。

旅游团队在过边防检查时，领队应始终走在前面，要第一个办妥手续，在里面等候游客。对完成边防检查的游客，可以引导游客继续办理下一项安全检查。

步骤四：过安全检查。

安全检查是世界各国普遍采用的一种查验制度，我国机场实行国际上通用的安全检查方法。凡是登机旅客都必须经过检查后，才能被允许进入飞机。

领队应提前通知游客准备好护照、机票、登机牌，准备交给安全检查员查验。领队在带领游客登机安全检查时，要提醒游客主动配合机场安检人员的检查，避免与其发生纠纷。

目前，对身体及随身携带行李检查方式有以下几种。

（1）搜身。

（2）磁性探测器近身检查。

（3）过安全门。

（4）红外线透视仪器检查。

（5）物品检查。

步骤五：等待登机。

安全检查结束以后，领队应带领游客到登机牌上标明的登机闸口的候机室等候登机。如部分游客逗留在机场免税店购物，领队应提醒游客注意收听机场广播，并约定好在飞机起飞前半小时在登机口集中，以免误机。

二、飞行途中服务

（一）为游客提供必要的乘机帮助

领队的座位一般靠近走道，方便为游客服务，并要告知游客自己的位置，便于游客需要帮助时能及时找到领队。

出境旅游的空中飞行时间一般较长，领队应充分利用机上时间休息或对团队情况进行再熟悉，如熟悉接待计划；熟悉对游览城市之间的转换、衔接；与游客交谈、融洽关系等。必要时为游客提供乘机帮助，比如指导游客使用飞机上的一些娱乐设施（图5-21）；回答游客关于飞行时间的提问等。给游客留下好的印象，建立对领队的信任感。

图 5-21　飞机椅背上的娱乐系统

（二）指导或帮助游客填写入境表格

在飞行途中，领队需要做的一项最重要的事就是协助游客填写即将要抵达国家的入境表格。主要是入境卡和海关申报单。

领队向空中乘务人员索要全团的入境卡和海关申报单，这些表格通常会用当地文字和英文两种标明，填写时可使用英文填写。对于英文较好的游客，领队可以指导游客填写，另外一部分游客，领队可以帮助其填写。事先制作的"团队资料一览表"这时候显得非常有效，可以节省领队查找翻阅护照的时间，使得填表效率大为提高。

三、他国入境服务

步骤一：抵达目的地机场。

抵达目的地机场后，领队应召集游客集中，向游客介绍接下来要办理的入境手续，一般包括卫生检疫关、证照查验、移民局关、海关。

步骤二：卫生检疫。

各个国家的卫生检疫形式有许多不同，有的需要查验黄皮书和健康申报单，有的则完全不需要填写，只是对入境游客进行检视。

（1）黄皮书查验（图5-22）。黄皮书是国际公认的卫生检疫证件，是出入各国家和地区口

5

岸的重要凭证。很多国家对来往某些国家(地区)的旅客,免验黄皮书。但对发生疫情的地区,则检查比较严格。

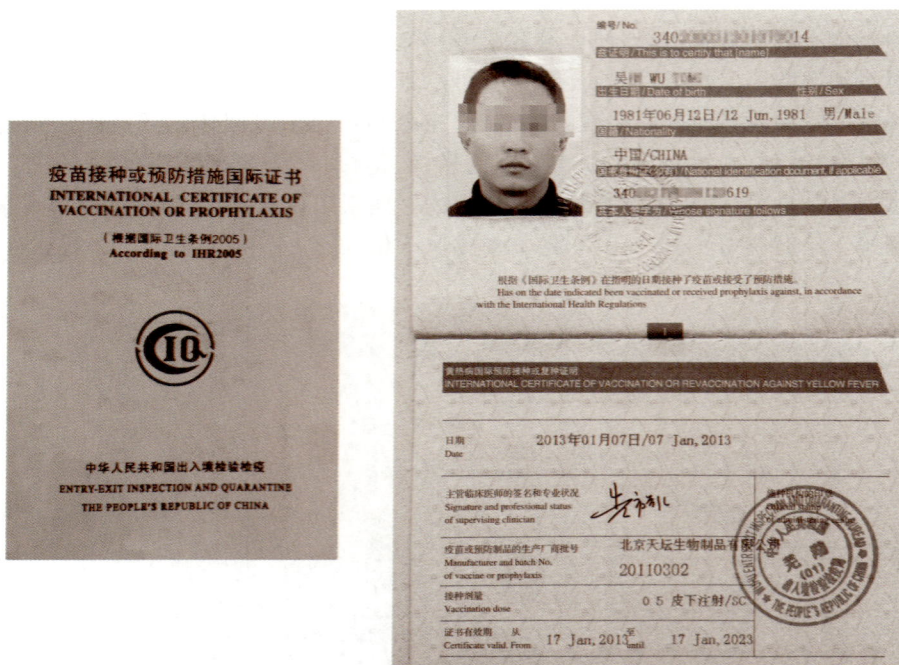

图 5-22　黄皮书

(2) 健康申报单(图 5-23)。有些国家入境,要求游客填写一张健康申报单。健康申报单的主要内容是对一些疾病的询问。有些国家的健康申报项目是与入境卡放在一张纸上,卫生检疫柜台与入境检查柜台也合二为一。

图 5-23　毛里求斯健康申报单

步骤三：过移民局通道。

许多国家的入出境检查是由其移民局负责，领队带领游客沿着移民入境"IMMIGRATION"的标志前行，就能找到入境检查柜台。领队要带领游客在外国人入境"FOREIGNER"标志的任意一个通道前排队等候。通常在入境检查柜台前，执勤人员会引导团队游客走一个专用通道办理入境。

（1）**向入境检查人员交付入境所需要的证件和材料**。如果游客办理的是个人签证，领队可以让游客依次排队，提醒游客站到入境检查柜台前，首先要有礼貌的向检查人员打招呼。将事先准备好的护照、签证、机票、入境卡（图5-24）交给检查人员。有的入境官员会要求领队出示当地国家旅行社的接待行程单。

表5-24　泰国入境卡

旅游团队如果所持的是团队签证，则需要到指定的柜台办理入境手续。领队应走在团队的最前面，将团队签证交给入境检查人员，并准备回答检查人员的提问。

（2）**接受入境检查人员的询问**。入境检查人员会就入境的原因或具体情况进行简单的询问。比如：为什么要来这里？准备到哪几个城市？准备停留多久？住在哪家酒店？身上带了多少钱？当地负责接待的旅行社是哪家？

领队及游客面对入境检查人员的提问不必紧张，要予以配合从容回答。

（3）**完成入境检查**。入境检查人员检查结束之后，在护照上加盖入境章后，会将护照、机票退还。一般情况下，检查人员在完成入境检查后会对游客说声："祝您旅游愉快！"游客在取回证件时，不要忘记说声："谢谢！"

领队及游客通过入境关，正式进入该国家（地区）。

步骤四：提取行李（图5-25）。

过移民局边检关后，领队带领游客到航空公司的托运行李领取处提取托运行李。通常情况下，机场的行李区域的电子大屏上会提示航班对应的行李通道的位置。领队在确认自己及每位游客都领取到自己的托运行李后，带领游客办理入境所需的下一项手续。

步骤五：过海关。

海关是主权国家设在口岸上对进出国境的货物、物品、运输工具等执行监督管理并征收关税的机关。世界上各国出入境口岸都设有海关，以对出入境人员携带的货物进行检查。游客出国不仅在出境时要接受本国海关的检查，在抵达外国入境口岸时，同样要接受外国海关的检查。许多国家的海关，是设立在卫生检疫和护照签证查验结束并提取完托运行李之后。

图 5-25 提取行李

由于各国国情不同，海关监督检查的范围也不同，但是对出入境旅客所携带的物品行李的查验都有明确的规定。领队要事先了解各国海关的相关规定，对于需要报关的游客，请走红色通道(图 5-26)，无需报关的，走绿色通道(图 5-27)，并提前提醒游客，避免在入境时遇到麻烦。

图 5-26 红色通道

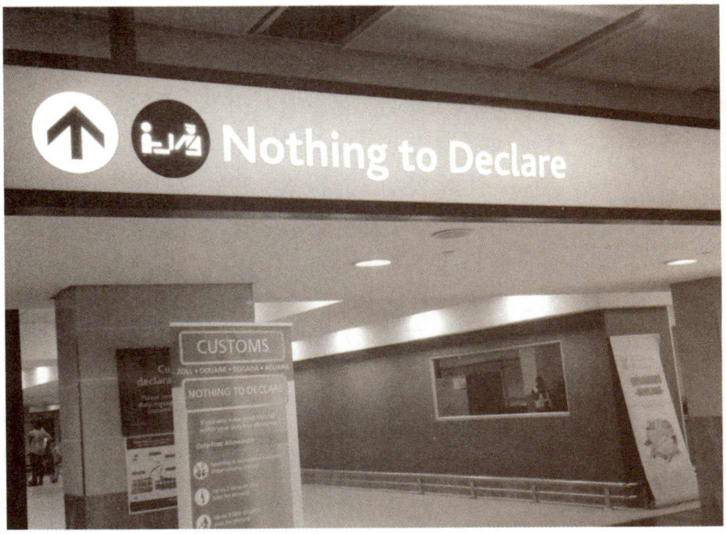

图 5-27　绿色通道

世界各国海关对外国游客或非当地居民的检查,分为以下四种情况。

(1) 免验。

(2) 口头申报。

(3) 填写海关申报单(图 5-28)。

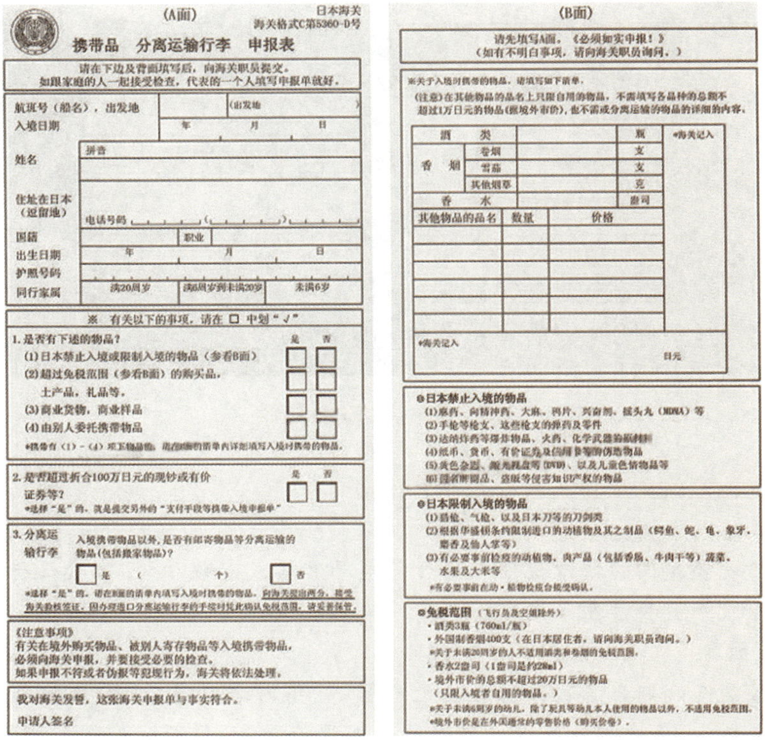

图 5-28　海关申报单(样例)

（4）开箱检查。

通常情况下，海关检查为例行抽查，领队带领游客经过海关时，把海关申报单交给海关人员后，即可直接走出。如遇海关人员进行抽查，应当服从并配合检查。

值得注意的是，各个国家对于所需要办理的入境手续并不一致，如泰国的入境手续办理程序是：航班抵达、移民局入境检查、卫生检疫、海关检查、入境；日本的入境手续办理顺序是：航班抵达、检疫检查、入境审查、动植物检疫、海关检查、入境。各个国家（地区）不仅程序前后不同，入境检查的项目和需要递交的材料也不一样：有的国家仅需要入境边防检查这一项；有的国家，入境甚至不需要填写入境卡。入境检查在许多国家是由移民局官员负责，但有些国家是由警察负责。

领队在带团过程中，对他国（地区）入境各个环节的把握，大致可以依照在中国关口出境时经过的各个环节作反向记忆。

步骤六：与接待社导游员会合。

办理完以上各项手续，领队可以举起旅行社社旗，带领全团游客到达出口与前来迎接的接站导游（图 5-29）会合。与接站导游会合后，领队应主动与导游交换名片，并进行工作交代。

图 5-29　接站的导游

知识拓展　中国国际航空股份有限公司旅客须知

一、客票

客票是我们或者我们的授权代理人填开的电子客票或者被称为"客票及行李票"的纸质凭证，包括合同条款、声明和票联等内容。

二、客票有效期

普通票价客票有效期自首次旅行开始之日起，一年内运输有效；如果客票全部未使用，则从客票填开之日起，一年内运输有效。特种票价客票有效期，按照我们规定的该特种票价的有效期计算。

三、票价

（一）票价的适用

票价是由出发地机场至目的地机场的航空运输价格，不包括机场与市区之间的地面运输费用。

（二）普通票价

普通票价是在适用期内的头等、公务、经济各舱位等级中的最高票价。

（三）特种票价

不属于普通票价的其他票价。

（四）儿童票价

已满2周岁未满12周岁的儿童旅客，乘坐国内航班，票价为成人普通票价的50%，或按适用成人特种票价付费；乘坐国际或地区航班，票价为成人适用票价的75%。无成人陪伴儿童乘坐国内、国际或地区航班，按照我们规定的票价付费。

（五）婴儿票价

未满两周岁的婴儿乘坐国内、国际或地区航班，票价为成人普通票价的10%，不单独占一座位。

特别提示：

某些以折扣价格销售的客票有使用限制条件，如不得退票、改期、签转。您购票时，请注意票价使用条件，选择最适合您的票价。

四、税款和费用

政府、有关当局或机场经营者征收的税款或费用不包括在票价之内，该项税款或费用应由您支付。

五、客票的顺序使用

您购买的客票，仅适用于客票上所列明的自出发地、约定的经停地点至目的地点的运输。您所支付的票价，是以我们的运价规则和客票上所列明的运输为依据的。票价是我们与您之间运输合同的基本内容。客票上所有航段必须按照填开客票时规定的顺序使用。

六、航空运输电子客票行程单

航空运输电子客票行程单是旅客在中国境内购买电子客票的付款凭证或报销凭证。您购票时或在航班起飞后7日内向我们或我们的授权代理人索取。航空运输电子客票行程单不能重复打印，遗失不予补发。

七、限制运输（图5-30）

无成人陪伴儿童　　残障者　　孕妇　　患病者

图5-30　限制运输旅客图标

无成人陪伴儿童、残障者、孕妇、患病者或其他需要特殊服务的旅客，欲乘坐我们的航班，须事先通知我们，经我们同意并作出相应安排后，方予承运。如果旅客购票时未通知我们或者

5

未出示相关证明,我们有权拒绝运输。

八、班期时刻与机型

我们的航班时刻是以"班期时刻表"形式公布的。所公布的班期时刻、机型仅作参考,如有变动,不另行通知。

九、定座与购票

您可以通过我们的网站或致电我们的服务热线,或者在我们的售票处或授权的代理人售票处预订座位和购买客票。您订妥座位后,须在规定的时限内支付票款,如未在规定的时限内支付票款,您所预订的座位将被自动取消。

您购买客票须凭本人的有效旅行证件(包括但不限于身份证、护照、签证等)。您购买电子客票时使用的有效旅行证件应与办理乘机手续时出示的有效旅行证件相同。

残障者、孕妇、患病者须提供由我们认可的医疗单位出具的适宜乘机的证明。

十、客票变更

您购票后,如果要求变更航班、日期、舱位等级,请尽早通知我们,我们会按您所购客票的票价使用条件予以办理。如果您以折扣价格购买的客票,在办理变更手续时,您要求变更的航班可能没有与您所持客票相同折扣价格的座位,您除支付变更费用外还应支付票价差额。

十一、退票

您购票后如要求退票,应在客票有效期内提出,我们将根据您所购客票的票价使用条件予以办理。

因我们的原因造成您不能按原定航班成行,您可选择退票,我们将按非自愿退票办理,免收手续费;因您的原因要求退票,我们将按自愿退票办理,按规定收取手续费。

退票应在原购票地点凭您的有效旅行证件办理。如您使用银行卡购买客票,票款只能退还到银行卡中。

十二、座位再确认

对于已定妥的我们续程或回程航班座位,您无需再确认座位。但如果其他承运人要求您对续程或回程的座位进行再确认,而您未能确认,该承运人可能取消您的续程或回程航班订座。您应自行了解与您行程有关的承运人对座位再确认的要求。

十三、机上座位预订

我们在部分航线上提供机上座位预订服务。您购票后,可以通过我们的网站、销售服务热线、售票处或者我们的授权代理人预订机上座位。我们尽力满足您对机上座位预订的要求。但是,我们不能保证提供任何指定的座位。出于运行安全需要,我们始终保留分配或者重新分配机上座位的权利,即使在您登机之后。

十四、乘机手续

您可以在机场乘机登记柜台办理乘机手续;您也可以通过我们设置在机场的自助值机设备自行办理乘机手续;此外,我们在部分航线上还提供网上和手机办理乘机手续服务,您可以通过我们的网站或手机上网方式自行办理乘机手续。

如果您办理了通程联运乘机手续,应妥善保管中转衔接航班的登机牌和逾重行李票的旅客联。

您应在规定的时间到达指定的机场,凭您购票时使用的有效旅行证件办理乘机及安全检查等手续。为了您旅行的顺畅，建议您尽可能提前到达机场，并预留充裕的时间办理相关手续。我们在各机场办理乘机手续的截止时间不同，如果您需要了解，请登录我们的网站或致电我们的服务热线查询。

十五、不允许作为行李运输的物品（图 5-31）

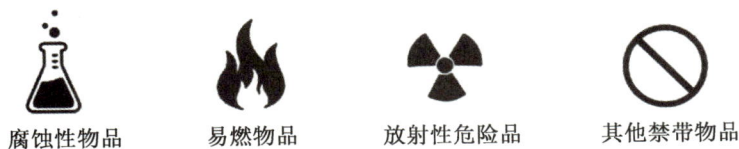

| 腐蚀性物品 | 易燃物品 | 放射性危险品 | 其他禁带物品 |

图 5-31　不允许作为行李运输的物品图标

枪支、弹药、管制刀具及其他类似物品；爆炸品、易燃、易爆物品、毒害品、腐蚀性物品；放射性等危险品；其他危害飞行安全的物品以及法律、法规、政府命令禁止运输的物品；活体动物；带有明显异味的鲜活易腐物品，如海鲜、榴莲等；包装、形状、重量、体积或者性质不适宜运输的物品。详情请登录我们的网站或致电我们的服务热线查询。

十六、不允许作为托运行李或夹入行李内托运的物品

易碎、易损坏、易腐物品、锂电池不允许作为托运行李或夹入行李内托运。

锂金属电池的锂含量不得超过 2 g，锂离子电池的额定能量值不得超过 100 Wh（瓦特小时）；超过 100 Wh 但不超过 160 Wh 的，须经我们批准方可作为随身物品携带，每人只许携带两个；超过 160 Wh 的锂电池严禁携带（图 5-32）。

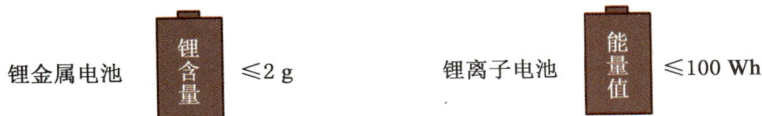

图 5-32　不能托运物品图标

便携式电子装置的备用电池必须单个做好保护以防短路（放入原零售包装或以其他方式将电极绝缘，如在暴露的电极上贴胶带，或将每个电池放入单独的塑料袋或保护盒当中）。详情请登录我们的网站或致电我们的服务热线查询。

十七、不建议作为托运行李或夹入行李内托运的物品

现金、有价票证、珠宝、贵重金属及其制品、古玩字画、电脑、个人电子设备、样品等贵重物品、重要文件和资料、旅行证件等物品以及个人需定时服用的处方药。

十八、限制运输的物品

精密仪器、电器、体育运动用器械，旅客旅行中使用的折叠轮椅、电动轮椅等，以及导盲犬、助听犬、小动物（限家庭驯养的狗、猫、鸟等）、干冰、含有酒精的饮料，上述物品只有在符合我们运输条件，并经我们同意后方可运输。具体规定请向我们查询。

十九、行李包装

您的托运行李应包装完善、锁扣完好、捆扎牢固，能承受一定的压力，能够在正常的操作条件下安全装卸和运输。对包装不符合要求的行李，我们可拒绝收运或不承担损坏、破损的赔偿责任。

二十、免费随身携带物品（表5-4）

表5-4　　　　　　　　　　　免费随身携带物品表

航　　班	搭乘舱位	携带物品数量	重量限额（每件）	携带物品体积
国际或地区航班	头等舱	2件	8 kg	A ≤ 55 cm B ≤ 40 cm C ≤ 20 cm
国际或地区航班	公务舱	2件	8 kg	
国际或地区航班	经济舱	1件	8 kg	
国内航班	头等舱	2件	5 kg	
国内航班	公务舱	1件	5 kg	
国内航班	经济舱	1件	5 kg	

超过上述规定的数量、重量以及体积的部分，应作为托运行李运输。

政府部门对旅客随身携带液态物品乘机有明确的限制规定，详情请向我们查询。

二十一、托运行李的体积及重量限制（表5-5）

表5-5　　　　　　　　　　　托运行李限制表

航　　班	托运行李重量（每件）	托运行李体积
国际或地区航班	32 kg 2 kg ≤ W ≤ 32 kg	60 cm ≤ A＋B＋C ≤ 200 cm
国际或地区与国内联运航班	32 kg 2 kg ≤ W ≤ 32 kg	
国内航班	45 kg 2 kg ≤ W ≤ 45 kg	

超过上述体积或重量的行李，应作为货物运输。

二十二、国内航线免费行李额（表5-6）

表5-6　　　　　　　　　　　国内航线免费行李限重表

免费交运的行李额	头等舱	公务舱	经济舱	婴儿客票
	40 kg	30 kg	20 kg	10 kg

持婴儿客票的旅客还可免费交运全折叠式或轻便婴儿手推车一辆。

超过上述规定重量的行李应交付逾重行李费。

二十三、国际、地区航线免费行李额

通常情况下，如果您旅程中航空地理距离最长或最重要的航段是由国航实际运营，则此段运输的免费托运行李规则参考如下：

（一）中日航线及自至美洲的航线（表5-7）

表5-7　　　　　　　　中日航线及自至美洲航线行李限制表

搭乘舱位	数量	重量限额（每件）	三边之和
头等舱（成人、儿童旅客） 公务舱（成人、儿童旅客）	2件	32 kg	A＋B＋C≤158 cm
经济舱（成人、儿童旅客）	2件	23 kg	
所有舱位（婴儿旅客）	1件	23 kg 还可免费交运全折叠式或轻便婴儿手推车一辆	A＋B＋C≤115 cm

全航程为国航实际承运的日本与各大洲之间且经中国大陆境内转机的航线，同样适用上述规则。

（二）除中日航线及自至美洲航线外的其他航线（表5-8）

表5-8　　　　　　　　其他航线行李限制表

搭乘舱位	数量	重量限额（每件）	三边之和
头等舱（成人、儿童旅客） 公务舱（成人、儿童旅客）	2件	32 kg	A＋B＋C≤158 cm
经济舱（成人、儿童旅客）	1件	23 kg	
所有舱位（婴儿旅客）	1件	23 kg 还可免费交运全折叠式或轻便婴儿手推车一辆	A＋B＋C≤115 cm

超过上述规定的件数、重量或尺寸的行李应交付逾重行李费。

对于在国航购买的与美国、加拿大承运人联运或代号共享航班运输的客票，您在实际承运人的柜台办理乘机登记手续时执行的政策可能与您客票上标注的免费行李额信息不一致。请您旅行前务必登录美国、加拿大实际承运人的网站或致电客服电话了解其实际承运人航班具体的行李规定信息。

5

二十四、安全检查

根据政府部门规定,乘机前,您以及您的托运行李和非托运行李必须经过安全检查。

二十五、航班变更与取消

为遵守国家的法律、政府规章和命令,保证飞行安全,以及由于我们无法控制或不能预见的其他原因,我们可不经事先通知,改变机型或航线,取消、中断、推迟航班飞行。

二十六、航班超售

为弥补因部分旅客临时取消乘机计划而造成的航班座位虚耗,满足更多旅客出行需求,根据国际航空运输界的通行做法,我们可能在部分容易出现座位虚耗的航班上采取适当超售的方法,以保证更多的旅客搭乘理想的航班。

如果航班发生超售,我们会在机场首先征询自愿搭乘晚一些航班或者自愿取消行程的旅客。在没有足够的自愿者情况下,我们会按照优先保障乘机顺序拒绝部分旅客登机。对于未能按原定航班成行的旅客,我们会优先安排最早可利用的航班让旅客尽快成行或者免费办理退票,并给予一定形式的经济补偿。

二十七、不正常航班的帮助

由于机务维护、航班调配、商务、机组等原因,造成航班延误或取消,我们将向您提供航班动态信息、安排膳宿等服务。由于天气、突发事件、空中交通管制、安检以及旅客等原因,造成航班延误或取消,我们将向您提供航班动态信息,协助安排膳宿,费用由您自理。

二十八、旅客人身伤亡赔偿责任

对旅客人身伤亡,我们将按照适用的国际公约或法律承担赔偿责任。

二十九、行李赔偿责任

我们对国内运输的托运行李赔偿的最高限额为每千克100元人民币;非托运行李每名旅客赔偿最高限额为3 000元人民币。对于公约界定的国际运输,我们按相关的规定赔偿。如您行李的实际损失低于限额标准,按实际损失赔偿。对于无法计算重量的托运行李,我们按您客票舱位等级规定的免费行李额计算。我们对行李的赔偿,仅限于经证实的损失和费用。对于办理了声明价值的行李发生损失,我们按声明价值规定赔偿。有关行李赔偿的具体规定请向我们查询。

三十、旅客自愿保险

您可以自行决定向保险公司投保航空运输旅客人身意外伤害险。此项保险金额的给付,不免除或减少我们应当承担的赔偿限额。

随团服务

任务三　境外随团服务

游客参加出境旅游的最终目的,就是为了享受在境外实地旅游的过程,经过出入境、乘坐飞机等繁复的过程抵达另外的国家,就是为了体验在境外游览观光、住宿用餐、购物逛街等旅游地的真实感受。因此,境外随团服务过程中,领队要密切配合当地导游,监督保证旅游活动顺利完美地进行。

一、入住酒店服务

(一)办理入住登记手续

在境外旅游期间,领队应协助地方接待导游员完成办理入住登记手续的工作,按照出境之前分房名单的安排,领队将房号填写到分房名单上,并将房卡分发给游客。在游客回房间休息之前,领队应到前台取一些饭店卡片发放给游客,并将自己的房间号码告知游客,以便游客遇到问题或困难能及时找到领队。

(二)对酒店设施进行介绍

很多游客是第一次出国,对国外酒店的一些设施设备并不熟悉。即使是有出国经验的游客,入住不同的酒店,也需要了解酒店的各项情况。领队应及时将酒店中游客可能不熟悉的地方进行介绍,并提醒游客注意规避一些问题,如收费电视问题。国外有些酒店的水都是自饮水,不需要加热,但如果游客不习惯喝凉水,让酒店服务生提供热水要付小费。

(三)做好安全提示

在境外住宿过程中,曾经发生过很多治安事件,如游客财物被盗被抢,因此,领队要针对所到旅游目的地国(地区)的情况,提醒游客注意住宿安全问题。如睡觉前检查门窗是否关好锁好;不要轻易给陌生人开门等。

(四)提醒游客与酒店结账

游客如在酒店内产生消费,领队应提醒并协助游客提前结清有关账目。最好避开团队要匆忙赶路之前和早餐后的游客结账高峰时间。

(五)提醒游客带齐私人物品

离开饭店前,领队要及时提醒游客清点个人物品是否带齐,避免出发之后发生有游客将私人物品遗留在酒店,又要返回取物品的现象,耽误旅游行程。

二、餐饮服务

(一)简介餐厅及菜肴特点

在出境旅游过程中,为了避免游客不适应旅游地的饮食,大部分的团队餐,旅行社会尽量安排在中国餐厅吃中餐,少部分的团队餐会安排当地的特色餐饮。领队在带领团队用餐之前,应简单介绍餐厅及菜肴特点。

(二)提醒游客用餐中应注意的问题

游客在境外用餐过程中,常常会出现一些共性的问题,领队应及时提醒游客注意规避。如在餐厅用餐时,不要大声喧哗;在吃自助餐的时候,提醒游客一次不要取太多食物,要做到取的食物一定要吃完,避免浪费;提醒游客不要将自助餐厅里的水果、酸奶、饮料带走等。

(三)用餐过程中巡视,及时解决出现的问题

在用餐过程中,领队要巡视1~2次,及时发现并解决问题,避免游客因对用餐不满,影响整个行程的满意度。领队要加快用餐节奏,避免游客等待。

三、游览服务

(一)让游客清楚了解每日的计划行程

旅游团在某地游览观光,常常会因为交通、天气等原因,使得原本的行程计划有所调整。领队在与当地接待导游协商后,要将调整后的日程及时通知到每一位游客。每一天的开始,都要对当天的行程计划进行预告,当天的行程游览结束后,还要将次日的活动安排提前告知游客,特别是如果第二天的行程中有对着装的特殊要求(如果参观欧洲的教堂,提醒大家不能穿

着暴露肢体的服装等），更应该着重提醒游客。

（二）辅助当地接待导游完成游览计划

每到一处景点，领队和导游应告知游客在景点的停留时间、参观游览结束后的集合时间和地点，还应向游客讲清游览中的注意事项。提醒游客保持手机畅通，以便在游客落队后进行联络（出境前，要求每位游客开通国际漫游，一旦游客落队或走失，方便联络）。

领队在参观游览景点过程中，应积极协助当地接待导游，随时关注游客动向，清点人数，在旅游团队的最后，与当地接待导游形成首尾呼应。

四、购物服务

众所周知，中国游客在出境旅游中购物欲望强烈、消费能力强，世界上许多接待中国游客的国家的商店都非常重视中国客源市场，并安排有专门的中文导购人员。因此，购物作为出境旅游中的一项重要活动，国内组团旅行社一般都会着重安排。领队在完成这项工作时，应努力使游客在购物活动中得到满足和愉悦。

（一）按照行程计划约定安排购物

领队应向游客介绍值得购买的本地商品及特色，向游客讲清购物的停留时间，并向游客讲明购物的有关注意事项，随时向游客提供在购物过程中所需要的服务，如翻译、托运等。很多领队也很热衷于购物，但需要注意的是，千万不能仅顾自己购物而疏远了团内游客，领队应始终将为游客提供购物服务放在首位。

（二）告知游客购物退税的相关规定

游客在商店购物时，领队要提醒游客别忘记索要发票。并及时了解不同国家的退税规定，提醒游客注意。如欧洲国家的退税要求是：在有退税标志的商店购物，购物要超过一定的金额，开具退税专用发票，盖有海关章，乘机回国前可在机场办理退税手续。

（三）尽量使游客购物愉快

游客出国往往需要购买许多礼物带回，领队应充分考虑到游客的心情，尽可能在时间上予以保证，并在游客挑选时予以协助。如果游客买到不满意的商品，需要退换，领队及导游应积极协助游客解决，但事先要跟游客讲明注意事项。

五、观演服务

（一）观看演出时领队的服务

领队应在观演前简单介绍节目内容及其特点，并引导游客入座。在观演过程中，领队应自始至终坚守岗位，不能以看过多次为由擅离职守。

（二）告知游客观看演出的注意事项

领队应提前告知游客有关观演过程中的注意事项。如观看表演时是否可以照相、摄像，演出结束后和演员合影是否应付小费、一般付多少合适；欣赏国外的歌剧、音乐会、芭蕾舞等演出，领队还应提醒游客着正装出席，在观看演出时要保持安静，不能吃零食喝饮料等。

知识拓展　主要目的地国禁忌

1. 日本

在赠物时忌讳"9"和"4"这两个数字，因为在日语里发音同"苦"和"死"。9、13 等奇数也不

5

受欢迎。还忌讳3人合影。日本人一般不当面打开礼品包装,当然你接到日本人送的礼物时,也不要主动打开看,除非对方要求你打开。如果日本人送你礼物,不要马上接过礼物,等主人让一两次后再收,并向他表示感谢,双手接过礼物。在交往时,日本人吸烟,但不用香烟招待客人,即不敬烟。日本人非常忌讳别人打听他的工资收入,年轻的女性忌讳别人询问她的年龄、姓名以及是否结婚等。送花给日本人时,别送白花(象征死亡)。也不能把玫瑰和盆栽植物送给病人。菊花是日本皇室专用的花卉,民间一般不能赠送。日本人喜欢樱花。在商品的颜色上,日本人爱好淡雅,讨厌绿色,忌用荷花、狐狸、獾子等图案。在日本,用手抓自己的头皮是愤怒和不满的表示。在日本发信时,邮票不能倒贴,倒贴邮票表示绝交,装信也要注意,不要使收信人打开后看到自己的名字朝下。

2. 韩国

韩国人忌讳数字是"4"和"13",在发音与"死"相同的缘故,韩国人对相似的"私""师""事"等最好不要使用。韩国人的民族自尊心很强,反对崇洋媚外,倡导使用国货。在赠送礼品时,最好选择是鲜花、酒类和工艺品。最好不是日本货。韩国有男尊女卑的讲究,进入房间时,女人不可以走在男人的前面,女人须帮助男人脱下外套。坐下时,女人要主动坐在男子的后面。不可以在男子面前高声谈论。吃饭时不要随便发出声响,更不许交谈。在大街上吃东西、在人面前擤鼻涕,都被认为是粗鲁的。长辈面前应跪坐,绝对不能把双腿伸直或叉开,否则会被认为是不懂礼貌或侮辱人。

3. 泰国

切忌触碰任何人的头部,即使是对小孩子,因为头颅被视作人体的最高部分,这在字面上或比喻意义上都是如此。同样地,在泰国人的社交聚会中,你将发现年轻人都尽量使自己处于比年长者矮一截的位置,以免别人感觉他们对长者"不敬"。当然,这不是总能做到的,但重要的是他们已尽力而为了。泰国人见面时通常不以握手为礼。最常见的泰国传统的见面礼节是双手放在胸前合十作祈祷状并微微弯腰。一般情况下,年轻人向长者合十弯腰致礼,长者以同样的方式还礼。应回避有关政治、王族和宗教方面的话题。忌讳有人用脚踢门或用脚指东西,认为这是有伤风化和不礼貌的举止。他们忌讳左手服务,认为左手不洁净,会令人回想起肮脏的事情,甚至还会怀疑你这是不轨行为。他们忌讳用红笔签字和用红颜色刻字,认为用红色是对死人的待遇。

4. 新加坡

对男子留长发极为反感,认为这是一种可耻的行为,会受到舆论的谴责。他们忌讳有人口吐脏言,哪怕是舞台上演出中出现的正面批驳的脏言,认为无论怎样出现的脏言,都会对下一代产生坏影响。他们不喜欢"7",认为"7"是个消极的数字。他们对"恭喜发财"之类的话反感。认为这有教唆他人发不义之财的意思,是挑逗、煽动他人损人利己的有害言语。他们忌讳乌龟,认为这是种不祥的动物,给人以色情和污辱的印象。新加坡的印度人、马来人忌讳左手传递东西或食物,认为使用左手是一种不礼貌的举止。在新加坡,大年初一扫帚必须都收藏起来,绝不许扫地。他们认为这天扫地会把好运气都扫走的。街道和其他场所都保持得非常整洁,因为乱扔东西会受到严厉处罚。所以要注意不随地扔烟蒂。

5. 俄罗斯

对盐十分崇拜,并视盐为珍宝和祭祀用的供品。认为盐具有驱邪除灾的力量。如果有人不慎打翻了盐罐,或是将盐撒在地上,便认为是家庭不和的预兆。决不能在街上丢弃任何东西,连一张过期的电影票也不行。这种行为有损俄罗斯的整洁,而且是违规的。他们对兔子的印象很坏,认为兔子是一种怯弱的动物,如果从自己眼前跑过,那便是一种不祥的兆头。他们忌讳黑色,认为黑色是丧葬的代表色。因此,他们对黑猫更为厌恶,并视黑猫从自己面前跑走为不幸的象征。

6. 法国

到法国人家里作客时别忘了带鲜花。送花时要注意,送花的支数不能是双数,男人不能送红玫瑰给已婚女子。在送花的种类上应注意:在当地送菊花是表示对死者的哀悼。法国人把每一种花都赋予了一定的含义,所以选送花时要格外小心。法国人忌讳核桃,厌恶墨绿色,忌用黑桃图案,商标上忌用菊花。法国人还视孔雀为恶鸟,并忌讳仙鹤(认为它是蠢汉与淫妇的象征)、乌龟,认为杜鹃花、纸花不吉利。在法国受邀赴宴,主人右边的座位,留给社会地位最高的受尊敬的年长者。需等年长者坐下后,其他人才能入座。餐桌上,第一道菜,用最外面的刀叉。酒杯,大号的是水杯,中号的是红葡萄酒杯,小号的是白葡萄酒杯。

7. 英国

英国人不喜欢被统称为"English",将他们称为"British"即"不列颠人"会使所有的英国人感到满意。英国流行给小费,通常按应付全额的 10%~15%。英国人在公共场合有排队的习惯。乘电梯习惯右边等候,左边留给赶时间的人走动。与英国人聊天不应该涉及有关金钱、婚姻、职业、年龄等私事。与英国人谈话,不要距离过近,一般保持 50 厘米以上为宜。在众人面前,忌讳相互耳语,英国人认为这是失礼之举。数字 13、星期五是不吉利的。3 和 7 是吉祥的。四人交叉握手和一火点三支烟都被英国人忌讳。在英国购物,最忌讳的是砍价。

8. 德国

德国人在所有花卉之中,对矢车菊最为推崇,并且选定其为国花。在德国,不宜随意以玫瑰或蔷薇送人,前者表示求爱,后者则专用于悼亡。对于"13"与"星期五",德国人极度厌恶。他们对于四个人交叉握手,或在交际场合进行交叉谈话,也比较反感。因为这两种做法,都被他们看作是不礼貌的。德国人认定,在路上碰到了烟囱清扫工,便预示着一天要交好运。向德国人赠送礼品时,不宜选择刀、剑、剪、餐刀和餐叉。以褐色、白色、黑色的包装纸和彩带包装、捆扎礼品,也是不允许的。与德国人交谈时,不宜涉及纳粹、宗教与党派之争。在公共场合窃窃私语,德国人认为是十分无礼的。

9. 美国

美国人性格浪漫、为人诚挚。他们在与互不相识的人交际时,惯于实事求是、坦率直言。即使是自我介绍时,他们也喜欢对自己的情况据实说出,愈真实愈好。对那些谦虚、客套的表白是看不习惯的。过分的客套对他们来说是一种无能的表现;过头的谦虚可能会被他们误认为你心怀鬼胎。他们一般乐于在自己家里宴请客人,而不习惯在餐馆请客。他们很健谈,喜欢边谈边用手势比画;彼此间乐于保持一定的距离,一般以 50 厘米左右间距为好。他们行动喜欢自由自在,不受约束。美国人还有三大忌:一是忌有人问他的年龄;二是忌问他买东西的价钱;三是忌在见面时说"你长胖了"。因为年龄和买东西的价钱都属于个人的私事,他们不喜欢别人过问和干涉。至于"你长胖了"这句中国人习惯的"赞赏话",在美国人看来是贬义的。美国人穿衣打扮无拘无束,十分随便,但也讲究社交礼仪。一般而言,美国人不穿背心出入公共场所,更不能穿睡衣出门,晚上有客人来,也必须在睡衣外面套上外衣才能开门见客。

任务四　回国后续工作

领队带团结束回国后，整个带团工作并没有结束，领队应尽快到旅行社完成工作交接，并处理好善后事宜。带团回来后的工作与出团前的准备相比，虽然要简单许多，但要求领队依然要以善始善终的态度来认真对待、妥善完成。

一、与计调做好交接工作

（一）与计调进行工作汇报

领队带团结束回到旅行社后，向计调对带团过程进行简单描述和基本评价，对发生的问题及解决过程分项进行概要汇报。

（二）上交《领队日志》和"旅游服务质量评价表"

领队将《领队日志》上交计调归档，并将游客在旅游过程中对旅游、食宿、导游等多项服务的评价意见——"旅游服务质量评价表"交给旅行社客户服务部门进行整理分析。

（三）上交带团总结

带团总结主要包括：在带团旅游过程中发生的一些重要情况，领队应以书面报告的形式进行详细记录，以备日后查询；在带团过程中领队亲身实践了旅游产品后对线路产品的建议等。这对领队认识的提高和业务能力的增长十分重要。

（四）及时归还物品

将带团前从旅行社借出的物品及时归还旅行社。

二、财务处理

（一）及时报账

一般情况下，领队在带团工作结束后，应及时将各类票据整理好，到旅行社的财务部门进行报账。

（二）报清其他支出并领取酬劳

领队在带团期间有无借款，或因特殊原因垫付的房费、餐费等其他费用，要与财务部门一并结清，并领取自己的出团补助。

三、维护与游客的关系

（一）将照片寄送给游客

领队应将旅游过程中帮助游客拍摄的照片及时发送给游客，借此和游客保持沟通联系。

（二）保持与游客的联系

通过电话、E-mail、QQ等方式保持与游客的联系，也可以定期了解游客的旅游动态，及时将旅行社的新产品推荐给游客，为下次出行起到良好的铺垫。

（三）建立自己的客户档案库

出境旅游一般时间都较长，与游客相处结束之后，很多美好的回忆会让游客再次参加出境旅游,领队应与游客建立起信任关系,让他们成为旅行社的常客,可以定期举办一些活动,邀请他们聚到一起,比如老客户回馈会、圣诞聚会等。

知识拓展　书生意气的研学　家国天下的旅行

2021年11月8日,由中国旅游研究院、浙江省文化和旅游厅、绍兴市政府和中国文化报四家联合主办的"'走读浙江'系列主题推广活动启动仪式暨中国研学旅行报告绍兴发布研讨活动",以北京和绍兴双会场视频连线方式召开。会上,戴斌院长作了题为《书生意气的研学　家国天下的旅行》的演讲,全文如下:

在终身教育体系中,无论是常识的获得,还是价值观和人格的建立,相对于制式教育,家庭、社会和自然都比我们想象的要重要得多。青少年时代所阅读的书、所体验的文化,以及旅行中所接触的人和事,对个体综合素质的提升无疑具有"扣好第一粒扣子"的重要作用。国内外讨论研学旅行的意义也多是从个体着眼,从课程、服务的标准化和组织、制度的正规化入手。问题是如果一开始就陷入个体的视角,很可能沦为"家长争名、商家争利"的境地,如果在意义和价值观没有建构之前就强调标准和规范,则可能出现"部门争权、机构逐利"的现象。尚处于起步阶段的研学旅行市场已经出现了争名、争利、争权的迹象和苗头了,国家有必要对此给予足够的重视,并从发展理论和指导思想上确保研学旅行从一开始就沿着正确的方向前行。从全球范围来看,凡是研学旅行做得好的国家和地区虽然都会把中小学生作为重点人群,但是都以构建国民终身教育体系为导向。全面建成小康社会的中国,全面开启社会主义现代化国家建设新征程的中国,必须坚持有中国特色的新时代研学旅行指导思想:以青少年群体为重点,构建全体国民的终身研学体系;既不能游而不学,把研学旅游变成观光旅游,也不能学而不游,简单地把课堂教学场景搬到校园之外;既要强调研学参与者的科学精神、环境保护和公民意识,更要涵养广大青少年家国天下的大格局、大情怀。

一、在地研学是传承中华民族传统文化和提升国民素质的场景支撑

读万卷书,行万里路,自古以来就是中华民族的优良传统。这里有个顺序,就是读万卷书在先,行万里路在后。无论是九年义务教育还是高等教育,都是人才培养、知识传承和文化创造的主渠道。有了制式教育的基础,研学旅行才可能行稳致远,并在知识验证、视野拓展、体魄强健和社会交往能力提升等方面获得不同程度的精进。如果基础教育的底子不扎实,却寄希望于各种各样的课外班和移动课堂去弥补,只能是极不现实的幻想。

全面建成小康社会以后,我国全面开启社会主义现代化国家建设新征程,特别是新型城镇化和乡村振兴推动了基础设施的完善和公共文化事业的发展,进而构建了城乡居民的社会教育的基础支撑。据文化和旅游部统计公报:2020年,全国共有公共图书馆3 212个,阅览室座席数126.47万个,图书总藏量11.79亿册;共有博物馆5 452个,美术馆618个,文物藏品5 089万件/套;共有国家级非遗代表性项目1 372项;共建成村级综合性文化服务中心575 384个。如此丰富又近在咫尺的文化、艺术和科技场馆,过去想也不敢想啊!现在的年轻人不仅可以在青青校园从白发先生那里系统学习知识,也可以在图书馆安静地阅读,博物馆里与文物面对面对话,或者是徜徉于美术馆的画廊中,让书卷气不知不觉沾于衣角之上,融入举止之间。还有越来越多的少年儿童在老师的带领下,在家长的陪伴下,去科技馆接受物理、化学、天文、地理、工程等科学知识的启蒙,去植物园、动物园、园艺馆、海洋馆感受生物多样性,一颗颗科学的种子就这样埋下了。

过去我们一说旅游,就是乘飞机、坐火车或者自驾远行,到很远很远的地方去看山看水看风景,近处无风景嘛。近年来,人们越来越多地开始领略身边的美丽风景,参与本地的文化活

动,重新发现日常生活的美好。从数据上看,旅游业承受了一半以上的损失,但是从长期来看有利于高速度增长转向高质量发展。不要一说高质量发展就认为是供给侧的事情,没有高素质的游客,就是有了高品质的产品和服务,也不可能持久。每至节假日,都会有各种不文明旅游行为引发舆情,"黑名单"制度也不能禁止,不由得令人感叹:不是游客不文明,而是不文明的人出来旅游了。游客教育说到底还是国民教育,如果出来旅游之前通过义务教育和当地的文化参与,养成遵纪守法和尊重公序良俗的习惯,那么不文明旅游的行为一定会得到极大的下降。从这个意义上讲,好的旅游并不是与生俱来,而是需要学习的。

希望各地的文化、艺术、文物、教育、科技部门在场馆建设、空间营造、藏品收集和专题展陈的同时,能够进一步扩大对城乡居民,特别是对中小学生群体的宣传推广,吸引更多的观众进场,把社区、村镇和城市培育成社会教育的大课堂。在城市更新和乡村振兴的进程中,把更多空间留给公共文化、公共艺术和公共体育,让艺术重归生活,让艺术真正地属于人民。希望老师和家长多陪孩子们去这些地方学习知识、感受科技、感悟文明,从小就有了文化自信,任何时候都能感受文化之美。根据文旅融合、主客共享的理论,这样的社会教育空间一旦建立起来,这样的文化氛围一旦培育起来,自然就会吸引异国他乡的游客到访,并通过口碑相传和市场培育而成为高品质的研学旅行目的地。

二、外出旅行是培养国家认同和人类命运共同体意识的现实路径

正如毛泽东同志《人的正确思想是从哪里来的》文中所言,人的认识过程包括"由客观物质到主观精神的阶段,由存在到思想的阶段",以及"由精神到物质的阶段,由思想到存在的阶段",这就是把第一个阶段得到的认识放到社会实践中去,看这些理论、政策、计划、办法等等是否能够得到预期的成功。家国情怀、国家认同和人类命运共同体意识,当然需要阅读思考、课堂教育和系统宣传,更需要我们走出家庭与学校,与山川河流对话,与历史人文互视,让中华民族的优秀传统文化和精神谱系渗透到灵魂里。纸上得来终觉浅,绝知此事要躬行。不到西北,不知中国疆域之大;不到西南,不知中华民族文化之多元;不到华东华南,对新中国城市和乡村的经济社会发展成就不会有发自内心的自豪感;对新时代的民族复兴和人民幸福的中国梦没有感同身受,也不会有真正意义的家国情怀和人类命运共同体意识的自觉认同。人们在游历过程中不仅可以验证既有的知识,还会创造全新的文化现象和时代思想。

西方的"大游学"(GrandTour),中国古代的科举考试,都伴随着读书人的远程游历,可以视为研学旅行的萌芽。"槐花黄,举子忙",忙什么?忙着去省城、京城赶考,忙着各种长途旅行的准备。在工业革命之前,旅行和旅游无论对谁都要郑重其事的准备,说走就走的旅行是智能通信技术广泛普及以后的事情了。无论是"三十功名尘与土,八千里路云和月",还是"到中流击水,浪遏飞舟",没有经历风霜洗礼,是写不出大块文章的,搞不好还会成为精致的利己主义者。新时代的研学旅行,要学习和传承中华民族五千年文化演化进程中积累的优秀传统文化,也要赓续红色血脉,弘扬红色文化,还要学习和研究承载民族复兴和人民幸福中国梦的社会主义先进文化。事实上,支撑说走就走的旅行的基础设施、公共服务和商业环境,本身就是科技进步和商业创新的结果,就是研学旅行的重要内容。特别是城市旅游,更是分分钟都离不开科技进步和文化创意。"运用大数据、云计算、区块链、人工智能等前沿技术推动城市管理手段、管理模式、管理理念创新,从数字化到智能化再到智慧化,让城市更聪明一些,更智慧一些,是推动城市治理体系和治理能力现代化的必由之路,前景广阔"。一个更聪明、更智慧的城市本身就是当代研学旅行的场景空间,也是内容支撑。

习近平总书记寄语青年人,"未来属于青年,希望寄予青年。新时代的中国青年要以实现

中华民族伟大复兴为己任,增强做中国人的志气、骨气、底气,不负时代,不负韶华,不负党和人民的殷切希望"。要实现这个目标,广大青少年就要努力学习,就要在壮游和研习中建构家国天下的大格局、大情怀和大视野,而不仅是小时代、小确幸和小欢喜。少先队员、共青团员们,要知一个从黄山到黄河,山河壮丽的中国,爱一个从诗经到红楼,风雅多姿的中国;知一个从积贫积弱到全面小康,自强不息的中国,爱一个从广场舞到说唱新时代,人民幸福的中国;知一个从嫦娥到天眼,仰望星空的中国,爱一个从"一带一路"到人类命运共同体,和平发展的中国。

三、研学旅行的价值取向必须是,也只能是促进人的全面发展

研学旅行要充分利用红色资源和中华优秀传统文化,在研学旅行中感悟文化之美,增加文化自信,培育青少年群体的家国情怀,持续提升国民的综合素质。新时代研学旅行必须坚持国之大者的战略导向,万不可只是将其当作一门生意来做,也不可任由资本的意志和市场的力量把研学旅行导入无锚之境。从中国旅游研究院研学旅行课题组的专项调研来看,多数业者认为研学需要在特定的空间展开,并为此建设了数量众多的基地和营地,还出台了一些团体和企业标准。正如教育家叶圣陶先生所言:"善读未写书,不守图书馆。天地阅览室,万物皆书卷。"从人的全面发展出发,万物皆可研学。从城市到乡村、从工厂到学校、从戏剧场到菜市场,祖国的每一寸土地、每一秒时光,都可以成为研学旅行的时空场景。需要指出的是,正如大众旅游越来越趋于散客、自助、个性和品质一样,研学旅行的非团队化和非标准化也是清晰可见的趋势。

研学旅行要充分利用当代文化、科技和教育资源,让外来游客尤其是散客和亲子旅游者能够自然而然地融入本地的品质生活,并有更多的机会与本地人交往和互动。杭州市文化广电旅游局从2019年开始建设"杭州书房",目前已经建成68家,今年更是推出了"书房＋景点"的服务模式。它们可能是传统文化的阅读空间,如虎跑公园内的梦泉书院在茶香中传播宋韵文化;也可能是年轻人的社交和成长空间,如隐士音乐书房在咖啡氤氲的氛围中成为高新企业园区就业和创业的年轻人的精神家园。四季文旅推进城市文化会客厅而建立四季美术馆,中央美术学院的教授将书法写进了北京三源里菜市场。这些依托公共文化资源,面向市民和游客和高颜值的城市书房,几乎全部成为主客共享的网红阅读打卡地。我们不能只盯着文化遗址、博物馆、美术馆、非物质文化遗产、历史文化街区,也不能只盯着科技馆和名师大家的授课。对于研学旅行的组织者和参与者来说,那些与城乡居民生活息息相关的文化、艺术和科普同样是城市研学的重要内容。

研学旅行要重视国际市场的开发,大力发展入境研学旅行,也要重视出境研学旅行拓展国民全球视野的积极作用。这涉及海外游客来华研学和中国游客出境研学两个方面,政府要有规划,业界要有布局,国家要有协调推进。讲故事是国际传播的最佳方式,从底层逻辑开始包装,探索建立中式叙事体系,可以从小众影视作品和社交平台着手,以受众有感和易接受的方式打开青少年细分市场。从渠道来说,从AMC为代表的电影院线到网飞(Netflix)、HBO等流媒体,都是入境研学的内容创新和市场推广的重要渠道。与旅游业一样,国际广告和传媒业的市场结构和竞争格局已经发生革命性的改变,再也回不去电影院独大的年代了。我们希望世界各国各地区的人民多来中国研学旅行,也愿意推动有条件的人群,特别是大学生和研究生多出去看看外面的世界。从目前情况来看,MBA、MTA、MPA等专业硕士培养,对海内外的"移动课堂"都是很重视的。在三个月前的荷兰驻华大使馆的中欧旅游研讨会上聊起艺术家凡·高,我说他是荷兰的,也是法国的,更是属于全人类的,所有的自然和文化遗产都可以作如

是观。中国是世界的一部分,我们应以更加开放包容的心态,借鉴和吸纳人类文明的一切先进成果,也要为人类、文明的发展作出中国的贡献。

（资料来源:戴斌,中国国家旅游研究院院长。）

📖 思考题

1. 团签时有一名游客忘带护照了你该怎么办?
2. 办理旅游签证有哪些基本流程?
3. 游客因对当地饮食不习惯而提出换餐要求,你该如何应对?
4. 做好客户的吸引与维系工作是提高竞争力的关键所在,作为导游,你该如何有效维系客户?

附　录

附录一　导游资格证书展示

导游相关资格证书如图 F1-1 至图 F1-4 所示。

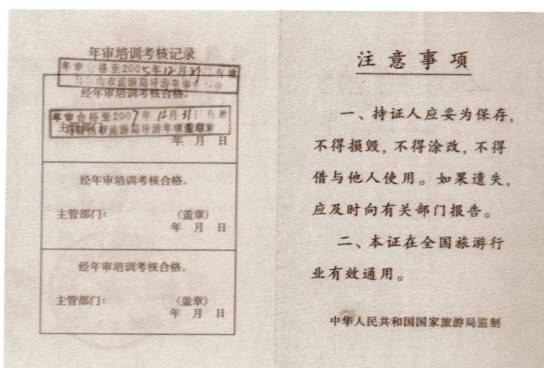

图 F1-1　导游员资格证书

图 F1-2　初级导游证

图 F1-3　中级导游证

图 F1-4　高级导游证

附录二　部分著名旅游景点优秀导游词欣赏

一、桂林山水

　　欢迎大家乘船游览美丽的漓江——桂林山水。

　　Hello,亲爱的旅客朋友们,你们好! 我是你们这次游览的导游。首先,自我介绍一下,我叫××,是桂林旅行社的导游,我将和大家共同度过这段旅程,感谢大家给了我这次机会,我一定会好好为大家服务,让大家在桂林玩得愉快,也希望大家多多支持我们的工作。

　　桂林是著名的旅游胜地,俗话说:“桂林山水甲天下。”桂林以它山清、水秀、洞奇、石美的秀丽风光闻名于世,每年吸引着数千万海内外的游客来观光旅游。桂林这一带的山,一座座高峭耸立,拔地而起,各不相接。桂林的水蜿蜒弯曲、清澈见底,在后面的行程中我将带领大家乘着小舟去观赏桂林最美的一条江——漓江。漓江的水是出奇的静,静得让我们根本感觉不到它在流动;漓江的水出奇的清、清得可以看见有许多美丽的鱼儿游来游去。桂林的山还多奇石,著名的有月牙山的剑柄石、象鼻山的垂钓石、伏波山的试剑石……桂林的洞更是一绝!下面请大家跟我一块儿上岸去欣赏神秘的七星岩。

七星岩溶洞的面积巨大,可容纳一万多人,请看这儿,洞内有着造型奇特的各种景物:有莽莽的原始"森林",高耸挺拔的"宝塔",还有洁白鲜嫩的"竹笋"……七星岩溶洞有"大自然艺术宫"之称。大家请看这边儿,形形色色的钟乳石,在彩灯的照耀下,是不是更有情趣了呢?这些钟乳石还有着许多动听的名字,叫"狮岭朝霞""石乳罗帐""云台览胜"等。现在请大家自由欣赏,一定要注意安全啊!

漓江属于珠江水系,发源地在桂林北面兴安县境内的猫儿山。猫儿山是史称五岭之一的越城岭主峰,海拔2 238米,号称中南最高峰,漓江由猫儿山下的涓涓细流汇集而成。兴安县境内至今还保留着秦始皇时期修建的"灵渠",它是中国第一条人工运河,史称"兴安灵渠",它把漓江的水和湘江的水连接起来。湘江在湖南境内,属于长江水系。大自然赋予了它们特定的方式。常言道"世上无水不东流",这是由于中国西部地形高,东部地形低所造成的,但唯有湘江的水是由南向北而去,漓江的水由北向南而下,所谓"湘漓分流""相离而去",漓江故此得名,大概就是这个意思吧。另外,漓江的"漓"字,在字典里面是清澈、透明的意思,大概也是漓江名称最佳的解释。漓江在中国的历史上曾经起过重大作用,灵渠开凿之后,它沟通了岭南与中原的联系,对秦王朝统一中国的大业,以及对桂林乃至整个西南地区的政治、经济、文化、军事都有着深刻的影响。

在前面右侧临水的山壁,有几根悬垂倒挂的钟乳石柱,它们形态嵯峨、形神兼备,仿佛几条饮江的巨龙。它们的身体隐藏在山壁内,只有龙头向着水面。每当春夏水涨,龙头便会吐出雨露。传说这几条龙是天帝派到漓江边来采集桂花香精的。很久以前,这些山坡上长满了桂花,那冲天的香气直贯天宫,引得嫦娥也想偷偷下凡,天帝为之震怒,于是派来了这几条神龙,要把这桂花的香气全部吸尽带回天宫。谁知道神龙到了这时便被这里的景色迷住了,它们不仅没有带走人间的桂花,反而引来了天庭的雨露。它们把雨露倾注在崖壁下的潭里,从此这个潭就叫沉香潭。沉香潭的水灌溉了漓江两岸的四方土地,在这片土地上的桂花树枝叶长得更加繁茂了,八月漓江两岸到处都是桂花香,怪不得人们都把这片地方叫桂林呢!

弯弯曲曲的漓江,有一个湾就有一个滩,有人数了一下,从桂林到阳朔,83千米的水程,共360多个滩。滩头滩尾水比较浅,漓江从滩头上流过,发出淙淙的响声,这响声仿佛是天宫的仙乐,听了叫人飘飘欲仙。其实这哪里是仙乐,这是漓江的音乐,请大家看,左岸边有两块大石头,一个像圆鼓,另一个像金锣,当地的村民们都叫它们锣鼓石;右岸边两座拔秀的小山柱,仿佛是一对锣锤和鼓棍,大家仔细听,仿佛还有一对鸳鸯在唱歌呢。

朋友们,你们看!右前方,山到了这里突兀而起,云到了这里虚无缥缈,给人以幻境的感觉。这一带重峦叠嶂,气势雄伟,前面一组八个山头,很像我国古代神话传说中的八个仙人,靠近江边头光光的是铁拐李,旁边的是曹国舅,下面戴帽子的是何仙姑,接下来的是张果老、韩湘子、吕洞宾、蓝采和、汉钟离,正好八个。据说有一天,八位仙人各显神通,漂洋过海,结伴而行,他们来到了漓江边上,看到了美丽的漓江风光,这里碧水青峰,田园似锦,于是他们决定留下来,因此,这个景点取名叫"八仙游江"。

前边有一座山峰又长又大,横亘在漓江边,整个山形很像鲤鱼,鱼头朝右,鱼尾朝左,鱼嘴跟右边的这座山峰相连,在高高的鱼背上有一组小山峰构成了鱼鳍,真像一条活灵活现的大鲤鱼,那是世界上最大的一条鲤鱼,谁也没有办法称它的重量。那鲤鱼又像一只小哈巴狗,也就是我们通常说的狮子狗,它的头部、眼睛、四肢都很清楚,真是可爱极了。

桂林山水有四大特点:山青、水秀、洞奇、石美,那么漓江除此之外还有瀑布、流泉、险滩、竹林四绝。有人说,漓江不仅仅有这些,而且还有怪、迷、奇、绝四大特点,那就是古榕之怪、画山之奇、冠岩之谜、半边渡之绝。凡此种种,不一而足,真是仁者见仁,智者见智。

碧莲峰上碑文石刻很多,特别是山腰石壁上刻有清代光绪年间一个草书"带"字更是令碧莲生花。其字形结构意味深长,人称一字诗,竟包含了"一带山河,少年努力"八个字的韵味和笔意。从欣赏这个"带"字,最后我们总结漓江的精神就是一个"妙"字,漓江风景的自然美,妙不可言。

各位朋友,今天的漓江游即将结束,欢迎您及您的朋友下次再来游览漓江。

二、长江三峡

各位朋友大家好,我代表××国际旅行社欢迎大家的到来。我叫××,在接下来的时间里将由我为各位提供导游讲解服务,我一定会尽力安排好各位的行程,让大家在这次旅游活动中感到愉快。俗话说,风景美不美,全靠导游一张嘴,还有句老话是"观景不如听景",但我们今天要游览的景点,就算我一句话都不说,您还是会由衷地赞叹一个字——"美"! 老子说:"大美无言",今天就让您来体会体会!

好,下面请大家随我一起去游览著名景点:长江三峡。有人说:"不走三峡,不算到过长江。不游三峡,不算了解长江。"首先,我想为大家介绍一下长江。大家知道,长江是我国最长的河流,是全世界第三长河,它仅次于非洲的尼罗河和南美洲的亚马孙河,它的源头在我国青藏高原的唐古拉山,流经青海、西藏、云南、四川、重庆、湖北、湖南、江西、安徽、江苏、上海,跨 11 个省市自治区,最后汇入东海,全长 6 300 千米,长江流域占我国国土面积的 1/5。

当长江流至四川东部的奉节,便冲开崇山峻岭奔腾而下,形成了雄伟壮丽的大峡谷——长江三峡,这便是我们今天要游览的地方,我们今天所说的三峡其实就是瞿塘峡、巫峡、西陵峡的总称,它西起重庆奉节的白帝城,东到湖北宜昌市南津关,全长 200 多千米,三段峡谷各有特色,瞿塘峡雄伟险峻,巫峡幽深秀丽,西陵峡滩多水急,三峡两岸重峦叠嶂,形态各异,船行驶在三峡中,一会儿山色全阻,一会儿豁然开朗,别有洞天。

现在我们来到的便是瞿塘峡,又称夔门,西起重庆奉节白帝城,东至巫山县的大溪镇,全长八千米,在举世闻名的三峡中最短,但是最雄伟壮观,长江在这里切过中生代石灰岩,形成了陡峭的峡谷,瞿塘峡两端入口处,两岸断岩峭壁犹如刀砍斧削,相距不足 100 米,形如门户,故称"夔门",也叫瞿塘峡关,山岩上有"夔门天下雄"五个大字。左边的名叫"赤甲山",相传古代巴国的赤甲将军曾在此屯营,又因尖尖的山嘴活像一个大蟠桃,故有桃子山别名。右边的名叫白盐山,不管天气如何,总是现出一层层或明或暗的银辉,好像有一层盐撒在上面。这里山高峡窄,仰视碧空,云天一线,唐代诗人杜甫曾写下"欢水会涪万,瞿塘争一门"的名句。峡中水流湍急,江面最窄处不足 50 米,波涛汹涌,奔腾呼啸,令人惊心动魄。在白帝城下的礁石上,有两根铁柱,是古代"铁锁关"的遗迹。铁锁关是用铁链"断江"或"锁江"。据载,公元 904 年(唐天佑元年),张武在瞿塘峡口"作铁捆,绝江中流,立栅于两端,谓之锁峡"。建铁锁关的目的,起初是防御外敌入侵,后来曾一度成为关卡,商旅往来均须缴纳税银。在白盐山的绝壁上,有一列之字形石孔,自下而上至山腰。在山下起点处,有"宋开庆路元帅"字样依稀可辨,上边有一个平坦的台子,叫望乡台。相传这是孟良梯,其实是古代人民凿孔栽木或采药的古栈道遗址。在北岸一处黄褐色悬崖上,有几个竖立的洞穴,约宽半米,从前里面置有长方形的东西,从远处看去,状如风箱,故名风箱峡。那些风箱是战国时代遗留的悬棺,共发现九副,棺中有青铜剑和人骨,现在悬棺已坠毁,洞穴仍存。

　　"巴东三峡巫峡长",长江出大宁河口进入巫峡宽谷,我们也就进入了画廊般的巫峡。巫峡西起重庆大宁河口,东至巴东县的关渡口,全长 45 千米,是长江三峡中既长又整齐的一峡。巫山春秋为夔子之国,战国时是楚国的巫郡。据晋代郭璞《巫咸山赋》载,唐尧时有一御医巫咸深得尧心,生前封于此山,死后葬于山中,故以巫为地名。巫峡谷深狭长,日照时短,峡中湿气蒸郁不散,容易成云致雾,云雾千姿万态,似烟非烟、似云非云,变化多端,有的似飞马走龙,有的擦地蠕动,有的像瀑布一样垂挂绝壁,有时又聚成滔滔云纱,在阳光的照耀下,形成巫峡佛光,因而古人留下了"曾经沧海难为水,除却巫山不是云"的千古绝唱。巫峡南北两岸的巫山十二峰极为壮观,而十二峰中又以神女峰最为俏丽。古往今来的游人无不被这里的迷人景色所迷醉。三峡水库到达 175 米以后,巫峡水位仅提高 80 米,对幽深秀丽的峡谷风光没有大的影响,相反,有杉木壤溪、神女溪等更幽深的峡谷景观可以开发,给游览巫峡增添了更多的奇情野趣。

　　好,各位朋友,现在我们就来到了三峡中的最后一峡——西陵峡,它西起秭归的香溪口,东至宜昌市的南津关,是三峡中最长的一个峡,全长 66 千米,曾经的西陵峡以滩多水急著称,自古三峡船夫世世代代在此与险滩激流相搏。"西陵峡中行节稠,滩滩都是鬼见愁"。而现在,这种情况已成为历史,随着葛洲坝工程的建成蓄水,水位上升,险滩礁石永睡于江底,加上新中国成立后的航道整治,西陵峡中滩多水急的奇观、船夫搏流的壮景不复见了。今天西陵峡的大部分已经成为葛洲坝平湖库区,船行驶在西陵峡中感觉是那样的平稳和舒适,我们沿途可欣赏博大恢宏的三峡工程及西陵峡两岸的美妙景色。

　　西陵峡景观很多,但我今天主要介绍的是举世瞩目的三峡工程,提起三峡工程,我们每个中国人都会为此而感到骄傲和自豪。然而,三峡工程的建设并不是一帆风顺的,早在 1919 年,伟大的革命先驱孙中山先生就提出了建设三峡工程的构想,到 1994 年破土动工,距最初构想有近 80 年了。三峡工程共分为三期,1992 年到 1994 年为筹建期,修筑了长 28 千米的三峡坝区专用公路;一期是从 1994 年到 1997 年,以大江截流为标志,相信大江截流时的壮观场面大家已经从电视上看到过;二期是从 1997 年到 2003 年,以第一台发电机组安装完成为标志,水位抬升到 135 米;第三期工程从 2003 年到 2009 年,以 26 台机组全部发电,大坝建成为标志,水位抬升到 175 米。三峡工程是目前世界上最大的水利工程,它是综合治理长江中下游地区防洪问题的关键,工程还有发电、航运、灌溉和发展库区经济等多项综合效益,对我国发展社会主义现代化建设及提高我国的综合国力起着重要的作用。

　　三峡大坝建成后全坝长 1 983 米,最大坝高为 185 米,最高运行水位 175 米,总蓄水量 393 亿立方米,总装机容量 1 820 千瓦,年发电量 847 亿度,相当于 1991 年全国总发电量的 1/8,相当于十座广东大亚湾核电站。三峡大坝建成后,我国每人每年将可以增加用电 70 度。

　　好了,各位朋友,关于长江三峡我就给大家介绍到这里,感谢大家对我工作的支持与配合,希望能再次见到各位。最后祝大家一路顺风,万事如意!

三、黄山宏村

　　孔老夫子说:"有朋自远方来,不亦说乎?"首先,我代表××旅行社热烈欢迎大家的到来,很荣幸能为各位来宾服务。我就是大家两日游的导游,我的名字叫王×,大家叫我小王也可以。我们的车是蓝白相间的大巴,车牌号 123××,劳烦大家一定要记住了。在我身后的就是我们劳苦功高的司机李师傅,他是拥有多年驾车经验的老司机,李师傅不仅人长得帅,开车技术也是一流,坐他开的车大家尽管可以放心,在接下来的几天就由我和司机李师傅陪伴大家一起度过。

其实,在我一上车看到大家的时候就有种似曾相识的感觉,也许我现在不能一一记住大家的名字,但这不要紧,在稍后的旅途中,我会逐渐地了解大家,大家现在只要记住小王这张并不出众的脸就可以了。我们的车就是我们流动的家,请大家也保持我们家的卫生。在这里小王也提醒大家,在旅游景点一定要注意人身和财产安全,在接下来的行程中,有事您说话,小王一定全力为大家服务。同时,小王也希望各位多多配合我的工作,预祝我们的旅程顺利圆满。好了,小王在这里也不多说废话,接下来我们就要去著名的黄山风景区,在这里我先向诸位介绍一下世界文化遗产宏村风景区的概况。

宏村位于安徽省黟县东北部,村落面积 19.11 公顷,宏村始建于南宋绍熙年间(公元 1131 年),至今 800 余年。它背倚黄山余脉羊栈岭、雷岗山等,地势较高,常常云蒸霞蔚,时而如泼墨重彩,时而如淡抹写意,恰似山水长卷,融自然景观和人文景观为一体,被誉为"中国画里的乡村"。

特别是整个村子呈"牛"型结构布局,更是被誉为当今世界历史文化遗产的一大奇迹。那巍峨苍翠的雷岗当为牛首,参天古木是牛角,由东而西错落有致的民居群宛如庞大的牛躯。以村西北一溪凿圳绕屋过户,九曲十弯的水渠,聚在村中的天然泉水汇合蓄成一口半月形的池塘,形如牛肠和牛胃。水渠最后注入村南的湖泊,称牛肚。接着,人们又在绕村溪河上先后架起了四座桥梁,作为牛腿。历经数年,一幅牛的图腾跃然而出。这种别出心裁的科学的村落水系设计,不仅为村民解决了消防用水,而且调节了气温,为居民生产、生活用水提供了方便,创造了一种"浣汲未妨溪路远,家家门前有清泉"的良好环境。

宏村的古水系牛形村落堪称"中华一绝",开"仿生学"之先河。有"民间故宫"佳誉的清代民居"承志堂"是宏村古村落代表性建筑,巧夺天工的"百子闹元宵""唐肃宗宴官"等木雕群及漏窗石雕《四喜图》奇美绝伦。世界著名建筑大师贝聿铭曾赞叹道:"黟县宏村建筑文物是国家的瑰宝。"

在西递、宏村马头高墙、石雕漏窗、门罩门额是常景;民宅厅堂内悬挂字画、楹联,摆设镜、钟瓶,是家家的习俗。西递还有着"抛彩球,选佳婿"的民俗。

宏村又名弘村,都是取宏广发达之意。宏村汪九是唐初越国公汪华的后裔。村子始建于宋代,数百户粉墙青瓦、鳞次栉比的古民居群,特别是精雕细镂、飞金重彩的被誉为"民间故宫"的承志堂、敬修堂和气势恢宏、古朴宽敞的东贤堂、三立堂等,同平滑似镜的月沼和碧波荡漾的南湖,巷门幽深,青石街道旁古朴的观店铺,雷岗上的参天古木和探过民居庭院墙头的青藤石木、百年牡丹,森严的叙仁堂、上元厅等祠堂和 93 岁翰林侍讲梁同书亲题"以文家塾"匾额的南湖书院等等,构成一个完美的艺术整体,真可谓步步入景,处处堪画,同时也反映了悠久历史所留下的广博深邃的文化底蕴。在 2000 年 11 月 30 日,宏村被联合国教科文组织列入了世界文化遗产名录。

月沼,老百姓称月塘,就是所谓的"牛小肚"。月沼,建于明永乐年间,村人汪思齐发现村中有一泓天然泉水,冬夏泉涌不息,于是聘请族内高辈能人,制定了扩大宏村基址及进行村落全面规划的牛形水系蓝图,引西溪水绕村屋,其牛肠水圳九曲十弯,又把水引入村中心天然井泉处建月沼池塘,以蓄水供防火、饮用等。后裔汪升平等人投资万余金,继续凿圳、挖掘成半月形池塘,完成了前人未完成的"月沼",这就是月塘。月塘常年碧绿,塘面水平如镜,塘沼四周青石铺展,粉墙青瓦整齐有序分列四旁,蓝天白云跌落水中,老人在聊天,妇女在浣纱洗帕,顽童在嬉戏。

　　承志堂是清末徽商汪定贵于清咸丰五年营造的宅邸,有"民间故宫"之称。整栋建筑为木结构,内部砖、石、木雕装饰得富丽堂皇,总占地面积约 2 100 平方米,建筑面积 3 000 余平方米,是一幢保存完整的大型民居建筑。全宅有 9 个天井,大小房间 60 间。

　　全屋分外院、内院、前堂、后堂、东厢、西厢、书房厅、鱼塘厅、厨房、马厩等,还有保镖房、女佣住室、慈厅、小书房等。屋内有池塘、水井,用水不用出屋。前堂是回廊三间结构,分上下厅,雕梁画栋,天井四周为锡打水枧,上有"天锡钝碬"四个大字。后堂和前堂的结构基本相同。内院有轿廊,用以停放轿子。轿廊西侧是鱼塘厅,呈三角形结构。据传当时建造承志堂,设计时靠村中水圳,多了这块三角形空地,工匠便设计了这个三角形建筑空间。鱼塘厅小天井下有一汪鱼池,圳水从外潺潺流进,又通过石栏栅向前流去。池畔设"美人靠",可凭栏观鱼。多余数十平方米建成了小客厅和小居室。承志堂规模宏伟,砖、木、石雕精美绝伦,其中木雕"渔樵耕读""百子闹元宵""唐肃宗宴客图"和"董卓进京""三英战吕布"等京剧图案,不仅雕刻精巧,层次分明、线条清晰,而且构图宏富,场面壮观。据传当时建造承志堂花白银 60 万两,其中木雕上镀黄金 100 两,全屋所有木雕由 20 个工匠雕刻四年才完成,由此可见徽商的富庶和对住宅的重视。

　　在宏村村口,一眼望去,可见到两棵有 500 年树龄的古树。这两棵大树,其中一棵叫枫杨树,当地叫红杨树;一棵叫银杏树,当地叫白果树。北侧的红杨树高 19 米,树围 6 米,需四五个人才能合抱,树冠形状像一把巨伞,把这村口数亩地笼罩在绿荫之中。南侧的白果树高 20 米,形如利剑,直刺天空,因为银杏是世界上稀有的树种,而这棵银杏又有 500 岁,所以大家把这棵银杏称为村口"瑰宝"。这两棵大树是这牛形村的"牛角",也是一种吉祥的象征。按照这里过去的风俗,村中老百姓办喜事,新娘的花轿要绕着红杨树转个大圈,这预示着新人百年好合,洪福齐天;高寿老翁辞世办丧事,要抬着寿棺绕着白果树转个大圈,寓意着子孙满堂,高福高寿。

　　……

　　我们的旅程马上要结束了,小王也要跟大家说再见了。临别之际没什么送大家的,就送大家四个字吧。第一个字是缘,缘分的缘,俗话说"百年修得同船渡",和大家的共处就是"百年修得的同车行"! 接下来这个字是原谅的原,在这几天中,小王有做得不够好的地方,希望大家多多包涵,在这里说声抱歉。再一个字就是圆满的圆,此次行程圆满地结束多亏了大家对我工作的支持和配合,在此小王说声谢谢了! 最后一个字还是源,财源的源,祝大家的财源犹如新安江水连绵不绝,也祝大家身体好、工作好、心情好、今天好、明天好、好上加好,给点掌声好不好?

四、安徽省泾县云岭新四军军部旧址

　　各位来宾,各位团友:大家上午好! 欢迎你们来到安徽泾县新四军军部旧址参观游览! 我叫王×,是你们的导游,希望大家支持我的工作。我们的行程是这样安排的:首先为大家介绍一下新四军及新四军部旧址概况,然后带领大家前往当年的新四军军部——种墨园和大夫第参观,最后参观军部大会堂,预计整个活动需要三个小时左右。

　　各位团友,来到云岭参观新四军军部旧址,我们就不能不提一下新四军的"前世今生"。1937 年 7 月 7 日,日本侵略者制造震惊中外的卢沟桥事变,发动全面侵华战争。为了抗击日本帝国主义的侵略,中国共产党同国民党谈判达成协议,将南方八省十四个地区的红军和红军游击队改编为国民革命军陆军新编第四军(简称新四军),并决定由叶挺任新四军军长。1937年 12 月 25 日,新四军军部在湖北汉口成立,1938 年 1 月军部移驻江西南昌,并正式对外办公。同年 2 月,军部移至皖南歙县岩寺镇,在这里完成了全军集中整编任务。同年 8 月,军队又移至泾县、青阳、南陵三县交界的云岭。这里三面环山,一面临水,地势险要,易守难攻。新四军初创时共有兵力一万多人,到抗战胜利时,发展到 31 万人。在抗战期间,新四军越战越勇,共毙、伤、俘日、伪军约 16 万人,为中国人民取得抗日战争的胜利做出了巨大的牺牲和贡献。云岭因是新四军军部所在地,所以被称为"新四军的摇篮"。

各位来宾,了解了新四军的来龙去脉,再说一说新四军军部旧址。当年的新四军军部是指军部司令部,下设机构包括政治部、教导总部、战地服务团等,分设在云岭山与四顾山之间的东西长约 15 千米的 10 个自然村中,占地面积约 3 万平方米,共计使用民房 130 多幢。截至 1941 年 1 月 4 日新四军撤离时,新四军军部在云岭驻扎两年六个月,留下了大量的历史遗迹。1961 年 3 月 4 日,国务院公布云岭新四军军部旧址为首批全国重点文物保护单位之一。1999 年,中宣部批准它为"国家级爱国主义教育基地"。2009 年,安徽省旅游局批准其为"4A 级旅游区"。

各位团友,现在我们来到了罗里村的种墨园,当年的新四军军部就设在村里的种墨园和大夫第。大家请看这块牌子,上面有"国民革命军陆军新编第四军军部"14 个大字。种墨园原来是座地主宅院,建于清末,由 3 进 43 个房间及一座花园组成,整体呈船形。军长叶挺、副参谋长周子昆等新四军将领曾在这里居住、办公。1939 年春,周恩来同志视察新四军军部时曾下榻于此。叶挺不仅是一位著名的军事家,还是一位文人及造诣颇深的摄影艺术家,这是当年他为冲洗照片而设的暗房。这里的"叶挺将军摄影作品展"和"叶挺将军生平图片展",画面朴实自然,时代气息浓郁,真实再现了当年的烽火岁月,是新四军军史不可多得的宝贵史料,其中摄影作品大部分是叶挺任新四军军长期间在皖南拍摄的。

各位朋友,现在的这栋房子叫大夫第,紧邻种墨园,是当年新四军副军长项英的下榻之所。大夫第与种墨园共同构成了新四军司令部(即军部)。大夫第建于清末,楼上楼下共 64 间房屋,另有院落、门楼、脚尾 10 余间。副军长项英在楼房底层居住办公,参谋处设在屋厅堂,并在此召开过参谋工作会议。1939 年下半年后,秘书处及机要科在此办公。1998 年 5 月,项英同志 100 周年诞辰之际,"项英同志生平图片展"正式展出,让广大观众了解项英同志坎坷的一生。

各位来宾,现在我们所在的位置就是云岭村的军部大会堂,其前身是陈氏宗祠。大家请看入口处的这尊 2001 年 5 月 26 日揭幕的项英铜像,它寄托了皖南人民特别是健在的原新四军将士对项英同志的哀思和缅怀之情。陈氏宗祠,建于清康熙七年(也就是 1668 年),清道光年间祠堂左侧增建敬修堂,占地十亩三分,是泾县最大的祠堂之一,现存面积 3 225.8 平方米。1938 年 8 月新四军军部进驻云岭,这里是军部大会堂,经常在这里举行集会、联欢会、文艺演出,举办各种战利品展览等大型活动。陈氏宗祠正门两侧是一对石鼓,石鼓上方悬挂着斗字匾额"陈氏宗祠"。正门通常总是关着的,天井四周十根高大的白色大理石方柱托起高高的回廊,每根石柱上方檐柱上雕刻着八仙人物,紧靠前厅大门是座木制舞台,上面陈列着 1939 年 2 月 24 日周恩来在军部举行的欢迎大会上作《新阶段的新关键》演讲的场景。中厅宽敞明亮,两侧墙上有"忠、孝、节、义"四个大字,大厅中央安放着周恩来同志塑像。1939 年春,周恩来同志受党中央、毛泽东委托到新四军军部指导工作,3 月 6 日在这里为新四军排以上干部作《目前形势和新四军任务》的重要报告,提出新四军发展三原则和作战方针。陈氏宗祠的后进是座二层楼房,原为宗族安放祖先牌位的地方,称寝楼。现在,这里是新四军军部旧址陈列馆,叶飞同志题写馆名。它全面介绍了新四军军部在皖南近三年的时间指挥大江南北新四军各部英勇抗战所取得的丰功伟业,突出了新四军在云岭时期军民团结、共同抗战的历史。2000 年,该馆荣获全国十大文物精品陈列奖。

各位团友,不知不觉三个小时就过去了,此次参观活动也就要结束了。由于时间关系,云岭的其他参观点如叶挺桥、碑园、修械所等,在此我就不一一介绍了,也算给大家留下一点牵挂吧!各位如有什么疑问,我会再给予解答的。

好了,如果大家没有问题,咱们今天的旅游就到此结束了,借此离别之际,小王预祝各位一路顺风,也期待你们有空再游云岭!

五、缅甸茵莱湖

各位游客,你们好!欢迎大家来到美丽的茵莱湖,我是大家茵莱湖之行的导游小胡,今天由我来陪伴各位度过美好难忘的一天。

首先,我先来给大家讲述一下茵莱湖的概况。茵莱湖是位于缅甸北部掸邦高原的湖泊。面积约 116 平方千米,是缅甸著名的观光地。这里的人们以水为生,生长在茵莱湖的人出门就见水,所以他们不论男女老幼,从小就练习划船。他们划船手脚并用,配合协调,既像要杂技又像在水面上跳舞。在常年的生产劳动中,他们练就了一身用脚划船的过硬本领。为什么用脚而不用手划船,他们自己也不知道缘由。一些学者认为:茵莱人一辈子生活在水上,从不走路,为了保持四肢发育平衡,才出此绝招,更多的说法是因为人们要用手来捕鱼、劳作,许多人甚至可以单脚划船,更是成了当地一景。这里的巴东族人也称为长颈族人,据巴东族的传说,以前居民惹怒了神灵,就派了老虎来吃女人。因此,他们决定所有女孩都戴铜颈环以自卫。不过,也有传说,这些人原住在缅甸东部,以务农为生,与世无争,但外人对该区的天然资源有意吞并而引发战争。男人出去打仗,女人就把贵重金属品铸成金、银或铜环,戴在颈上或脚上,这种风俗就这样流传下来。

茵莱湖上漂浮着一片片的水上菜园,它叫"浮岛"。这些浮岛可以随湖水的涨落而升降,也可以像船一样划来划去。岛上的蔬菜既不会因湖水暴涨而淹没,也不怕干旱无雨而干枯。湖上的渔民、浮岛上的菜农、上学的儿童都驾着这种船来往于湖上,就连和尚出门化缘也时常乘这种船,他们划船用的工具是以两只脚来代替的。陈毅元帅游览茵莱湖时被这种奇景所吸引,写下了"飞艇似箭茵莱湖""碧波浮岛世间无"的诗句。茵莱湖位于缅甸北部掸邦高原的良瑞盆地上,为缅甸第二大湖,是缅甸著名的游览避暑胜地。湖面海拔 970 多米,南北长 14.5 千米,东西宽 6.44 千米,三面环山,来自东、北、西三面的溪流注入湖中,向南汇入萨尔温江。湖水清澈,阳光直射湖底,湖中生活着 20 多种鱼类,水产资源丰富。

茵莱湖上的浮岛有两种——天然浮岛和人工浮岛,它们都是漂浮在水上的土地。当地人为了谋生,把湖上漂浮的水草、浮萍、藤蔓植物等聚集起来,覆盖上湖泥,造成新的浮岛。这些浮岛的面积大小不等,人们在大浮岛上开出一块块细长的条田种植瓜果蔬菜或粮食,有的岛中央还盖起了轻便的房浮岛,这些房浮岛可以用竹篱固定在水面上,也可以在湖中漂移。浮岛上水足土肥,各种蔬菜和其他作物生长茂盛。浮岛周围鱼群聚集,人们种地之余,还可以捕捞鱼虾。每到收获季节,湖区一派繁忙景象,车船满载各种蔬菜瓜果和水鲜,远销缅甸各地。

现在,我们就去茵莱湖中央的人工岛。大家看,上面建筑了一座缅甸风格的佛塔。塔身金光灿灿,与碧绿的湖水交相辉映,秀美而庄严,信奉佛教的湖上居民络绎不绝地前来朝拜。塔的周围设有市场,人们从这里买回各种食品和日用品,许多渔民菜农也把鲜鱼和蔬菜运到这里出售。每五天在湖上分几处举行一次水上集市,进行商品交易。这里还以出产精美的丝织品而闻名遐迩。为了方便人们的往来,浮岛之间距离较近的有竹桥或木桥相通,距离远的就得使用小舟了。在浮岛群中央,有两个细长的浮岛相对,中间形成一条约 3.4 米宽的"河道",两"岸"建起了一个个商店,"河道"上舟来船往,络绎不绝,真像是一条繁华的水上商业街。

茵莱湖一带的一万多户居民,散居于湖边的 180 多个村落中。他们主要以捕鱼为主,勤劳朴实,殷实富足,热情好客,也有相当多的人在浮岛上从事蔬菜种植或养蚕、纺织、打铁、制作金银首饰等工作。

生活在水乡泽国中的茵达族人,一般是把四根高脚木桩的房屋建在湖畔或岛边的浅水中,形成了一个个水上村落。远远望去,碧水之上村落点点,别有天地。每家的门前都系有一叶扁舟,一出家门就以船代步。所以,人们从小练就了用脚划船的硬功夫。当地人认为,用脚划船速度快而耐久,并能腾出手来撒网、抛叉,一个人在船上作业,可以行船捕鱼两不误。这个独特的传统划船方法至今仍在普遍采用。节日期间,湖上居民们还举行划船比赛,为茵莱湖上的一景。

茵莱湖气候凉爽,景色宜人,是个绝好的游览避暑胜地。一批批国内外游客为了目睹奇妙的浮岛,以脚划船的绝技和迷人的湖光山色而来到这里。游人可乘船绕湖一周,观浮岛,登佛塔,饱览湖光山色。乘船观光之余,还可以在凉亭小憩,静观蓝天上的水鸟和碧波中的鱼群,为大自然的美丽和谐所陶醉。

这里交通便利,四通八达,在缅甸,有四家航空公司开通了国内各主要城市的航线,大部分国际航线都在仰光着陆,东枝的 Heho 镇有机场,来往茵莱湖的航班在这里起飞、降落,仰光、曼德勒、蒲甘都有到此的航班。从机场到茵莱湖娘水镇约 40 分钟车程,一般提前预订的旅馆可以提供收费接机服务,比自己找车价格公道。机场到茵莱湖娘水镇路途较远,乘出租车约 28 美元。

从蒲甘到茵莱湖的机票约 45 美元,飞行时间约半小时。再者,缅甸的水运也很发达,缅甸的河运线路长约 8 000 千米,搭船游览可以细细欣赏伊洛瓦底河两岸风光,但缺点是速度慢,大概是陆运时间的 3～4 倍。

茵莱湖保留了一些传统手工业,这里水上市场和水上村落里可以买到当地人自制的雪茄、丹纳卡,还有一些银器、漆器和木雕。几乎人人家里都有座小石磨,这是用来磨一种黄香树树皮的,磨成粉状再沾水擦在脸上可防晒去斑,这种粉就叫丹纳卡,涂抹它是缅甸人的习俗。用前店后厂来形容这里的作坊未免有些夸张,但实际情况确实如此,这里几乎遍布家庭式的作坊,全家老小一起动手,有说有笑非常热闹。

茵莱湖的外国游客很多,这里的饮食也结合了全世界风味。在娘水镇有各种风格的小餐馆,中式的、西式的、缅式的和掸邦餐一应俱全。Hu Ping Restaurant 的中餐很好吃,Shwe Inlay Bakery 的点心和茶都是一流。茵莱湖里的鱼也值得一吃,这种鱼个头不大,但肉质细滑、味道鲜美,而且没有小刺,当地人一般做成咖喱鱼,许多缅式套餐里都有这种鱼。许多游客不一定能吃得惯掸邦餐,口味和平时吃的饭不同,但到了这里,尝一下鲜未尝不可,每套掸邦餐为 1 000～1 300 基亚。

说到这里,想必各位也饿了,我的肚子也咕噜噜直叫呢,大家一定想去尝尝这里的美味了吧?……我们现在就去吃午餐吧,稍作休息,下午我们再去欣赏其他美景。

附录三　中华人民共和国旅游法

第一章　总则

第一条　为保障旅游者和旅游经营者的合法权益,规范旅游市场秩序,保护和合理利用旅游资源,促进旅游业持续健康发展,制定本法。

第二条　在中华人民共和国境内的和在中华人民共和国境内组织到境外的游览、度假、休闲等形式的旅游活动以及为旅游活动提供相关服务的经营活动,适用本法。

第三条　国家发展旅游事业,完善旅游公共服务,依法保护旅游者在旅游活动中的权利。

第四条　旅游业发展应当遵循社会效益、经济效益和生态效益相统一的原则。国家鼓励各类市场主体在有效保护旅游资源的前提下,依法合理利用旅游资源。利用公共资源建设的游览场所应当体现公益性质。

第五条　国家倡导健康、文明、环保的旅游方式,支持和鼓励各类社会机构开展旅游公益宣传,对促进旅游业发展做出突出贡献的单位和个人给予奖励。

第六条　国家建立健全旅游服务标准和市场规则,禁止行业垄断和地区垄断。旅游经营者应当诚信经营,公平竞争,承担社会责任,为旅游者提供安全、健康、卫生、方便的旅游服务。

第七条　国务院建立健全旅游综合协调机制,对旅游业发展进行综合协调。

县级以上地方人民政府应当加强对旅游工作的组织和领导,明确相关部门或者机构,对本行政区域的旅游业发展和监督管理进行统筹协调。

第八条　依法成立的旅游行业组织,实行自律管理。

第二章　旅游者

第九条　旅游者有权自主选择旅游产品和服务,有权拒绝旅游经营者的强制交易行为。

旅游者有权知悉其购买的旅游产品和服务的真实情况。

旅游者有权要求旅游经营者按照约定提供产品和服务。

第十条　旅游者的人格尊严、民族风俗习惯和宗教信仰应当得到尊重。

第十一条　残疾人、老年人、未成年人等旅游者在旅游活动中依照法律、法规和有关规定享受便利和优惠。

第十二条　旅游者在人身、财产安全遇有危险时,有请求救助和保护的权利。

旅游者人身、财产受到侵害的,有依法获得赔偿的权利。

第十三条　旅游者在旅游活动中应当遵守社会公共秩序和社会公德,尊重当地的风俗习惯、文化传统和宗教信仰,爱护旅游资源,保护生态环境,遵守旅游文明行为规范。

第十四条　旅游者在旅游活动中或者在解决纠纷时,不得损害当地居民的合法权益,不得干扰他人的旅游活动,不得损害旅游经营者和旅游从业人员的合法权益。

第十五条　旅游者购买、接受旅游服务时,应当向旅游经营者如实告知与旅游活动相关的个人健康信息,遵守旅游活动中的安全警示规定。

旅游者对国家应对重大突发事件暂时限制旅游活动的措施以及有关部门、机构或者旅游经营者采取的安全防范和应急处置措施,应当予以配合。

旅游者违反安全警示规定,或者对国家应对重大突发事件暂时限制旅游活动的措施、安全防范和应急处置措施不予配合的,依法承担相应责任。

第十六条　出境旅游者不得在境外非法滞留,随团出境的旅游者不得擅自分团、脱团。

入境旅游者不得在境内非法滞留,随团入境的旅游者不得擅自分团、脱团。

第三章　旅游规划和促进

第十七条　国务院和县级以上地方人民政府应当将旅游业发展纳入国民经济和社会发展

规划。

国务院和省、自治区、直辖市人民政府以及旅游资源丰富的设区的市和县级人民政府,应当按照国民经济和社会发展规划的要求,组织编制旅游发展规划。对跨行政区域且适宜进行整体利用的旅游资源进行利用时,应当由上级人民政府组织编制或者由相关地方人民政府协商编制统一的旅游发展规划。

第十八条　旅游发展规划应当包括旅游业发展的总体要求和发展目标,旅游资源保护和利用的要求和措施,以及旅游产品开发、旅游服务质量提升、旅游文化建设、旅游形象推广、旅游基础设施和公共服务设施建设的要求和促进措施等内容。

根据旅游发展规划,县级以上地方人民政府可以编制重点旅游资源开发利用的专项规划,对特定区域内的旅游项目、设施和服务功能配套提出专门要求。

第十九条　旅游发展规划应当与土地利用总体规划、城乡规划、环境保护规划以及其他自然资源和文物等人文资源的保护和利用规划相衔接。

第二十条　各级人民政府编制土地利用总体规划、城乡规划,应当充分考虑相关旅游项目、设施的空间布局和建设用地要求。规划和建设交通、通信、供水、供电、环保等基础设施和公共服务设施,应当兼顾旅游业发展的需要。

第二十一条　对自然资源和文物等人文资源进行旅游利用,必须严格遵守有关法律、法规的规定,符合资源、生态保护和文物安全的要求,尊重和维护当地传统文化和习俗,维护资源的区域整体性、文化代表性和地域特殊性,并考虑军事设施保护的需要。有关主管部门应当加强对资源保护和旅游利用状况的监督检查。

第二十二条　各级人民政府应当组织对本级政府编制的旅游发展规划的执行情况进行评估,并向社会公布。

第二十三条　国务院和县级以上地方人民政府应当制定并组织实施有利于旅游业持续健康发展的产业政策,推进旅游休闲体系建设,采取措施推动区域旅游合作,鼓励跨区域旅游线路和产品开发,促进旅游与工业、农业、商业、文化、卫生、体育、科教等领域的融合,扶持少数民族地区、革命老区、边远地区和贫困地区旅游业发展。

第二十四条　国务院和县级以上地方人民政府应当根据实际情况安排资金,加强旅游基础设施建设、旅游公共服务和旅游形象推广。

第二十五条　国家制定并实施旅游形象推广战略。国务院旅游主管部门统筹组织国家旅游形象的境外推广工作,建立旅游形象推广机构和网络,开展旅游国际合作与交流。

县级以上地方人民政府统筹组织本地的旅游形象推广工作。

第二十六条　国务院旅游主管部门和县级以上地方人民政府应当根据需要建立旅游公共信息和咨询平台,无偿向旅游者提供旅游景区、线路、交通、气象、住宿、安全、医疗急救等必要信息和咨询服务。设区的市和县级人民政府有关部门应当根据需要在交通枢纽、商业中心和旅游者集中场所设置旅游咨询中心,在景区和通往主要景区的道路设置旅游指示标识。

旅游资源丰富的设区的市和县级人民政府可以根据本地的实际情况,建立旅游客运专线或者游客中转站,为旅游者在城市及周边旅游提供服务。

第二十七条　国家鼓励和支持发展旅游职业教育和培训,提高旅游从业人员素质。

第四章　旅游经营

第二十八条　设立旅行社,招徕、组织、接待旅游者,为其提供旅游服务,应当具备下列条

件,取得旅游主管部门的许可,依法办理工商登记:

（一）有固定的经营场所;

（二）有必要的营业设施;

（三）有符合规定的注册资本;

（四）有必要的经营管理人员和导游;

（五）法律、行政法规规定的其他条件。

第二十九条　旅行社可以经营下列业务:

（一）境内旅游;

（二）出境旅游;

（三）边境旅游;

（四）入境旅游;

（五）其他旅游业务。

旅行社经营前款第二项和第三项业务,应当取得相应的业务经营许可,具体条件由国务院规定。

第三十条　旅行社不得出租、出借旅行社业务经营许可证,或者以其他形式非法转让旅行社业务经营许可。

第三十一条　旅行社应当按照规定交纳旅游服务质量保证金,用于旅游者权益损害赔偿和垫付旅游者人身安全遇有危险时紧急救助的费用。

第三十二条　旅行社为招徕、组织旅游者发布信息,必须真实、准确,不得进行虚假宣传,误导旅游者。

第三十三条　旅行社及其从业人员组织、接待旅游者,不得安排参观或者参与违反我国法律、法规和社会公德的项目或者活动。

第三十四条　旅行社组织旅游活动应当向合格的供应商订购产品和服务。

第三十五条　旅行社不得以不合理的低价组织旅游活动,诱骗旅游者,并通过安排购物或者另行付费旅游项目获取回扣等不正当利益。

旅行社组织、接待旅游者,不得指定具体购物场所,不得安排另行付费旅游项目。但是,经双方协商一致或者旅游者要求,且不影响其他旅游者行程安排的除外。

发生违反前两款规定情形的,旅游者有权在旅游行程结束后三十日内,要求旅行社为其办理退货并先行垫付退货货款,或者退还另行付费旅游项目的费用。

第三十六条　旅行社组织团队出境旅游或者组织、接待团队入境旅游,应当按照规定安排领队或者导游全程陪同。

第三十七条　参加导游资格考试成绩合格,与旅行社订立劳动合同或者在相关旅游行业组织注册的人员,可以申请取得导游证。

第三十八条　旅行社应当与其聘用的导游依法订立劳动合同,支付劳动报酬,缴纳社会保险费用。

旅行社临时聘用导游为旅游者提供服务的,应当全额向导游支付本法第六十条第三款规定的导游服务费用。

旅行社安排导游为团队旅游提供服务的,不得要求导游垫付或者向导游收取任何费用。

第三十九条　从事领队业务,应当取得导游证,具有相应的学历、语言能力和旅游从业经历,并与委派其从事领队业务的取得出境旅游业务经营许可的旅行社订立劳动合同。

第四十条 导游和领队为旅游者提供服务必须接受旅行社委派,不得私自承揽导游和领队业务。

第四十一条 导游和领队从事业务活动,应当佩戴导游证,遵守职业道德,尊重旅游者的风俗习惯和宗教信仰,应当向旅游者告知和解释旅游文明行为规范,引导旅游者健康、文明旅游,劝阻旅游者违反社会公德的行为。

导游和领队应当严格执行旅游行程安排,不得擅自变更旅游行程或者中止服务活动,不得向旅游者索取小费,不得诱导、欺骗、强迫或者变相强迫旅游者购物或者参加另行付费旅游项目。

第四十二条 景区开放应当具备下列条件,并听取旅游主管部门的意见:

(一) 有必要的旅游配套服务和辅助设施;

(二) 有必要的安全设施及制度,经过安全风险评估,满足安全条件;

(三) 有必要的环境保护设施和生态保护措施;

(四) 法律、行政法规规定的其他条件。

第四十三条 利用公共资源建设的景区的门票以及景区内的游览场所、交通工具等另行收费项目,实行政府定价或者政府指导价,严格控制价格上涨。拟收费或者提高价格的,应当举行听证会,征求旅游者、经营者和有关方面的意见,论证其必要性、可行性。

利用公共资源建设的景区,不得通过增加另行收费项目等方式变相涨价;另行收费项目已收回投资成本的,应当相应降低价格或者取消收费。

公益性的城市公园、博物馆、纪念馆等,除重点文物保护单位和珍贵文物收藏单位外,应当逐步免费开放。

第四十四条 景区应当在醒目位置公示门票价格、另行收费项目的价格及团体收费价格。景区提高门票价格应当提前六个月公布。

将不同景区的门票或者同一景区内不同游览场所的门票合并出售的,合并后的价格不得高于各单项门票的价格之和,且旅游者有权选择购买其中的单项票。

景区内的核心游览项目因故暂停向旅游者开放或者停止提供服务的,应当公示并相应减少收费。

第四十五条 景区接待旅游者不得超过景区主管部门核定的最大承载量。景区应当公布景区主管部门核定的最大承载量,制定和实施旅游者流量控制方案,并可以采取门票预约等方式,对景区接待旅游者的数量进行控制。

旅游者数量可能达到最大承载量时,景区应当提前公告并同时向当地人民政府报告,景区和当地人民政府应当及时采取疏导、分流等措施。

第四十六条 城镇和乡村居民利用自有住宅或者其他条件依法从事旅游经营,其管理办法由省、自治区、直辖市制定。

第四十七条 经营高空、高速、水上、潜水、探险等高风险旅游项目,应当按照国家有关规定取得经营许可。

第四十八条 通过网络经营旅行社业务的,应当依法取得旅行社业务经营许可,并在其网站主页的显著位置标明其业务经营许可证信息。

发布旅游经营信息的网站,应当保证其信息真实、准确。

第四十九条 为旅游者提供交通、住宿、餐饮、娱乐等服务的经营者,应当符合法律、法规规定的要求,按照合同约定履行义务。

第五十条 旅游经营者应当保证其提供的商品和服务符合保障人身、财产安全的要求。

旅游经营者取得相关质量标准等级的,其设施和服务不得低于相应标准;未取得质量标准等级的,不得使用相关质量等级的称谓和标识。

第五十一条 旅游经营者销售、购买商品或者服务,不得给予或者收受贿赂。

第五十二条 旅游经营者对其在经营活动中知悉的旅游者个人信息,应当予以保密。

第五十三条 从事道路旅游客运的经营者应当遵守道路客运安全管理的各项制度,并在车辆显著位置明示道路旅游客运专用标识,在车厢内显著位置公示经营者和驾驶人信息、道路运输管理机构监督电话等事项。

第五十四条 景区、住宿经营者将其部分经营项目或者场地交由他人从事住宿、餐饮、购物、游览、娱乐、旅游交通等经营的,应当对实际经营者的经营行为给旅游者造成的损害承担连带责任。

第五十五条 旅游经营者组织、接待出入境旅游,发现旅游者从事违法活动或者有违反本法第十六条规定情形的,应当及时向公安机关、旅游主管部门或者我国驻外机构报告。

第五十六条 国家根据旅游活动的风险程度,对旅行社、住宿、旅游交通以及本法第四十七条规定的高风险旅游项目等经营者实施责任保险制度。

第五章　旅游服务合同

第五十七条 旅行社组织和安排旅游活动,应当与旅游者订立合同。

第五十八条 包价旅游合同应当采用书面形式,包括下列内容:

(一)旅行社、旅游者的基本信息;

(二)旅游行程安排;

(三)旅游团成团的最低人数;

(四)交通、住宿、餐饮等旅游服务安排和标准;

(五)游览、娱乐等项目的具体内容和时间;

(六)自由活动时间安排;

(七)旅游费用及其交纳的期限和方式;

(八)违约责任和解决纠纷的方式;

(九)法律、法规规定和双方约定的其他事项。

订立包价旅游合同时,旅行社应当向旅游者详细说明前款第二项至第八项所载内容。

第五十九条 旅行社应当在旅游行程开始前向旅游者提供旅游行程单。旅游行程单是包价旅游合同的组成部分。

第六十条 旅行社委托其他旅行社代理销售包价旅游产品并与旅游者订立包价旅游合同的,应当在包价旅游合同中载明委托社和代理社的基本信息。

旅行社依照本法规定将包价旅游合同中的接待业务委托给地陪社履行的,应当在包价旅游合同中载明地陪社的基本信息。

安排导游为旅游者提供服务的,应当在包价旅游合同中载明导游服务费用。

第六十一条 旅行社应当提示参加团队旅游的旅游者按照规定投保人身意外伤害保险。

第六十二条 订立包价旅游合同时,旅行社应当向旅游者告知下列事项:

(一)旅游者不适合参加旅游活动的情形;

(二)旅游活动中的安全注意事项;

（三）旅行社依法可以减免责任的信息；

（四）旅游者应当注意的旅游目的地相关法律、法规和风俗习惯、宗教禁忌，依照中国法律不宜参加的活动等；

（五）法律、法规规定的其他应当告知的事项。

在包价旅游合同履行中，遇有前款规定事项的，旅行社也应当告知旅游者。

第六十三条　旅行社招徕旅游者组团旅游，因未达到约定人数不能出团的，组团社可以解除合同。但是，境内旅游应当至少提前七日通知旅游者，出境旅游应当至少提前三十日通知旅游者。

因未达到约定人数不能出团的，组团社经征得旅游者书面同意，可以委托其他旅行社履行合同。组团社对旅游者承担责任，受委托的旅行社对组团社承担责任。旅游者不同意的，可以解除合同。

因未达到约定的成团人数解除合同的，组团社应当向旅游者退还已收取的全部费用。

第六十四条　旅游行程开始前，旅游者可以将包价旅游合同中自身的权利义务转让给第三人，旅行社没有正当理由的不得拒绝，因此增加的费用由旅游者和第三人承担。

第六十五条　旅游行程结束前，旅游者解除合同的，组团社应当在扣除必要的费用后，将余款退还旅游者。

第六十六条　旅游者有下列情形之一的，旅行社可以解除合同：

（一）患有传染病等疾病，可能危害其他旅游者健康和安全的；

（二）携带危害公共安全的物品且不同意交有关部门处理的；

（三）从事违法或者违反社会公德的活动的；

（四）从事严重影响其他旅游者权益的活动，且不听劝阻、不能制止的；

（五）法律规定的其他情形。

因前款规定情形解除合同的，组团社应当在扣除必要的费用后，将余款退还旅游者；给旅行社造成损失的，旅游者应当依法承担赔偿责任。

第六十七条　因不可抗力或者旅行社、履行辅助人已尽合理注意义务仍不能避免的事件，影响旅游行程的，按照下列情形处理：

（一）合同不能继续履行的，旅行社和旅游者均可以解除合同。合同不能完全履行的，旅行社经向旅游者作出说明，可以在合理范围内变更合同；旅游者不同意变更的，可以解除合同；

（二）合同解除的，组团社应当在扣除已向地陪社或者履行辅助人支付且不可退还的费用后，将余款退还旅游者；合同变更的，因此增加的费用由旅游者承担，减少的费用退还旅游者；

（三）危及旅游者人身、财产安全的，旅行社应当采取相应的安全措施，因此支出的费用，由旅行社与旅游者分担；

（四）造成旅游者滞留的，旅行社应当采取相应的安置措施。因此增加的食宿费用，由旅游者承担；增加的返程费用，由旅行社与旅游者分担。

第六十八条　旅游行程中解除合同的，旅行社应当协助旅游者返回出发地或者旅游者指定的合理地点。由于旅行社或者履行辅助人的原因导致合同解除的，返程费用由旅行社承担。

第六十九条　旅行社应当按照包价旅游合同的约定履行义务，不得擅自变更旅游行程安排。

经旅游者同意，旅行社将包价旅游合同中的接待业务委托给其他具有相应资质的地陪社履行的，应当与地陪社订立书面委托合同，约定双方的权利和义务，向地陪社提供与旅游者订立的包价旅游合同的副本,并向地陪社支付不低于接待和服务成本的费用。地陪社应当按照包价旅游合同和委托合同提供服务。

第七十条 旅行社不履行包价旅游合同义务或者履行合同义务不符合约定的,应当依法承担继续履行、采取补救措施或者赔偿损失等违约责任;造成旅游者人身损害、财产损失的,应当依法承担赔偿责任。旅行社具备履行条件,经旅游者要求仍拒绝履行合同,造成旅游者人身损害、滞留等严重后果的,旅游者还可以要求旅行社支付旅游费用一倍以上三倍以下的赔偿金。

由于旅游者自身原因导致包价旅游合同不能履行或者不能按照约定履行,或者造成旅游者人身损害、财产损失的,旅行社不承担责任。

在旅游者自行安排活动期间,旅行社未尽到安全提示、救助义务的,应当对旅游者的人身损害、财产损失承担相应责任。

第七十一条 由于地陪社、履行辅助人的原因导致违约的,由组团社承担责任;组团社承担责任后可以向地陪社、履行辅助人追偿。

由于地陪社、履行辅助人的原因造成旅游者人身损害、财产损失的,旅游者可以要求地陪社、履行辅助人承担赔偿责任,也可以要求组团社承担赔偿责任;组团社承担责任后可以向地陪社、履行辅助人追偿。但是,由于公共交通经营者的原因造成旅游者人身损害、财产损失的,由公共交通经营者依法承担赔偿责任,旅行社应当协助旅游者向公共交通经营者索赔。

第七十二条 旅游者在旅游活动中或者在解决纠纷时,损害旅行社、履行辅助人、旅游从业人员或者其他旅游者的合法权益的,依法承担赔偿责任。

第七十三条 旅行社根据旅游者的具体要求安排旅游行程,与旅游者订立包价旅游合同的,旅游者请求变更旅游行程安排,因此增加的费用由旅游者承担,减少的费用退还旅游者。

第七十四条 旅行社接受旅游者的委托,为其代订交通、住宿、餐饮、游览、娱乐等旅游服务,收取代办费用的,应当亲自处理委托事务。因旅行社的过错给旅游者造成损失的,旅行社应当承担赔偿责任。

旅行社接受旅游者的委托,为其提供旅游行程设计、旅游信息咨询等服务的,应当保证设计合理、可行,信息及时、准确。

第七十五条 住宿经营者应当按照旅游服务合同的约定为团队旅游者提供住宿服务。住宿经营者未能按照旅游服务合同提供服务的,应当为旅游者提供不低于原定标准的住宿服务,因此增加的费用由住宿经营者承担;但由于不可抗力、政府因公共利益需要采取措施造成不能提供服务的,住宿经营者应当协助安排旅游者住宿。

第六章 旅游安全

第七十六条 县级以上人民政府统一负责旅游安全工作。县级以上人民政府有关部门依照法律、法规履行旅游安全监管职责。

第七十七条 国家建立旅游目的地安全风险提示制度。旅游目的地安全风险提示的级别划分和实施程序,由国务院旅游主管部门会同有关部门制定。

县级以上人民政府及其有关部门应当将旅游安全作为突发事件监测和评估的重要内容。

第七十八条 县级以上人民政府应当依法将旅游应急管理纳入政府应急管理体系,制定应急预案,建立旅游突发事件应对机制。

突发事件发生后,当地人民政府及其有关部门和机构应当采取措施开展救援,并协助旅游者返回出发地或者旅游者指定的合理地点。

第七十九条　旅游经营者应当严格执行安全生产管理和消防安全管理的法律、法规和国家标准、行业标准,具备相应的安全生产条件,制定旅游者安全保护制度和应急预案。

旅游经营者应当对直接为旅游者提供服务的从业人员开展经常性应急救助技能培训,对提供的产品和服务进行安全检验、监测和评估,采取必要措施防止危害发生。

旅游经营者组织、接待老年人、未成年人、残疾人等旅游者,应当采取相应的安全保障措施。

第八十条　旅游经营者应当就旅游活动中的下列事项,以明示的方式事先向旅游者作出说明或者警示:

(一)正确使用相关设施、设备的方法;

(二)必要的安全防范和应急措施;

(三)未向旅游者开放的经营、服务场所和设施、设备;

(四)不适宜参加相关活动的群体;

(五)可能危及旅游者人身、财产安全的其他情形。

第八十一条　突发事件或者旅游安全事故发生后,旅游经营者应当立即采取必要的救助和处置措施,依法履行报告义务,并对旅游者作出妥善安排。

第八十二条　旅游者在人身、财产安全遇有危险时,有权请求旅游经营者、当地政府和相关机构进行及时救助。

中国出境旅游者在境外陷于困境时,有权请求我国驻当地机构在其职责范围内给予协助和保护。

旅游者接受相关组织或者机构的救助后,应当支付应由个人承担的费用。

第七章　旅游监督管理

第八十三条　县级以上人民政府旅游主管部门和有关部门依照本法和有关法律、法规的规定,在各自职责范围内对旅游市场实施监督管理。

县级以上人民政府应当组织旅游主管部门、有关主管部门和工商行政管理、产品质量监督、交通等执法部门对相关旅游经营行为实施监督检查。

第八十四条　旅游主管部门履行监督管理职责,不得违反法律、行政法规的规定向监督管理对象收取费用。

旅游主管部门及其工作人员不得参与任何形式的旅游经营活动。

第八十五条　县级以上人民政府旅游主管部门有权对下列事项实施监督检查:

(一)经营旅行社业务以及从事导游、领队服务是否取得经营、执业许可;

(二)旅行社的经营行为;

(三)导游和领队等旅游从业人员的服务行为;

(四)法律、法规规定的其他事项。

旅游主管部门依照前款规定实施监督检查,可以对涉嫌违法的合同、票据、账簿以及其他资料进行查阅、复制。

第八十六条　旅游主管部门和有关部门依法实施监督检查,其监督检查人员不得少于二人,并应当出示合法证件。监督检查人员少于二人或者未出示合法证件的,被检查单位和个人有权拒绝。

监督检查人员对在监督检查中知悉的被检查单位的商业秘密和个人信息应当依法保密。

第八十七条　对依法实施的监督检查,有关单位和个人应当配合,如实说明情况并提供文件、资料,不得拒绝、阻碍和隐瞒。

第八十八条　县级以上人民政府旅游主管部门和有关部门,在履行监督检查职责中或者在处理举报、投诉时,发现违反本法规定行为的,应当依法及时作出处理;对不属于本部门职责范围的事项,应当及时书面通知并移交有关部门查处。

第八十九条　县级以上地方人民政府建立旅游违法行为查处信息的共享机制,对需要跨部门、跨地区联合查处的违法行为,应当进行督办。

旅游主管部门和有关部门应当按照各自职责,及时向社会公布监督检查的情况。

第九十条　依法成立的旅游行业组织依照法律、行政法规和章程的规定,制定行业经营规范和服务标准,对其会员的经营行为和服务质量进行自律管理,组织开展职业道德教育和业务培训,提高从业人员素质。

第八章　旅游纠纷处理

第九十一条　县级以上人民政府应当指定或者设立统一的旅游投诉受理机构。受理机构接到投诉,应当及时进行处理或者移交有关部门处理,并告知投诉者。

第九十二条　旅游者与旅游经营者发生纠纷,可以通过下列途径解决:

(一)双方协商;

(二)向消费者协会、旅游投诉受理机构或者有关调解组织申请调解;

(三)根据与旅游经营者达成的仲裁协议提请仲裁机构仲裁;

(四)向人民法院提起诉讼。

第九十三条　消费者协会、旅游投诉受理机构和有关调解组织在双方自愿的基础上,依法对旅游者与旅游经营者之间的纠纷进行调解。

第九十四条　旅游者与旅游经营者发生纠纷,旅游者一方人数众多并有共同请求的,可以推选代表人参加协商、调解、仲裁、诉讼活动。

第九章　法律责任

第九十五条　违反本法规定,未经许可经营旅行社业务的,由旅游主管部门或者工商行政管理部门责令改正,没收违法所得,并处一万元以上十万元以下罚款;违法所得十万元以上的,并处违法所得一倍以上五倍以下罚款;对有关责任人员,处二千元以上二万元以下罚款。

旅行社违反本法规定,未经许可经营本法第二十九条第一款第二项、第三项业务,或者出租、出借旅行社业务经营许可证,或者以其他方式非法转让旅行社业务经营许可的,除依照前款规定处罚外,并责令停业整顿;情节严重的,吊销旅行社业务经营许可证;对直接负责的主管人员,处二千元以上二万元以下罚款。

第九十六条　旅行社违反本法规定,有下列行为之一的,由旅游主管部门责令改正,没收违法所得,并处五千元以上五万元以下罚款;情节严重的,责令停业整顿或者吊销旅行社业务经营许可证;对直接负责的主管人员和其他直接责任人员,处二千元以上二万元以下罚款:

(一)未按照规定为出境或者入境团队旅游安排领队或者导游全程陪同的;

(二)安排未取得导游证的人员提供导游服务或者安排不具备领队条件的人员提供领队服务的;

（三）未向临时聘用的导游支付导游服务费用的；

（四）要求导游垫付或者向导游收取费用的。

第九十七条　旅行社违反本法规定，有下列行为之一的，由旅游主管部门或者有关部门责令改正，没收违法所得，并处五千元以上五万元以下罚款；违法所得五万元以上的，并处违法所得一倍以上五倍以下罚款；情节严重的，责令停业整顿或者吊销旅行社业务经营许可证；对直接负责的主管人员和其他直接责任人员，处二千元以上二万元以下罚款：

（一）进行虚假宣传，误导旅游者的；

（二）向不合格的供应商订购产品和服务的；

（三）未按照规定投保旅行社责任保险的。

第九十八条　旅行社违反本法第三十五条规定的，由旅游主管部门责令改正，没收违法所得，责令停业整顿，并处三万元以上三十万元以下罚款；违法所得三十万元以上的，并处违法所得一倍以上五倍以下罚款；情节严重的，吊销旅行社业务经营许可证；对直接负责的主管人员和其他直接责任人员，没收违法所得，处二千元以上二万元以下罚款，并暂扣或者吊销导游证。

第九十九条　旅行社未履行本法第五十五条规定的报告义务的，由旅游主管部门处五千元以上五万元以下罚款；情节严重的，责令停业整顿或者吊销旅行社业务经营许可证；对直接负责的主管人员和其他直接责任人员，处二千元以上二万元以下罚款，并暂扣或者吊销导游证。

第一百条　旅行社违反本法规定，有下列行为之一的，由旅游主管部门责令改正，处三万元以上三十万元以下罚款，并责令停业整顿；造成旅游者滞留等严重后果的，吊销旅行社业务经营许可证；对直接负责的主管人员和其他直接责任人员，处二千元以上二万元以下罚款，并暂扣或者吊销导游证：

（一）在旅游行程中擅自变更旅游行程安排，严重损害旅游者权益的；

（二）拒绝履行合同的；

（三）未征得旅游者书面同意，委托其他旅行社履行包价旅游合同的。

第一百零一条　旅行社违反本法规定，安排旅游者参观或者参与违反我国法律、法规和社会公德的项目或者活动的，由旅游主管部门责令改正，没收违法所得，责令停业整顿，并处二万元以上二十万元以下罚款；情节严重的，吊销旅行社业务经营许可证；对直接负责的主管人员和其他直接责任人员，处二千元以上二万元以下罚款，并暂扣或者吊销导游证。

第一百零二条　违反本法规定，未取得导游证或者不具备领队条件而从事导游、领队活动的，由旅游主管部门责令改正，没收违法所得，并处一千元以上一万元以下罚款，予以公告。

导游、领队违反本法规定，私自承揽业务的，由旅游主管部门责令改正，没收违法所得，处一千元以上一万元以下罚款，并暂扣或者吊销导游证。

导游、领队违反本法规定，向旅游者索取小费的，由旅游主管部门责令退还，处一千元以上一万元以下罚款；情节严重的，并暂扣或者吊销导游证。

第一百零三条　违反本法规定被吊销导游证的导游、领队和受到吊销旅行社业务经营许可证处罚的旅行社的有关管理人员，自处罚之日起未逾三年的，不得重新申请导游证或者从事旅行社业务。

第一百零四条　旅游经营者违反本法规定，给予或者收受贿赂的，由工商行政管理部门依照有关法律、法规的规定处罚；情节严重的，并由旅游主管部门吊销旅行社业务经营许可证。

第一百零五条　景区不符合本法规定的开放条件而接待旅游者的，由景区主管部门责令停业整顿直至符合开放条件,并处二万元以上二十万元以下罚款。

景区在旅游者数量可能达到最大承载量时,未依照本法规定公告或者未向当地人民政府报告,未及时采取疏导、分流等措施,或者超过最大承载量接待旅游者的,由景区主管部门责令改正,情节严重的,责令停业整顿一个月至六个月。

第一百零六条　景区违反本法规定,擅自提高门票或者另行收费项目的价格,或者有其他价格违法行为的,由有关主管部门依照有关法律、法规的规定处罚。

第一百零七条　旅游经营者违反有关安全生产管理和消防安全管理的法律、法规或者国家标准、行业标准的,由有关主管部门依照有关法律、法规的规定处罚。

第一百零八条　对违反本法规定的旅游经营者及其从业人员,旅游主管部门和有关部门应当记入信用档案,向社会公布。

第一百零九条　旅游主管部门和有关部门的工作人员在履行监督管理职责中,滥用职权、玩忽职守、徇私舞弊,尚不构成犯罪的,依法给予处分。

第一百一十条　违反本法规定,构成犯罪的,依法追究刑事责任。

第十章　附则

第一百一十一条　本法下列用语的含义:

(一)旅游经营者,是指旅行社、景区以及为旅游者提供交通、住宿、餐饮、购物、娱乐等服务的经营者。

(二)景区,是指为旅游者提供游览服务、有明确的管理界限的场所或者区域。

(三)包价旅游合同,是指旅行社预先安排行程,提供或者通过履行辅助人提供交通、住宿、餐饮、游览、导游或者领队等两项以上旅游服务,旅游者以总价支付旅游费用的合同。

(四)组团社,是指与旅游者订立包价旅游合同的旅行社。

(五)地陪社,是指接受组团社委托,在目的地接待旅游者的旅行社。

(六)履行辅助人,是指与旅行社存在合同关系,协助其履行包价旅游合同义务,实际提供相关服务的法人或者自然人。

第一百一十二条　本法自 2013 年 10 月 1 日起施行。

(资料来源:中华人民共和国中央人民政府。)

附录四　导游人员管理条例

第一条　为了规范导游活动,保障旅游者和导游人员的合法权益,促进旅游业的健康发展,制定本条例。

第二条　本条例所称导游人员,是指依照本条例的规定取得导游证,接受旅行社委派,为旅游者提供向导、讲解及相关旅游服务的人员。

第三条　国家实行全国统一的导游人员资格考试制度。

具有高级中学、中等专业学校或者以上学历,身体健康,具有适应导游需要的基本知识和语言表达能力的中华人民共和国公民,可以参加导游人员资格考试;经考试合格的,由国务院旅游行政部门或者国务院旅游行政部门委托省、自治区、直辖市人民政府旅游行政部门颁发导游人员资格证书。

第四条　在中华人民共和国境内从事导游活动,必须取得导游证。

取得导游人员资格证书的,经与旅行社订立劳动合同或者在导游服务公司登记,方可持所订立的劳动合同或者登记证明材料,向省、自治区、直辖市人民政府旅游行政部门申请领取导游证。

具有特定语种语言能力的人员,虽未取得导游人员资格证书,旅行社需要聘请临时从事导游活动的,由旅行社向省、自治区、直辖市人民政府旅游行政部门申请领取临时导游证。

导游证和临时导游证的样式规格,由国务院旅游行政部门规定。

第五条　有下列情形之一的,不得颁发导游证:

(一) 无民事行为能力或者限制民事行为能力的。

(二) 患有传染性疾病的。

(三) 受过刑事处罚的,过失犯罪的除外。

(四) 被吊销导游证的。

第六条　省、自治区、直辖市人民政府旅游行政部门应当自收到申请领取导游证之日起 15 日内,颁发导游证;发现有本条例第五条规定情形,不予颁发导游证的,应当书面通知申请人。

第七条　导游人员应当不断提高自身业务素质和职业技能。

国家对导游人员实行等级考核制度。导游人员等级考核标准和考核办法,由国务院旅游行政部门制定。

第八条　导游人员进行导游活动时,应当佩戴导游证。

导游证的有效期限为三年。导游证持有人需要在有效期满后继续从事导游活动的,应当在有效期限届满三个月前,向省、自治区、直辖市人民政府旅游行政部门申请办理换发导游证手续。

临时导游证的有效期限最长不超过三个月,并不得延期。

第九条　导游人员进行导游活动,必须经旅行社委派。

导游人员不得私自承揽或者以其他任何方式直接承揽导游业务,进行导游活动。

第十条　导游人员进行导游活动时,其人格尊严应当受到尊重,其人身安全不受侵犯。

导游人员有权拒绝旅游者提出的侮辱其人格尊严或者违反其职业道德的不合理要求。

第十一条　导游人员进行导游活动时,应当自觉维护国家利益和民族尊严,不得有损害国家利益和民族尊严的言行。

第十二条　导游人员进行导游活动时,应当遵守职业道德,着装整洁,礼貌待人,尊重旅游者的宗教信仰、民族风俗和生活习惯。

导游人员进行导游活动时,应当向旅游者讲解旅游地点的人文和自然情况,介绍风土人情和习俗;但是,不得迎合个别旅游者的低级趣味,在讲解、介绍中掺杂庸俗下流的内容。

第十三条　导游人员应当严格按照旅行社确定的接待计划,安排旅游者的旅行、游览活动,不得擅自增加、减少旅游项目或者中止导游活动。

导游人员在引导旅游者旅行、游览过程中,遇有可能危及旅游者人身安全的紧急情形时,经征得多数旅游者的同意,可以调整或者变更接待计划,但是应当立即报告旅行社。

第十四条　导游人员在引导旅游者旅行、游览过程中,应当就可能发生危及旅游者人身、财物安全的情况,向旅游者作出真实说明和明确警示,并按照旅行社的要求采取防止危害发生的措施。

第十五条　导游人员进行导游活动,不得向旅游者兜售物品或者购买旅游者的物品,不得以明示或者暗示的方式向旅游者索要小费。

第十六条　导游人员进行导游活动,不得欺骗、胁迫旅游者消费或者与经营者串通欺骗、胁迫旅游者消费。

第十七条　旅游者对导游人员违反本条例规定的行为,有权向旅游行政部门投诉。

第十八条　无导游证进行导游活动的,由旅游行政部门责令改正并予以公告,处 1 000 元以上三万元以下的罚款;有违法所得的,并处没收违法所得。

第十九条　导游人员未经旅行社委派,私自承揽或者以其他任何方式直接承揽导游业务,进行导游活动的,由旅游行政部门责令改正,处 1 000 元以上三万元以下的罚款;有违法所得的,并处没收违法所得;情节严重的,由省、自治区、直辖市人民政府旅游行政部门吊销导游证并予以公告。

第二十条　导游人员进行导游活动时,有损害国家利益和民族尊严的言行的,由旅游行政部门责令改正;情节严重的,由省、自治区、直辖市人民政府旅游行政部门吊销导游证并予以公告;对该导游人员所在的旅行社给予警告直至责令停业整顿。

第二十一条　导游人员进行导游活动时未佩戴导游证的,由旅游行政部门责令改正;拒不改正的,处 500 元以下的罚款。

第二十二条　导游人员有下列情形之一的,由旅游行政部门责令改正,暂扣导游证三至六个月;情节严重的,由省、自治区、直辖市人民政府旅游行政部门吊销导游证并予以公告:

(一)擅自增加或者减少旅游项目的。

(二)擅自变更接待计划的。

(三)擅自中止导游活动的。

第二十三条　导游人员进行导游活动,向旅游者兜售物品或者购买旅游者的物品的,或者以明示或者暗示的方式向旅游者索要小费的,由旅游行政部门责令改正,处 1 000 元以上三万元以下的罚款;有违法所得的,并处没收违法所得;情节严重的,由省、自治区、直辖市人民政府旅游行政部门吊销导游证并予以公告;对委派该导游人员的旅行社给予警告直至责令停业整顿。

第二十四条　导游人员进行导游活动,欺骗、胁迫旅游者消费或者与经营者串通欺骗、胁迫旅游者消费的,由旅游行政部门责令改正,处 1 000 元以上三万元以下的罚款;有违法所得的,并处没收违法所得;情节严重的,由省、自治区、直辖市人民政府旅游行政部门吊销导游证并予以公告;对委派该导游人员的旅行社给予警告直至责令停业整顿;构成犯罪的,依法追究刑事责任。

第二十五条　旅游行政部门工作人员玩忽职守、滥用职权、徇私舞弊,构成犯罪的,依法追究刑事责任;尚不构成犯罪的,依法给予行政处分。

第二十六条　景点景区的导游人员管理办法,由省、自治区、直辖市人民政府参照本条例制定。

第二十七条　本条例自 1999 年 10 月 1 日起施行。1987 年 11 月 14 日国务院批准、1987 年 12 月 1 日国家旅游局发布的《导游人员管理暂行规定》同时废止。

(资料来源:中华人民共和国国家旅游局,现为中华人民共和国文化和旅游部。)

附录五　导游管理办法

第一章　总则

第一条　为规范导游执业行为,提升导游服务质量,保障导游合法权益,促进导游行业健康发展,依据《中华人民共和国旅游法》《导游人员管理条例》和《旅行社条例》等法律法规,制定本办法。

第二条　导游执业的许可、管理、保障与激励,适用本办法。

第三条　国家对导游执业实行许可制度。从事导游执业活动的人员,应当取得导游人员资格证和导游证。

国家旅游局建立导游等级考核制度、导游服务星级评价制度和全国旅游监管服务信息系统,各级旅游主管部门运用标准化、信息化手段对导游实施动态监管和服务。

第四条　旅游行业组织应当依法维护导游合法权益,促进导游职业发展,加强导游行业自律。

旅行社等用人单位应当加强对导游的管理和培训,保障导游合法权益,提升导游服务质量。

导游应当恪守职业道德,提升服务水平,自觉维护导游行业形象。

第五条　支持和鼓励各类社会机构积极弘扬导游行业先进典型,优化导游执业环境,促进导游行业健康稳定发展。

第二章　导游执业许可

第六条　经导游人员资格考试合格的人员,方可取得导游人员资格证。

国家旅游局负责制定全国导游资格考试政策、标准,组织导游资格统一考试,以及对地方各级旅游主管部门导游资格考试实施工作进行监督管理。

省、自治区、直辖市旅游主管部门负责组织、实施本行政区域内导游资格考试具体工作。

全国导游资格考试管理的具体办法,由国家旅游局另行制定。

第七条　取得导游人员资格证,并与旅行社订立劳动合同或者在旅游行业组织注册的人员,可以通过全国旅游监管服务信息系统向所在地旅游主管部门申请取得导游证。

导游证采用电子证件形式,由国家旅游局制定格式标准,由各级旅游主管部门通过全国旅游监管服务信息系统实施管理。电子导游证以电子数据形式保存于导游个人移动电话等移动终端设备中。

第八条　在旅游行业组织注册并申请取得导游证的人员,应当向所在地旅游行业组织提交下列材料:

(一)身份证;

(二)导游人员资格证;

(三)本人近期照片;

(四)注册申请。

旅游行业组织在接受申请人取得导游证的注册时,不得收取注册费;旅游行业组织收取会员会费的,应当符合《社会团体登记条例》等法律法规的规定,不得以导游证注册费的名义收取会费。

第九条　导游通过与旅行社订立劳动合同取得导游证的,劳动合同的期限应当在1个月以上。

第十条　申请取得导游证,申请人应当通过全国旅游监管服务信息系统填写申请信息,并提交下列申请材料:

(一)身份证的扫描件或者数码照片等电子版;

(二)未患有传染性疾病的承诺;

（三）无过失犯罪以外的犯罪记录的承诺；

（四）与经常执业地区的旅行社订立劳动合同或者在经常执业地区的旅游行业组织注册的确认信息。

前款第（四）项规定的信息，旅行社或者旅游行业组织应当自申请人提交申请之日起 5 个工作日内确认。

第十一条　所在地旅游主管部门对申请人提出的取得导游证的申请，应当依法出具受理或者不予受理的书面凭证。需补正相关材料的，应当自收到申请材料之日起 5 个工作日内一次性告知申请人需要补正的全部内容；逾期不告知的，收到材料之日起即为受理。

所在地旅游主管部门应当自受理申请之日起 10 个工作日内，作出准予核发或者不予核发导游证的决定。不予核发的，应当书面告知申请人理由。

第十二条　具有下列情形的，不予核发导游证：

（一）无民事行为能力或者限制民事行为能力的；

（二）患有甲类、乙类以及其他可能危害旅游者人身健康安全的传染性疾病的；

（三）受过刑事处罚的，过失犯罪的除外；

（四）被吊销导游证之日起未逾 3 年的。

第十三条　导游证的有效期为 3 年。导游需要在导游证有效期届满后继续执业的，应当在有效期限届满前 3 个月内，通过全国旅游监管服务信息系统向所在地旅游主管部门提出申请，并提交本办法第十条第（二）项至第（四）项规定的材料。

旅行社或者旅游行业组织应当自导游提交申请之日起 3 个工作日内确认信息。所在地旅游主管部门应当自旅行社或者旅游行业组织核实信息之日起 5 个工作日内予以审核，并对符合条件的导游变更导游证信息。

第十四条　导游与旅行社订立的劳动合同解除、终止或者在旅游行业组织取消注册的，导游及旅行社或者旅游行业组织应当自解除、终止合同或者取消注册之日起 5 个工作日内，通过全国旅游监管服务信息系统将信息变更情况报告旅游主管部门。

第十五条　导游应当自下列情形发生之日起 10 个工作日内，通过全国旅游监管服务信息系统提交相应材料，申请变更导游证信息：

（一）姓名、身份证号、导游等级和语种等信息发生变化的；

（二）与旅行社订立的劳动合同解除、终止或者在旅游行业组织取消注册后，在 3 个月内与其他旅行社订立劳动合同或者在其他旅游行业组织注册的；

（三）经常执业地区发生变化的；

（四）其他导游身份信息发生变化的。

旅行社或者旅游行业组织应当自收到申请之日起 3 个工作日内对信息变更情况进行核实。所在地旅游主管部门应当自旅行社或者旅游行业组织核实信息之日起 5 个工作日内予以审核确认。

第十六条　有下列情形之一的，所在地旅游主管部门应当撤销导游证：

（一）对不具备申请资格或者不符合法定条件的申请人核发导游证的；

（二）申请人以欺骗、贿赂等不正当手段取得导游证的；

（三）依法可以撤销导游证的其他情形。

第十七条　有下列情形之一的，所在地旅游主管部门应当注销导游证：

（一）导游死亡的；

（二）导游证有效期届满未申请换发导游证的；

（三）导游证依法被撤销、吊销的；

（四）导游与旅行社订立的劳动合同解除、终止或者在旅游行业组织取消注册后，超过 3 个月未与其他旅行社订立劳动合同或者未在其他旅游行业组织注册的；

（五）取得导游证后出现本办法第十二条第（一）项至第（三）项情形的；

（六）依法应当注销导游证的其他情形。

导游证被注销后，导游符合法定执业条件需要继续执业的，应当依法重新申请取得导游证。

第十八条　导游的经常执业地区应当与其订立劳动合同的旅行社（含旅行社分社）或者注册的旅游行业组织所在地的省级行政区域一致。

导游证申请人的经常执业地区在旅行社分社所在地的，可以由旅行社分社所在地旅游主管部门负责导游证办理相关工作。

第三章　导游执业管理

第十九条　导游为旅游者提供服务应当接受旅行社委派，但另有规定的除外。

第二十条　导游在执业过程中应当携带电子导游证、佩戴导游身份标识，并开启导游执业相关应用软件。

旅游者有权要求导游展示电子导游证和导游身份标识。

第二十一条　导游身份标识中的导游信息发生变化，导游应当自导游信息发生变化之日起 10 个工作日内，向所在地旅游主管部门申请更换导游身份标识。旅游主管部门应当自收到申请之日起 5 个工作日内予以确认更换。

导游身份标识丢失或者因磨损影响使用的，导游可以向所在地旅游主管部门申请重新领取，旅游主管部门应当自收到申请之日起 10 个工作日内予以发放或者更换。

第二十二条　导游在执业过程中应当履行下列职责：

（一）自觉维护国家利益和民族尊严；

（二）遵守职业道德，维护职业形象，文明诚信服务；

（三）按照旅游合同提供导游服务，讲解自然和人文资源知识、风俗习惯、宗教禁忌、法律法规和有关注意事项；

（四）尊重旅游者的人格尊严、宗教信仰、民族风俗和生活习惯；

（五）向旅游者告知和解释文明行为规范、不文明行为可能产生的后果，引导旅游者健康、文明旅游，劝阻旅游者违反法律法规、社会公德、文明礼仪规范的行为；

（六）对可能危及旅游者人身、财产安全的事项，向旅游者作出真实的说明和明确的警示，并采取防止危害发生的必要措施。

第二十三条　导游在执业过程中不得有下列行为：

（一）安排旅游者参观或者参与涉及色情、赌博、毒品等违反我国法律法规和社会公德的项目或者活动；

（二）擅自变更旅游行程或者拒绝履行旅游合同；

（三）擅自安排购物活动或者另行付费旅游项目；

（四）以隐瞒事实、提供虚假情况等方式，诱骗旅游者违背自己的真实意愿，参加购物活动或者另行付费旅游项目；

（五）以殴打、弃置、限制活动自由、恐吓、侮辱、咒骂等方式，强迫或者变相强迫旅游者参加购物活动、另行付费等消费项目；

（六）获取购物场所、另行付费旅游项目等相关经营者以回扣、佣金、人头费或者奖励费等名义给予的不正当利益；

（七）推荐或者安排不合格的经营场所；

（八）向旅游者兜售物品；

（九）向旅游者索取小费；

（十）未经旅行社同意委托他人代为提供导游服务；

（十一）法律法规规定的其他行为。

第二十四条 旅游突发事件发生后，导游应当立即采取下列必要的处置措施：

（一）向本单位负责人报告，情况紧急或者发生重大、特别重大旅游突发事件时，可以直接向发生地、旅行社所在地县级以上旅游主管部门、安全生产监督管理部门和负有安全生产监督管理职责的其他相关部门报告；

（二）救助或者协助救助受困旅游者；

（三）根据旅行社、旅游主管部门及有关机构的要求，采取调整或者中止行程、停止带团前往风险区域、撤离风险区域等避险措施。

第二十五条 具备领队条件的导游从事领队业务的，应当符合《旅行社条例实施细则》等法律、法规和规章的规定。

旅行社应当按要求将本单位具备领队条件的领队信息及变更情况，通过全国旅游监管服务信息系统报旅游主管部门备案。

第四章 导游执业保障与激励

第二十六条 导游在执业过程中，其人格尊严受到尊重，人身安全不受侵犯，合法权益受到保障。导游有权拒绝旅行社和旅游者的下列要求：

（一）侮辱其人格尊严的要求；

（二）违反其职业道德的要求；

（三）不符合我国民族风俗习惯的要求；

（四）可能危害其人身安全的要求；

（五）其他违反法律、法规和规章规定的要求。

旅行社等用人单位应当维护导游执业安全、提供必要的职业安全卫生条件，并为女性导游提供执业便利、实行特殊劳动保护。

第二十七条 旅行社有下列行为的，导游有权向劳动行政部门投诉举报、申请仲裁或者向人民法院提起诉讼：

（一）不依法与聘用的导游订立劳动合同的；

（二）不依法向聘用的导游支付劳动报酬、导游服务费用或者缴纳社会保险费用的；

（三）要求导游缴纳自身社会保险费用的；

（四）支付导游的报酬低于当地最低工资标准的。

旅行社要求导游接待以不合理低价组织的旅游团队或者承担接待旅游团队的相关费用的，导游有权向旅游主管部门投诉举报。

鼓励景区对持有导游证从事执业活动或者与执业相关活动的导游免除门票。

第二十八条 旅行社应当与通过其取得导游证的导游订立不少于1个月期限的劳动合同,并支付基本工资、带团补贴等劳动报酬,缴纳社会保险费用。

旅行社临时聘用在旅游行业组织注册的导游为旅游者提供服务的,应当依照旅游和劳动相关法律、法规的规定足额支付导游服务费用;旅行社临时聘用的导游与其他单位不具有劳动关系或者人事关系的,旅行社应当与其订立劳动合同。

第二十九条 旅行社应当提供设置"导游专座"的旅游客运车辆,安排的旅游者与导游总人数不得超过旅游客运车辆核定乘员数。

导游应当在旅游车辆"导游专座"就座,避免在高速公路或者危险路段站立讲解。

第三十条 导游服务星级评价是对导游服务水平的综合评价,星级评价指标由技能水平、学习培训经历、从业年限、奖惩情况、执业经历和社会评价等构成。导游服务星级根据星级评价指标通过全国旅游监管服务信息系统自动生成,并根据导游执业情况每年度更新一次。

旅游主管部门、旅游行业组织和旅行社等单位应当通过全国旅游监管服务信息系统,及时、真实地备注各自获取的导游奖惩情况等信息。

第三十一条 各级旅游主管部门应当积极组织开展导游培训,培训内容应当包括政策法规、安全生产、突发事件应对和文明服务等,培训方式可以包括培训班、专题讲座和网络在线培训等,每年累计培训时间不得少于24小时。培训不得向参加人员收取费用。

旅游行业组织和旅行社等应当对导游进行包括安全生产、岗位技能、文明服务和文明引导等内容的岗前培训和执业培训。

导游应当参加旅游主管部门、旅游行业组织和旅行社开展的有关政策法规、安全生产、突发事件应对和文明服务内容的培训;鼓励导游积极参加其他培训,提高服务水平。

第五章 罚则

第三十二条 导游违反本办法有关规定的,依照下列规定处理:

(一)违反本办法第十九条规定的,依据《旅游法》第一百零二条第二款的规定处罚;

(二)违反本办法第二十条第一款规定的,依据《导游人员管理条例》第二十一条的规定处罚;

(三)违反本办法第二十二条第(一)项规定的,依据《导游人员管理条例》第二十条的规定处罚;

(四)违反本办法第二十三条第(一)项规定的,依据《旅游法》第一百零一条的规定处罚;

(五)违反本办法第二十三条第(二)项规定的,依据《旅游法》第一百条的规定处罚;

(六)违反本办法第二十三条第(三)项至第(六)项规定的,依据《旅游法》第九十八条的规定处罚;

(七)违反本办法第二十三条第(七)项规定的,依据《旅游法》第九十七条第(二)项的规定处罚;

(八)违反本办法第二十三条第(八)项规定的,依据《导游人员管理条例》第二十三条的规定处罚;

(九)违反本办法第二十三条第(九)项规定的,依据《旅游法》第一百零二条第三款的规定处罚。

违反本办法第三条第一款规定,未取得导游证从事导游活动的,依据《旅游法》第一百零二条第一款的规定处罚。

第三十三条　违反本办法规定,导游有下列行为的,由县级以上旅游主管部门责令改正,并可以处 1 000 元以下罚款;情节严重的,可以处 1 000 元以上 5 000 元以下罚款:

(一)未按期报告信息变更情况的;

(二)未申请变更导游证信息的;

(三)未更换导游身份标识的;

(四)不依照本办法第二十四条规定采取相应措施的;

(五)未按规定参加旅游主管部门组织的培训的;

(六)向负责监督检查的旅游主管部门隐瞒有关情况、提供虚假材料或者拒绝提供反映其活动情况的真实材料的;

(七)在导游服务星级评价中提供虚假材料的。

旅行社或者旅游行业组织有前款第(一)项和第(七)项规定行为的,依照前款规定处罚。

第三十四条　导游执业许可申请人隐瞒有关情况或者提供虚假材料申请取得导游人员资格证、导游证的,县级以上旅游主管部门不予受理或者不予许可,并给予警告;申请人在一年内不得再次申请该导游执业许可。

导游以欺骗、贿赂等不正当手段取得导游人员资格证、导游证的,除依法撤销相关证件外,可以由所在地旅游主管部门处 1 000 元以上 5 000 元以下罚款;申请人在 3 年内不得再次申请导游执业许可。

第三十五条　导游涂改、倒卖、出租、出借导游人员资格证、导游证,以其他形式非法转让导游执业许可,或者擅自委托他人代为提供导游服务的,由县级以上旅游主管部门责令改正,并可以处 2 000 元以上 1 万元以下罚款。

第三十六条　违反本办法第二十五条第二款规定,旅行社不按要求报备领队信息及变更情况,或者备案的领队不具备领队条件的,由县级以上旅游主管部门责令改正,并可以删除全国旅游监管服务信息系统中不具备领队条件的领队信息;拒不改正的,可以处 5 000 元以下罚款。

旅游行业组织、旅行社为导游证申请人申请取得导游证隐瞒有关情况或者提供虚假材料的,由县级以上旅游主管部门责令改正,并可以处 5 000 元以下罚款。

第三十七条　对导游违反本办法规定的行为,县级以上旅游主管部门应当依照旅游经营服务不良信息管理有关规定,纳入旅游经营服务不良信息管理;构成犯罪的,依法移送公安机关追究其刑事责任。

第三十八条　旅游主管部门及其工作人员在履行导游执业许可、管理职责中,滥用职权、玩忽职守、徇私舞弊的,由有关部门责令改正,对直接负责的主管人员和其他直接责任人员依法给予处分。

第六章　附则

第三十九条　本办法下列用语的含义:

(一)所在地旅游主管部门,是指旅行社(含旅行社分社)、旅游行业组织所在地的省、自治区、直辖市旅游主管部门或者其委托的设区的市级旅游主管部门、县级旅游主管部门;

(二)旅游行业组织,是指依照《社会团体登记管理条例》成立的导游协会,以及在旅游协会、旅行社协会等旅游行业社会团体内设立的导游分会或者导游工作部门,具体由所在地旅游主管部门确定;

（三）经常执业地区，是指导游连续执业或者 3 个月内累计执业达到 30 日的省级行政区域；

（四）导游身份标识，是指标识有导游姓名、证件号码等导游基本信息，以便于旅游者和执法人员识别身份的工作标牌，具体标准由国家旅游局制定。

第四十条 本办法自 2018 年 1 月 1 日起施行。

附录六　导游服务质量标准

一、前言

本标准对导游服务质量提出了要求，并规定了涉及导游服务过程中的若干问题的处理原则，其目的是为了保障和提高导游服务的质量，促进中国旅游事业的发展。

本标准的技术要求借鉴了旅游行业导游服务几十年实践工作经验、国家和部分企业的有关规章制度与导游工作规范，并参照了国外的相关资料。

本标准的附录 A 是标准的附录。

本标准由国家旅游局提出。

本标准由全国旅游标准化技术委员会归口并负责解释。

本标准起草单位：中国国际旅行社总社。

本标准主要起草人：张蓬昆、梁杰、范巨灵、朱彬、关莉。

二、范围

本标准规定了导游服务的质量要求，提出了导游服务过程中若干问题的处理原则。

本标准适用于各类旅行社的接待旅游者过程中提供的导游服务。

三、定义

本标准采用下列定义。

（一）旅行社

依法设立并具有法人资格，从事招徕、接待旅行者，组织旅游活动，实行独立核算的企业。

（二）组团旅行社（简称组团社）

接受旅游团（者）或海外旅行社预定，制定和下达接待计划，并可提供全程陪同导游服务的旅行社。

（三）接待旅行社（简称接待社）

接受组团社的委托，按照接待计划委派地方陪同导游人员，负责组织安排旅游团（者）在当地参观游览等活动的旅行社。

（四）领队

受海外旅行社委派，全权代表该旅行社带领旅游团从事旅游活动的工作人员。

（五）导游人员

持有中华人民共和国导游资格证书、受旅行社委派、按照接待计划，从事陪同旅游团（者）

参观、游览等工作的人员。导游人员包括全程陪同导游人员和地方陪同导游人员。

1. 地方陪同导游人员（简称地陪）

受接待旅行社委派，代表接待社，实施接待计划，为旅游团（者）提供当地旅游活动安排、讲解、翻译等服务的导游人员。

2. 全程陪同导游人员（简称全陪）

受组团旅行社委派，作为组团社的代表，在领队和地方陪同导游人员的配合下实施接待计划，为旅游团（者）提供全旅程陪同服务的导游人员。

四、全陪服务

全陪服务是保证旅游团（者）的各项旅游活动按计划实施，旅行顺畅、安全的重要因素之一。

全陪作为组团社的代表，应自始至终参与旅游团（者）全旅程的活动，负责旅游团（者）移动中各环节的衔接，监督接待计划的实施，协调领队、地陪、司机等旅游接待人员的协作关系。

全陪应严格按照服务规范提供各项服务。

（一）准备工作要求

准备工作是全陪服务的重要环节之一。

1. 熟悉接待计划

上团前，全陪要认真查阅接待计划及相关资料，了解旅游团（者）的全面情况，注意掌握其重点和特点。

2. 做好物质准备

上团前，全陪要做好必要的物质准备，携带必备的证件和有关资料。

3. 与接待社联络

根据需要，接团的前一天，全陪应同接待社取得联系，互通情况，妥善安排好有关事宜。

（二）首站（入境站）接团服务要求

首站接团服务要使旅游团（者）抵达后能立即得到热情友好的接待，旅游者有宾至如归的感觉。

（1）接团前，全陪应向接待社了解本站接待工作的详细安排情况。

（2）全陪应提前半小时到接站地点迎候旅游团（者）。

（3）接到旅游团（者）后，全陪应与领队核实有关情况。

（4）全陪应协助领队向地陪交接行李。

（5）全陪应代表组团社和个人向旅游团（者）致欢迎词。欢迎词应包括表示欢迎、自我介绍、表示提供服务的真诚愿望、预祝旅行顺利愉快等内容。

（三）进住饭店服务要求

进住饭店服务应使旅游团（者）进入饭店后尽快完成住宿登记手续、进住客房、取得行李。为此，全陪应积极主动地协助领队办理旅游团的住店手续，并热情地引导旅游者进入房间，还应协助有关人员随时处理旅游者进店过程中可能出现的问题。

（四）核对商定日程

全陪应认真与领队核对、商定日程。如遇难以解决的问题，应及时反馈给组团社，并使领队得到及时的答复。

（五）各站服务要求

全陪各站服务,应使接待计划得以全面顺利实施,各站之间有机衔接,各项服务适时、到位,保护好旅游者人身及财产安全,突发事件得到及时有效处理,为此:

(1) 全陪应向地陪通报旅游团的情况,并积极协助地陪工作。

(2) 监督各地服务质量,酌情提出改进意见和建议。

(3) 出现突发事件按附录 A(标准的附录)的有关原则执行。

（六）离站服务要求

全陪应提前提醒地陪落实离站的交通票据及准确时间,协助领队和地陪妥善办理离店事宜,认真做好旅游团(者)搭乘交通工具的服务。

（七）途中服务要求

在向异地移动途中,无论乘坐何种交通工具,全陪应提醒旅游者注意人身和物品的安全;组织好娱乐活动,协助安排好饮食和休息,努力使旅游团(者)旅行充实、轻松、愉快。

（八）末站（离境站）服务要求

末站(离境站)的服务是全陪服务中最后的接待环节,要使旅游团(者)顺利离开末站(离境站),并留下良好的印象。

在当次旅行结束时,全陪应提醒旅游者带好自己的物品和证件,征求旅游者对接待工作的意见和建议,对旅途中的合作表示感谢,并欢迎再次光临。

（九）处理好遗留问题

下团后,全陪应认真处理好旅游团(者)的遗留问题。

全陪应认真、按时填写《全陪日志》或其他旅游行政管理部门(或组团社)所要求的资料。

五、地陪服务

地陪服务是确保旅游团(者)在当地参观游览活动的顺利,并充分了解和感受参观游览对象的重要因素之一。

地陪应按时做好旅游团(者)在本站的迎送工作;严格按照接待计划,做好旅游团(者)参观游览过程中的导游讲解工作和计划内的食宿、购物、文娱等活动的安排;妥善处理各方面的关系和出现的问题。

地陪应严格按照服务规范提供各项服务。

（一）准备工作要求

做好准备工作,是地陪提供良好服务的重要前提。

1. 熟悉接待计划

地陪应在旅游团(者)抵达之前认真阅读接待计划和有关资料,详细、准确地了解该旅游团(者)的服务项目和要求,重要事宜做好记录。

2. 落实接待事宜

地陪在旅游团(者)抵达的前一天,应与各有关部门或人员落实、核查旅游团(者)的交通、食宿、行李运输等事宜。

3. 做好物质准备

上团前,地陪应做好必要的物质准备,带好接待计划、导游证、胸卡、导游旗、接站牌、结算凭证等物品。

（二）接站服务要求

在接站过程中，地陪服务应使旅游团（者）在接站地点得到及时、热情、友好的接待，了解在当地参观游览活动的概况。

1. 旅游团（者）抵达前的服务安排

地陪应在接站出发前确认旅游团（者）所乘交通工具的准确抵达时间。

地陪应提前半小时抵达接站地点，并再次核实旅游团（者）抵达的准确时间。

地陪应在旅游团（者）出站前与行李员取得联络，通知行李员行李送往的地点。地陪应与司机商定车辆停放的位置。

地陪应在旅游团（者）出站前持接站标志，站立在出站口醒目的位置热情迎接旅游者。

2. 旅游团（者）抵达后的服务

旅游团（者）出站后，如旅游团中有领队或全陪，地陪应及时与领队、全陪接洽。

地陪应协助旅游者将行李放在指定位置，与领队、全陪核对行李件数无误后，移交给行李员。

地陪应及时引导旅游者前往乘车处。旅游者上车时，地陪应恭候车门旁。上车后，应协助旅游者就座，礼貌地清点人数。

行车过程中，地陪应向旅游团（者）致欢迎词并介绍本地概况。欢迎词内容应包括：

（1）代表所在接待社、本人及司机欢迎旅游者光临本地。

（2）介绍自己姓名及所属单位。

（3）介绍司机。

（4）表示提供服务的诚挚愿望。

（5）预祝旅游愉快顺利。

（三）入店服务要求

地陪服务应使旅游者抵达饭店后尽快办理好入店手续，进住房间，取到行李，及时了解饭店的基本情况和住店注意事项，熟悉当天或第二天的活动安排，为此地陪应在抵饭店的途中向旅游者简单介绍饭店情况及入店、住店的有关注意事项，内容应包括：

（1）饭店名称和位置。

（2）入店手续。

（3）饭店的设施和设备的使用方法。

（4）集合地点及停车地点。

旅游团（者）抵饭店后，地陪应引导旅游者到指定地点办理入店手续。

旅游者进入房间之前，地陪应向旅游者介绍饭店内就餐形式、地点、时间，并告知有关活动的时间安排。

地陪应等待行李送达饭店，负责核对行李，督促行李员及时将行李送至旅游者房间。

地陪在结束当天活动离开饭店之前，应安排好叫早服务。

（四）核对、商定节目安排

旅游团（者）开始参观游览之前，地陪应与领队、全陪核对、商定本地节目安排，并及时通知到每一位旅游者。

（五）参观游览过程中的导游、讲解服务要求

参观游览过程中的地陪服务，应努力使旅游团（者）参观游览全过程安全、顺利。应使旅游

者详细了解参观游览对象的特色、历史背景等及其他感兴趣的问题。

1. 出发前的服务

出发前,地陪应提前十分钟到达集合地点,并督促司机做好出发前的各项准备工作。

地陪应请旅游者及时上车。上车后,地陪应清点人数,向旅游者报告当日重要新闻、天气情况及当日活动安排,包括午、晚餐的时间、地点。

2. 抵景点途中的讲解

在前往景点的途中,地陪应向旅游者介绍本地的风土人情、自然景观,回答旅游者提出的问题。

抵达景点前,地陪应向旅游者介绍该景点的简要情况,尤其是景点的历史价值和特色。抵达景点时,地陪应告知在景点停留的时间,以及参观游览结束后集合的时间和地点。地陪还应向旅游者讲明游览过程中的有关注意事项。

3. 景点导游、讲解

抵达景点后,地陪应对景点进行讲解。讲解内容应繁简适度,应包括该景点的历史背景、特色、地位、价值等方面的内容。讲解的语言应生动,富有表达力。

在景点导游的过程中,地陪应保证在计划的时间与费用内,旅游者能充分地游览、观赏,做到讲解与引导游览相结合,适当集中与分散相结合,劳逸适度,并应特别关照老弱病残的旅游者。

在景点导游的过程中,地陪应注意旅游者的安全,要自始至终与旅游者在一起活动,并随时清点人数,以防旅游者走失。

(六) 旅游团(者)就餐时对地陪的服务要求

旅游团(者)就餐时,地陪的服务应包括:

(1) 简单介绍餐馆及其菜肴的特色。

(2) 引导旅游者到餐厅入座,并介绍餐馆的有关设施。

(3) 向旅游者说明酒水的类别。

(4) 解答旅游者在用餐过程中的提问,解决出现的问题。

(七) 旅游团(者)购物时对地陪的服务要求

旅游团(者)购物时,地陪应:

(1) 向旅游团(者)介绍本地商品的特色。

(2) 随时提供旅游者在购物过程中所需要的服务,如翻译、介绍托运手续等。

(八) 旅游团(者)观看文娱节目时对地陪的服务要求

旅游团(者)观看计划内的文娱节目时,地陪的服务应包括:

(1) 简单介绍节目内容及其特点。

(2) 引导旅游者入座。

在旅游团(者)观看节目过程中,地陪应自始至终坚守岗位。

(九) 结束当日活动时的服务要求

旅游团(者)在结束当日活动时,地陪应询问其对当日活动安排的反映,并宣布次日的活动日程、出发时间及其他有关事项。

(十) 送站服务要求

旅游团(者)结束本地参观游览活动后,地陪服务应使旅游者顺利、安全离站,遗留问题要得到及时妥善的处理。

（1）旅游团（者）离站的前一天，地陪应确认交通票据及离站时间，通知旅游者移交行李和与饭店结账的时间。

（2）离饭店前，地陪应与饭店行李员办好行李交接手续。

（3）地陪应诚恳征求旅游者对接待工作的意见和建议，并祝旅游者旅途愉快。

（4）地陪应将交通和行李票证移交给全陪、领队或旅游者。

（5）地陪应在旅游团（者）所乘交通工具启动后方可离开。

（6）如系旅游团（者）离境，地陪应向其介绍办理出境手续的程序。如系乘机离境，地陪还应提醒或协助领队或旅游者提前 72 小时确认机座。

（十一）处理好遗留问题

下团后，地陪应认真处理好旅游团（者）的遗留问题。

六、导游人员的基本素质

为保证导游服务质量，导游人员应具备以下基本素质。

（一）爱国主义意识

导游人员应具有爱国主义意识，在为旅游者提供热情有效服务的同时，要维护国家的利益和民族的自尊。

（二）法规意识和职业道德

1. 遵纪守法

导游人员应认真学习并模范遵守有关法律及规章制度。

2. 遵守公德

导游人员应讲文明，模范遵守社会公德。

3. 尽职敬业

导游人员应热爱本职工作，不断检查和改进自己的工作，努力提高服务水平。

4. 维护旅游者的合法权益

导游人员应有较高的职业道德，认真完成旅游接待计划所规定的各项任务，维护旅游者的合法权益。对旅游者所提出的计划外的合理要求，经主管部门同意，在条件允许的情况下应尽力予以满足。

（三）业务水平

1. 能力

导游人员应具备较强的组织、协调、应变等办事能力。

无论是外语、普通话、地方语和少数民族语言导游人员，都应做到语言准确、生动、形象、富有表达力，同时注意使用礼貌用语。

2. 知识

导游人员应有较广泛的基本知识，尤其是政治、经济、历史、地理以及国情、风土习俗等方面的知识。

（四）仪容仪表

导游人员应穿工作服或指定的服装，服装要整洁、得体。

导游人员应举止大方、端庄、稳重,表情自然、诚恳、和蔼,努力克服不合礼仪的生活习惯。

七、导游服务质量的监督与检查

各旅行社应建立健全导游服务质量的检查机构,依据本标准对导游服务进行监督检查。

旅游行政管理部门依据本标准检查导游服务质量,受理旅游者对导游服务质量的投诉。

（资料来源:中华人民共和国国家旅游局。）

附录七 导游等级划分与评定标准

前言

本标准按照 GB/T 1.1-2009 给出的规则起草。

本标准由中华人民共和国国家旅游局提出。

本标准由全国旅游标准化技术委员会(SAC/TC 210)归口。

本标准起草单位:国家旅游局人事司、浙江旅游职业学院。

本标准主要起草人:魏洪涛、王昆欣、崔素香、余昌国、张捷雷、陈丽君、王晓霞、牟丹、金宝石。

引言

本标准将导游分成四个等级、从导游的基本素质、知识要求、能力要求和业绩要求等方面进行了规定,并提出了评定的方法。

本标准可为导游技能等级评定考核,导游职业教育培训提供依据,并推动标准 GB/T 15971 规范、有效地实施,促进导游综合素质和服务水平的提升。

1 范围

本标准规定了导游等级划分与评定的依据和条件。本标准适用于取得导游资格并从事导游服务的人员。

2 规范性引用文件

下列文件对于本文件的应用是必不可少的。凡是注日期的引用文件,仅注日期的版本适用于本文件。凡是不注日期的引用文件,其最新版本(包括所有的修改单)适用于本文件。

GB/T15971 导游服务规范

LB/T039 导游领队引导文明旅游规范

3 术语和定义

下列术语和定义适用于本文件。

3.1 导游 tour guide

取得导游证,为旅游者提供向导、讲解以及相关服务的人员。

3.1.1 中文导游 Chinese speaking tour guide

以中文作为工作语言和讲解语言的导游

3.1.2　外语导游　foreign language speaking tour guide

以外语作为工作语言和讲解语言的导游。

3.2　导游资格证书　certificate of tour guide

参加全国导游人员资格考试合格后,由指定机构颁发的证明其有能力从事导游工作的证书。

3.3　导游证　licence of tour guide

获得导游资格证书(3.2),与旅行社订立劳动合同或者在相关旅游行业组织注册后,由指定机构颁发的导游执业的证明。

4　导游等级与划分

4.1　导游分为初级导游、中级导游、高级导游和特级导游四个级别。

4.2　各级导游的知识能力要求依次递进,高级别的涵盖低级别的要求。

5　导游等级划分的条件

5.1　导游基本素质

5.1.1　应有良好的服务意识和职业道德。

5.1.2　应熟悉并遵守国家政策方针及与旅游相关的法律法规。

5.1.3　应有良好的身体和心理素质,满足 GB/T15971 的要求。

5.1.4　应掌握与导游工作相关的文化知识。

5.1.5　应有较好的语言表达能力,掌握导游讲解技巧。

5.1.6　应有良好的职业形象,举止文明,并引导旅游者文明旅游满足 LB/T039 的要求。

5.2　初级导游

5.2.1　知识要求

5.2.1.1　应掌握旅游政策与法律法规,熟悉相关的政策与法律法规。

5.2.1.2　应掌握旅游和旅游业的基本知识。

5.2.1.3　应掌握重点旅游景区(点)和线路的相关知识。

5.2.1.4　应熟悉主要客源国(地区)的基本知识。

5.2.1.5　中文导游应掌握汉语语言文学基础知识,外语导游应掌握外国语语言文学基础知识。

5.2.2　能力要求

5.2.2.1　应能够按照 GB/T15971 和 LB/T039 提供规范服务。

5.2.2.2　应有良好的沟通与协调能力。

5.2.2.3　应有运用相关知识提供导游讲解服务的能力。

5.2.2.4　应具有旅途常见疾病或事故的救生常识,熟悉救援程序,能按照应急预案的要求处理相关问题。

5.2.3　其他要求

应有高中及以上学历,并通过全国导游人员资格考试。

5.3　中级导游

5.3.1　知识要求

5.3.1.1　应掌握与旅游服务相关的政策与法律法规。

5.3.1.2　应掌握与导游讲解相关的专题知识。

5.3.1.3　中文导游应掌握汉语语言文学知识,外语导游应掌握外国语语言文学知识。

5.3.2　能力要求

5.3.2.1　应有娴熟的导游技能。

5.3.2.2　应有提供初步的个性化服务的能力。

5.3.2.3　应有初步的专题讲解的能力。

5.3.2.4　应有初步的创作导游词的能力。

5.3.2.5　应具有制定旅行应急预案并处理相关问题的能力。

5.3.3　其他要求

5.3.3.1　应有大学专科及以上学历,并通过全国中级导游等级考试。

5.3.3.2　应取得初级导游等级 2 年。

5.3.3.3　申请评定前 2 年内带团应不少于 30 次或 120 天。

5.3.3.4　申请评定前 2 年内旅游者反映良好,应无重大服务质量投诉。

5.4　高级导游

5.4.1　知识要求

5.4.1.1　应全面掌握与旅游服务相关的政策与法律法规。

5.4.1.2　应精通与导游讲解相关的专题知识。

5.4.1.3　中文导游应全面掌握与汉语语言文学相关的知识,外语导游应全面掌握与外国语语言文学相关的知识。

5.4.2　能力要求

5.4.2.1　应有提供个性化、创新性服务的能力。

5.4.2.2　应有融会通深入讲解专题的能力。

5.4.2.3　应有较强的导游词创作能力。

5.4.2.4　应有善处理旅游中各种突发事件的能力。

5.4.3　其他要求

5.4.3.1　应有大学专科及以上学历,并通过全国高级导游等级考试。

5.4.3.2　应取得中级导游等级满 2 年。

5.4.3.3　申请评定前 2 年内带团应不少于 90 天。

5.4.3.4　申请评定前 2 年内旅游者反映良好,应无重大服务质量投诉。

5.5　特级导游

5.5.1　知识要求

5.5.1.1　应有深厚的旅游知识和广博的文化知识,对旅游领域的某方面有深入的研究和独到的见解。

5.5.1.2　中文导游应精通汉语语言文学知识,外语导游应精通跨文化交流、外语翻译等方面的知识。

5.5.2　能力要求

5.5.2.1　应有高超的导游艺术、独特的导游风格。

5.5.2.2　宜有创作富有思想性和艺术性导游词的能力。

5.5.2.3　应有一定的导游相关工作的研究能力。

5.5.3　其他要求

5.5.3.1　应有大学本科及以上学历通过全国特级导游考核评定。

5.5.3.2　应取得高级导游等级满 3 年。

5.5.3.3　申请评定前 3 年内带团应不少于 90 天。

5.5.3.4　申请评定前 3 年内旅游者和社会反映良好,应无服务质量投诉。

5.5.3.5　宜有一定的导游相关工作的研究成果。

6　评定方法

6.1　导游等级考核评定遵"自愿申报、逐级晋升、动态管理"的原则。

6.2　导游等级考核评定工作按照申请、资格审核、考试或考核、公示告知、发证的程序进行。

本标准 2017-09-07 发布,2018-04-01 实施。

主要参考文献

[1] 吴桐.模拟导游实务[M].合肥:中国科学技术大学出版社,2013.

[2] 李天元.旅游学[M].北京:高等教育出版社,2008.

[3] 姜福金.导游实务[M].大连:大连理工大学出版社,2006.

[4] 安徽省旅游局编写组.导游业务[M].2版.合肥:安徽人民出版社,2010.

[5] 胡华.导游实务[M].北京:北京师范大学出版社,2010.

[6] 陶汉军,黄松山.导游业务[M].天津:南开大学出版社,2005.

[7] 郭书兰.导游原理与实务[M].2版.大连:东北财经大学出版社,2006.

[8] 周彩屏.模拟导游实训[M].北京:中国劳动社会保障出版社,2008.

[9] 杜炜,张建梅.导游业务[M].北京:高等教育出版社,2006.

[10] 安徽省旅游局.导游业务[M].合肥:安徽人民出版社,2010.

[11] 窦志萍.导游技巧与模拟导游[M].北京:清华大学出版社,2010.

[12] 杨登孝.淮北览胜[M].合肥:安徽人民出版社,2005.

[13] 王健民.出境旅游领队实务[M].北京:旅游教育出版社,2005.

[14] 曹景洲.海外旅游领队业务[M].北京:中国旅游出版社,2011.

[15] 周晓梅.领队实务手册[M].北京:旅游教育出版社,2008.

[16] 仇向明,黄恢月.出境旅游领队工作案例解析[M].北京:旅游教育出版社,2008.

[17] 全国导游资格考试统编教材专家编写组.导游业务[M].北京:旅游教育出版社,2021.

[18] 魏洪涛,王昆欣,等.导游等级评定与管理[S].北京:中国标准出版社,2017.

感谢您使用本书。为方便教学，我社为教师提供资源下载、样书申请等服务，如贵校已选用本书，您只要关注微信公众号"高职财经教学研究"，或加入下列教师交流QQ群即可免费获得相关服务。

"高职财经教学研究"公众号

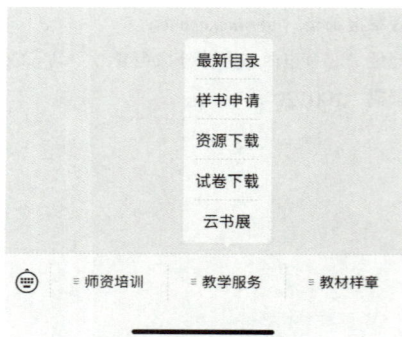

最新目录
样书申请
资源下载
试卷下载
云书展

师资培训　教学服务　教材样章

资源下载： 点击"**教学服务**"—"**资源下载**"，或直接在浏览器中输入网址（http://101.35.126.6/），注册登录后可搜索相应的资源并下载。（建议用电脑浏览器操作）

样书申请： 点击"**教学服务**"—"**样书申请**"，填写相关信息即可申请样书。

试卷下载： 点击"**教学服务**"—"**试卷下载**"，填写相关信息即可下载试卷。

样章下载： 点击"**教材样章**"，即可下载在供教材的前言、目录和样章。

师资培训： 点击"**师资培训**"，获取最新会议信息、直播回放和往期师资培训视频。

联系方式

旅游大类QQ群：142032733
联系电话：（021）56961310　电子邮箱：3076198581@qq.com